악마

이 도서의 국립중앙도서관 출판시도서목록(CIP)은 e-CIP 홈페이지
(http://www.nl.go.kr/cip.php)에서 이용하실 수 있습니다.
(CIP제어번호: CIP2005001383)

The Devil : A Mask without a Face
by Luther Link

Copyright ⓒ 1995 Luther Link
This original edition was published in English by Reaktion Books
Korean translation copyright ⓒ 2005 Simsan Publishing Co.
This Korean edition was published by arrangement with Reaktion Books, UK
through Best Literary & Rights Agency, Korea
All rights reserved.

이 책의 한국어판 저작권은 베스트 에이전시를 통한 원저작권자와의 독점 계약으로
심산출판사가 소유합니다. 신저작권법에 의하여 한국 내에서
보호를 받는 저작물이므로 무단전재와 복제를 금합니다.

악마
얼굴 없는 가면

초판 1쇄 발행 2005년 7월 31일

지은이 | 루서 링크
옮긴이 | 김병화
펴낸이 | 최원필
펴낸곳 | 심산출판사
주 소 | 서울시 마포구 연남동 567-39 301호
전 화 | 02-324-6280~1
팩시밀리 | 02-324-6412
E-mail | simsan@korea.com
등 록 | 제1-2114호(1996년 11월 28일)

ISBN 89-89721-43-1 04900
      89-89721-35-0 04900 (세트)

* 책값은 뒤표지에 표시되어 있습니다.

악마
얼굴 없는 가면

루서 링크 지음 | 김병화 옮김

심산

들어가는 말

> 이른바 악마(Devil)라는 것과 그 휘하의 천사들에 대한 진실을 파악하지 못한 사람, 그리고 악마가 되기 이전에는 그가 무엇이었으며, 왜 악마가 되었는지를 알지 못하는 사람은 절대로 악의 근원을 알 수 없다. ……
>
> — 오리게네스(Origenes)

"예술의 발언(Art-speech)만이 유일한 진리이다. 예술가는 대개 형편없는 거짓말쟁이지만 그의 예술은, 그것이 예술인 한 그가 살던 시대의 진리를 말해 줄 것이다. 중요한 것은 그것뿐이다. 영원한 진리는 사라질지어다." D. H. 로렌스(Lawrence)는 『미국 고전 문학 연구』(*Studies in Classic American Literature*)에서 이렇게 주장했다. 그는 또 "예술가는 대개 도덕적인 이야기를 만들고자 한다. 또는 그러했다. 그러나 그의 이야기는 예외 없이 도덕과는 다른 방향으로 흘러간다. 이렇게 해서 서로 상반되는 두 개의 도덕, 즉 예술가의 도덕과 이야기의 도덕이 생기는 것이다. 예술가를 절대로 믿지 말라. 이야기를 믿으라."고 말했다. 로렌스의 혹평이 레오나르도나 미켈란젤로에게 얼마나 잘 적용될지는 독자들이 스스로 판단하면 된다. 그러나 '예술의 발언'이라는 다소 부자연스런 표현의 의미는 자명하다. 물론 로렌스가 말하는 '유일한 진리'가 정확하

그림 1 프라 안젤리코의 〈최후의 심판〉 세부(그림 32 참조).

게 무슨 뜻인지 아는 사람은 아마 로렌스 자신뿐인지도 모른다. 특히 중세 예술에 로렌스의 주장을 적용한다면 곤란한 문제가 생긴다. 역사적 맥락을 배제한다면 이상한 해석이 나오게 되기 마련인 것이다. 그렇다고는 해도 로렌스의 의도를 무시하고 싶지는 않다. 실제로 이 책의 몇 부분에서 중세와 르네상스의 수많은 예술가들이 로렌스가 말하는 의미에서의 '빌어먹을 거짓말쟁이'였음이 밝혀진다.

그림과 조각에 대해 글을 쓸 때 내가 전제로 하는 두 가지 사항에 대해 설명해 두는 것이 좋을 것 같다. 첫 번째는 역사적으로 형성된 어떤 예술 기법을 그 자체로 존중한다고 해서 그것이 반드시 자기 자신의 판단을 포기한다거나 또는 모든 기법이 똑같이 효과적이라고 인정한다는 뜻은 아니라는 것이다. 두 번째 전제는 그 어떤 외적인 사항과 관계없이, 하나의 작품을 감상하는 자리에서 받는 직접적인 충격은 있는 그대로 인정되어야 한다는 것이다. 첫 번째 전제는 악마의(혹은 예수의) 표상이 이룬 성공과 실패를 평가하는 데 관련된다. 예술 작품을 평가하기 위해서는 상징과 기호를, 그리고 실제로 눈에 보이고 느껴지는 것과 거기에 붙어 있는 이름표를 구분하는 단계를 거치지 않으면 안 된다. 예를 들어 내가 사각형과 원을 하나씩 그린 뒤, 사각형에는 '예수', 원에는 '악마'라는 이름을 붙인다면 우리는 표상을 하나 갖게 된다. 그러나 이름표가 없으면 그림의 내용을 추측할 수가 없다. 감상자들의 이해는 그림 외적인 정보에 의존한 것이지 그림 속에서 추론할 수 있는 것은 아니다. 마크 트웨인(Mark Twain)은 구이도 레니(Guido Reni: 1575~1642)*가 그린 베아트리체 첸치(Beatrice Cenci)의 유명한 초상화에 관해 글을 쓰면서(『미시시

---

* 이탈리아의 화가로 〈십자가에 못 박힌 성 베드로〉 등의 작품을 남겼음. ― 이하 옮긴이 주

피 강 위의 삶』[Life on the Mississippi], 44장) 이렇게 주장했다.

　이름표가 읽기 쉽게 잘 만들어졌다면 대개 정보의 양이라는 측면에서 역사화에 나타난 의미 있는 자세와 표정만큼의 엄청난 가치를 지닌다. 섬세한 감수성을 지닌 사람들이라면 로마의 저 유명한 그림 〈처형되기 전날의 베아트리체 첸치〉 앞에 서서 흐느껴 울게 마련이다. 이름표가 할 수 있는 일이란 이런 것이다. 그 그림을 모르는 사람이라면 별 감흥 없이 이렇게 말하기가 십상이니 말이다. "건초열에 걸린 젊은 여자구먼. 젊은 여자가 봉지를 머리에 뒤집어쓰고 있다구."

　십자가에서 고통 받는 그리스도의 예가 더 적절할지도 모르겠다. 그리스도가 십자가에 매달려 있다는 것이 곧 그리스도가 고통을 겪는 모습을 화가가 그렸다는 뜻이 되지는 않는다. 다만 문화적으로 규정된 여러 요소들이 복합적으로 작용해 이것이 십자가에 매달린 그리스도이며, 그가 고통 받았음을 우리가 알고 있다는 사실을 깨우쳐 주는 것이다. 그림이 **말한다**는 것은 바로 이런 것이다. 그리스도가 고통스러워하는 모습을 화가가 **보여주었다**는 뜻은 아니다. 그가, 혹은 그녀가 얼마나 효과적인 기법과 감정과 상상력을 통해 우리로 하여금 그리스도가 고통스러워한다고 느끼게 만들었는지가 중요하다. 원근법은 한 가지 중요한 기법이지만, 중세 초기의 그림에는 선(線)원근법도, 광학적 단축법(短縮法)도 없었다. 주제가 중요한 것이라면 멀리 있다 하더라도 크게 그려졌다. 우리는 어떤 사물이 크게 그려졌다는 것을 그것의 중요성이 크다는 뜻으로 **해석**해야만 한다. 그럼에도 불구하고 우리가 묘사된 장면의 중요성을 제대로 감지하지 못한다면 그것은 그저 **기호**로만 남게 될 뿐이다. 그 중요성이 오로지 이러한 기법에만 의존하여 표현되는 정도에 따라, 아니

정확히 그만큼 그 작품은 그림으로서 실패작이 되는 셈이다.

통상적으로 말하자면 그림은 입체를 평평한 표면에 나타낸 것이다. 따라서 그림을 그리는 데에는 역사적으로 형성된 일정한 기법이 사용되지 않을 수 없다. 원근법은 부피와 선과 색조를 통해 공간관계를 보여준다. 어떤 식이든 원근법을 쓰지 않으면 인간 사이의, 또는 인간과 사물 간의 관계를 모방하는 일은 도저히 불가능하다. 그렇다고 해서 르네상스 시대에 확립된 선원근법에 의거하여 그려진 그림이 로마네스크 시대의 그림에 비해 반드시 더 낫다는 뜻은 아니다. 다만 비잔틴과 로마네스크 시대의 인물 묘사가 어찌 하여 대부분 서로 고립되고 무관한 것처럼 보이는지를 설명할 수는 있다. 물론 인물들이 그렇게 무관하게 보이기는 하지만 그들이 처한 상황을 우리가 알아볼 수 있는 경우에는 특정한 관례들을 적용하여 그들 관계를 해석하거나 통역할 수 있다. 인물들이 발돋움질한 자세로 서 있는 것처럼 보이게 만드는 비잔틴의 관례 역시 당시의 특정한 관례로 이해되어야 하지만, 역사적 상대주의자의 주장에 동조하여 이 관례가 반드시 성공적이었다고 단정할 의무는 없다. 두 번째 가정은 한 작품이 주는 직접적인 충격이 상당히 중요하다는 것이다. 나는 때때로 아무런 느낌도 주지 않는 작품을 찬양하는 경우를 보는데 도대체 그 이유를 모르겠다. 예를 들면 최후의 심판 팀파눔(tympanum)*을 감상할 때 저들 고위 성직자의 반응을 기준으로 하여 우리 반응을 조절해야 한다는 요구가 이제까지 너무 중요시되어 왔다. 이렇게 주장하는 이유는 여러 가지이다. 우선 어떤 작품에 대해 우리가 11세기 사람들과 똑같은 반응을 보일 수 없다는 것은 자명한 사실이며, 둘째로 그 반응

---

* 고전 건축에서 현관의 위쪽, 보통 상인방 위에 놓이는 아치로 둘러싸인 부분. 대개 돌이나 기와로 되어 있고, 창문 위쪽 또는 페디먼트로 둘러싸인 삼각형 부분도 팀파눔이라고 부른다. 주로 장식적인 용도의 시설이다.

은 일부 연구가 추정하는 것보다 훨씬 더 다양할 것이다. '중세 청중'의 반응이라는 것은 인위적인 설정이다. 세 번째로, 중세 작품에 대한 복잡한 신비주의적 해석은 흔히 심각한 오해에 근거하고 있으며, 나는 이 점을 강조했으면 한다. 뒤에서 그러한 보기를 다룰 예정이니 여기서는 르네상스 시대의 사례 하나만 들어보기로 하겠는데, 시스티나 성당에 그려진 모세 및 그리스도 벽화 연작이 적당하겠다. 성당의 남쪽과 북쪽 벽의 두 번째 단에 그려진 열두 개의 프레스코는 여러 유명한 화가들에게 나뉘어 위촉되었으며, 전체 작품은 1483년에 완성되었다. 구약에 나오는 여러 일화(모세의 생애)가 신약에 나오는 장면(그리스도의 생애)을 그린 프레스코와 대응하고 있다. 모세가 표현된 장면들은 그리스도의 장면들을 예정하고 지시하며, 또한 그럼으로써 성취되는 그런 것이었다. 이런 종류의 도상학(圖像學, iconography)**은 중세 초반 이후 그리스도교 미술의 대중적인 면모의 특징이었다. 그러나 그 기획이 너무나 정교하고 현학적이다 보니, 후대 학자들 중에는 거기에 묘사된 일화들 사이의 상관관계나 연속적 순서를 파악할 수 있는 사람이 없었다. 최근에야 비로소 프레스코에 새겨진 글귀(tituli)가 복원되고 풍부한 정보를 담고 있는 16세기 자료가 발견되어 상관관계가 발견될 수 있었다. 하지만 앙드레 샤스텔(André Chastel)은 한 르네상스 연구서에서 이렇게 지적한다.

그럼에도 불구하고 가장 놀라운 점은 그림에서 실제로 보이는 바와 그 그림의 의미가 흔히 일치하지 않는다는 점이다. 더 정확하게 표현하자면 그려져 있는 작품을 지배하는 이미지의 요소가 반드시 그 작품에 부여된 의미와

** 시각예술에 쓰인 상징이나 우의, 속성 등의 의미를 비교, 분류하는 학문. 그러나 여기서 말하는 것은 오히려 이 책의 뒷부분에서 소개될 예표론적 성서도해(typological biblical illustration)라는 것에 더 가깝다.

일치하지는 않는다는 것이다.¹

예를 들면 '그리스도의 유혹'이라는 설명이 붙은 그림의 중심 주제는 누가 뭐라 해도 '나환자의 정화'이다. 설령 교황의 후원과 지시로 제작되었기 때문에 의식적으로 현학적인 면모가 부각된 상황이라 할지라도 그림이 실제로 보여주는 것과 '이름표'가 반드시 상응하지 않는다면, 전문가들의 도상학 지식은 흥미로울지는 몰라도 그림을 평가할 때의 본질이 되지는 **못한다**. 우리가 한 작품을 그 사회적·역사적·심미적 맥락에서 주의 깊게 바라볼 때 보이는 반응을 그런 지식이 대체할 수 없다. 그런 도상학의 중요성은 과장되는 경우가 많고, 그 적절성이라는 것도 대개 의심의 여지가 많으며, 때로는 도상학이라는 것이 실제로 존재하지 않는다고 해야 할 경우도 있다. 그런데도 일부 학자들은 그런 자료를 사용하여 평가를 설명으로 슬쩍 대체해 버리기도 한다.

중세 작품을 보는 데에 있어 결정적으로 중요한, 그러나 치명적이라고 할 정도로 경시되는 부분이 있으니, 그것은 바로 무지이다. 교회는, 예를 들면, 삼위일체의 형성 같은 미묘한 주제를 놓고 논쟁을 벌일 수 있겠지만 일반인들이 어찌 그런 논쟁을 이해하겠는가? 그랬을 가능성은 없다. 오늘날도 분자와 원자, 또는 바이러스와 박테리아를 정확하게 구별할 줄 아는 사람이 얼마나 되겠는가? 학자들은 스페인 종교재판의 결과로 얻어진 통계가 담고 있는 의미를 좀더 충분히 고려해야 한다. 15세기에는 주로 무지로 인한 행동이 이단으로 판정되곤 했다. 수많은 이단 분파가 그들 나름의 특정한 교리를 갖고 있었던 것은 사실이지만, 심문관들이 피의자를 심문했을 때 나온 이단적인 대답은 그저 피심문자가 교회 교리를 제대로 알지 못했기 때문인 경우가 많았다.² 물론 중세 초반의 상황은 이보다 훨씬 심각했다. 스콜라 철학자와 신학자들의 저술이 중세 연구자들에게는 주된 관심 대상이지만 이 책에서 다루는 내용과는 대체로 무관한 데에는 이러한 까닭도 있다.

전문가들은 이 책에서 다루어지는 내용이 일곱 세기에 걸친다는 사실에 경악할지도 모르겠다. 하지만 학술적인 전공논문은 너무 좁은 범위에 집중하는 경우가 많다. 예를 들면 13세기 말 프랑스 회화에 등장하는 동정녀 마리아의 귓불 직경을 꼼꼼히 통계로 낸 연구도 있으니 말이다. 그 때문에라도 700년을 살펴보는 일이 더욱 필요하리라. 실수, 특히 소소한 세부에 오류가 있을 수도 있다. 수정해 주겠다면 환영이다. 악마가 나타내는 한두 가지 특징의 연원은 메소포타미아까지 거슬러 올라가는 것으로 보인다. 하지만 그런 특징이 어떻게 전달되었는지에 관해 밝히려 해도 추측과 일반화의 영역을 넘어서기가 어려운 만큼, 훨씬 더 많은 연구가 필요하다. 내가 제기하는 문제가 이 책에서 다 해결되리라고는 생각하지 않는다. 하지만 몇 가지 새로운 질문이 제기되었으면 한다. 내가 든 보기들은 대부분 프랑스 회화와 조각이다. 이런저런 이유로 아시아 예술과의 비교가 필요할 때는 거의 모두 일본의 작품을 사용했다. 두 경우 모두, 내게 익숙했고 보기를 구하기가 쉬웠기 때문이다. 만약 내가 잘 알고 있었던 것이 체코 공화국과 인도 미술이었더라면 몇 가지 결론은 달라졌을지도 모른다.

이 책에서 악마(the Devil)*에 관해 사용하는 용어를 설명하기로 하자. 역사적으로 우리에게 친숙한 용어들을 순서대로 셋 고르라면 사탄(Satan), 악마(Devil), 루시퍼(Lucifer)이다. 여러 시대에 걸친 학자와 저술가들은 그 순서를 다르게 생각하는 경우가 많았지만 말이다. 예를 들면

---

* 본래 보통명사이던 devil에 the를 붙이고 첫 글자를 대문자로 써서 고유명사처럼 쓰게 된 경우에 해당할 것이다.

초서(Chaucer)는 천사인 루시퍼가 천국에서 추락했고, **그런 뒤에** 사탄이 되었다고 생각했다. 중세와 르네상스 신학자들은 이 세 용어를 전혀 비체계적이고 단일하지도 않은 의미로 사용한다. 게다가 세 단어 모두 같은 존재를 가리키는 것이지만 일상 영어의 용법에서(그리고 독일어와 프랑스어, 이탈리아어에서도) 어떤 때는 바꿔 써도 되고 어떤 때는 그럴 수 없다. 2세기경 「요한 행전」(Act of John)*을 기술한 사람은 죽어가는 요한이 이렇게 지시하는 것으로 기록했다. "악마를 침묵시키고 사탄을 조롱거리로 삼으라. 그의 분노가 다 타 버리도록 하라." 이 저자는 악마와 사탄을 다른 존재로 여겼던 모양이지만, 어떻게 다른가에 대한 설명은 아무데도 없다. 반면 누구보다도 악마에 대해 잘 알고 있었을 바이런 경(Lord Byron)은 루시퍼와 사탄과 악마를 마구 섞어 썼다. 예를 들면 그의 시 「악마의 돌진: 미완성 랩소디」(the Devil's Drive: An Unfinished Rhapsody)에서가 그렇다. 하지만 "예수의 최대의 적은 지옥의 옥좌에 앉아 있는 사탄"이라는 구절에서 '사탄'이란 말을 '루시퍼'로 바꿀 수 있을까? 아니면 "존, 저 불쌍한 작자(poor devil)는 아직도 시인이 되겠다는 꿈을 꾸고 있는가"라는 문장에서 'devil' 대신에 'Lucifer'나 'Satan'이란 말을 쓸 수 있겠는가? 문제는 악마라는 단어가 존재의 한 유형임에 비해 사탄은 그저 고유명사라는 것만이 아니다. 왜냐하면 'the Satan'이라는 표기도 얼마든지 옳을 수 있으니 말이다(이 용어는 천상의 조직 안에서 활동하는 특정한 직책을 가리킨다). 루시퍼는 예수를 유혹하지 않지만 사탄은 예수를 유혹하며, 때로는 악마도 예수를 유혹한다. 이 세 용어는 동일한 존재를 가리키지만 때로는 이 가운데 한 용어가 특정한 한 가지

---

* 사도 요한이 소아시아에서 행한 기적, 강론 등을 기록한 내용으로서 외경 신약성서에 수록되어 있다. 마니교에서 채택되기도 했다.

일화와 통상적으로 더 가까이 얽히게 된다(예를 들면 루시퍼를 악마가 아직 천사였을 때의 이름으로 보는 것 같은 경우이다). 이런 복잡한 내용이 내가 다루려는 주제 가운데 하나, 즉 악마의 이미지에 있는 불연속성을 보여준다. 어쨌든 이 책에서 '악마'(the Devil)는 악의 근원이며 신과 예수의 적을 가리키지만 악귀(devil), 혹은 악귀들(devils)은 악마가 거느리는 악령과 귀신 조직의 멤버를 뜻한다.

마지막으로 연대에 관해 한 마디 해야겠다. 예를 들어 성당 하나가 지어지기 시작한 때와 완공된 때 사이에는 100년의 시차가 있을 수 있다. 16세기까지는 이런저런 장소에서, 또 이런저런 시대에서 사용되던 연대 표기 시스템이 달랐기 때문에 돌에 어떤 연대 관련 정보가 새겨져 있다 하더라도 우리의 현대적 표기 방식으로는 그 날짜가 정확히 언제를 가리키는지를 확신할 수 없다. 어떤 회화나 조각, 또는 고서는 상당히 정확하게 연대가 밝혀질 수 있는 데 비해 수많은 다른 경우에는 오로지 경험에서 나온 추측만 가능하고, 「창세기 B」의 저작 연대 같은 일부 경우에는 방사성 탄소를 이용한 연대 측정법을 쓰는 편이 신뢰도가 더 클 수도 있다. 나는 전문가들에게서 가장 폭 넓게 인정되는 연대를 사용하고자 했다. 자료 출처로는 출판되어 있는 경우에는 언제나 영어 번역본을 썼고, 그렇지 않은 경우 별다른 표기가 없으면 인용된 문구는 전부 내가 번역한 것이다.

트리어 문서고(The Trier Archives) 소장인 군터 프란츠(Gunther Franz) 박사의 5년에 걸친 친절한 도움에 대해 감사의 마음을 전하고 싶다. 악마(the Devil)에 관하여 결정적인 권위를 가지는 책의 저자인 캘리포니아 대학의 제프리 버튼 러셀(Jeffrey Burton Russell) 교수는 이 책의 초고를 비판적으로 읽어 주고 너그럽게 격려해 주었으며, 요코하마 간토가쿠인 대학의 윌리엄 I. 엘리어트(William I. Elliott) 교수는 스타일과 구조 및 세부 사항을 지적해 주었다. 두 분께 감사를 드린다. 목판화가 이토 류사쿠(伊藤龍作)는 내가 만든 음각을 가지고 최선의 목판본을 만드는 것을 도와 주었다. 세심한 부분까지 신경 써 준 리악시온북스 출판사 관계자 여러분께도 깊이 감사드린다.

차례

들어가는 말 _ 5

서문 ... 17

1장 악마의 이름 ... 29
악마와 사탄의 차이 _ 31
악마는 어떻게 해서 루시퍼라는 이름을 얻었는가? _ 37
악마는 무슨 죄로 천국에서 축출되었는가? _ 44
악마의 권리, 미끼로서의 그리스도 _ 51

2장 악마는 어떤 모습인가? ... 59
악마는 왜 벌거벗고 있는가? _ 61
악마의 용모 _ 98
악마를 어디서 찾을 수 있는가? _ 120

3장 이단과 지옥 ... 131
악마의 이중성과 모순성 _ 133
최후의 심판과 묵시록: 차이점 _ 139
베아투스와 오염 _ 145
이단, 악마의 새 역할: 1184년 _ 154
영혼의 계량 _ 185

4장 지슬베르, 조토, 그리고 지옥의 에로티시즘 193

첫 번째 〈최후의 심판〉 _ 195

조토는 왜 악마를 그릴 수 없었던가? _ 213

텅 빈 고속도로 _ 229

최후의 심판과 성의 문제 _ 235

최후의 〈최후의 심판〉 _ 250

5장 악마와 반란천사 259

반란천사 _ 261

랭부르 형제, 보들레르로 가는 길 _ 269

에필로그 289

옮긴이의 말 _ 309

주 _ 317

참고문헌 _ 329

찾아보기 _ 335

그림 목록 _ 341

일러두기

* 일본 역사 및 불교 미술에 관한 용어 가운데 일본 미술의 용어는 일본어 발음에 따라, 불교에 관한 일반 용어는 한자음을 그대로 표기. (예: 신야쿠시지, 메이키라, 오니 등은 일본어 발음으로 표기하고, 말법사상, 약사여래 등은 한자음 그대로 표기)
* 화가와 조각가의 인명은 『옥스퍼드 미술 사전』(시공사)을 기준으로 표기.

서문

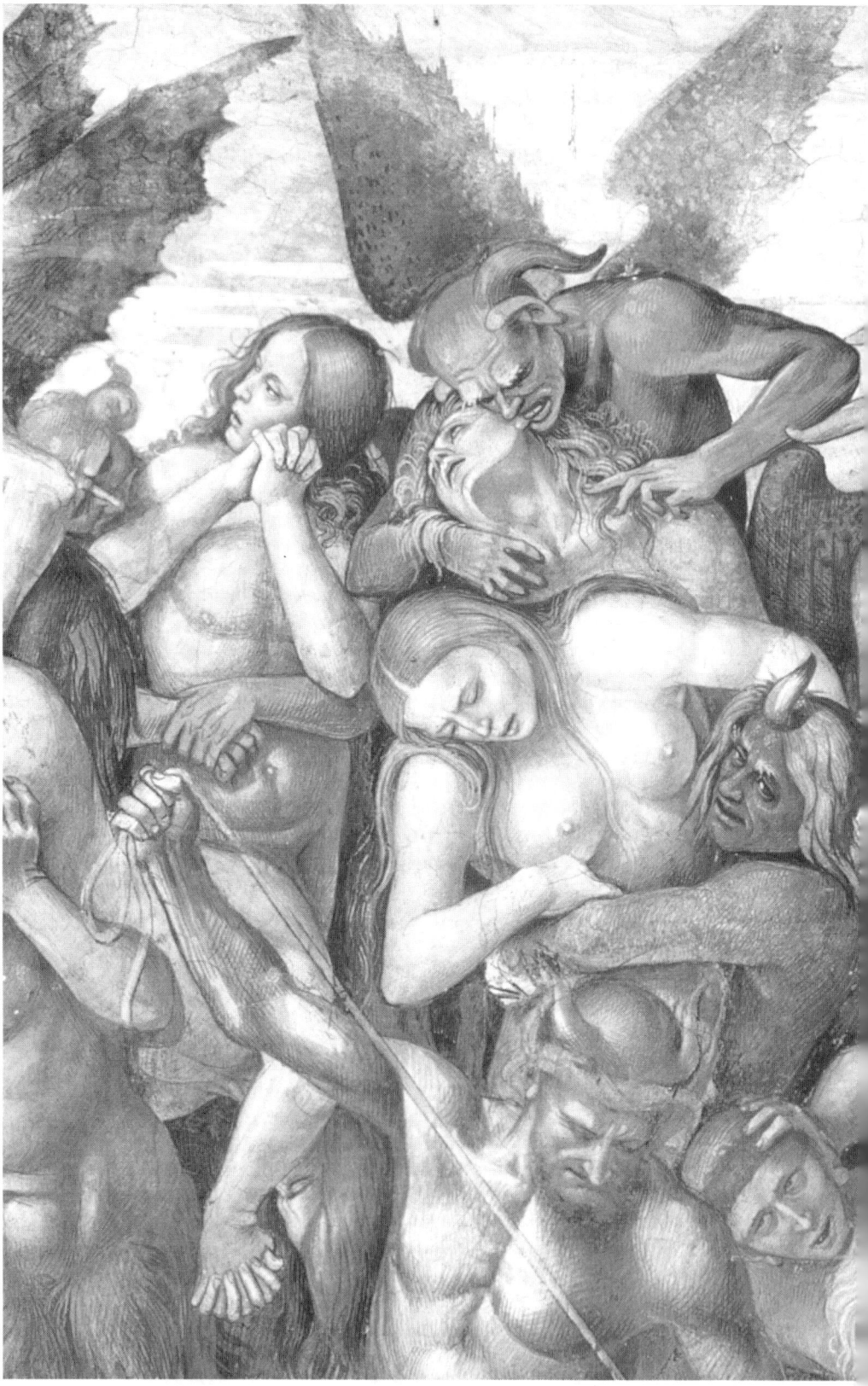

문헌자료만 연구해서는 1818년 메리 셸리(Mary Shelly)가 지은 고딕스타일의 소설에 등장하는 프랑켄슈타인이라는 과학자의 이름이 어떻게 하여 네모난 머리통에 나사가 박혀 있는 할리우드식 괴물을 뜻하게 되었는지 절대로 알 수 없을 것이다. 악마(the Devil)가 왜 지금 같은 모습을 하게 되었는지 알아내려고 애쓸 때도 문헌자료는 큰 도움이 되지 않는다. 사실, 100년이 넘는 기간 동안 악마의 대중적인 이미지는 수염이 나고 머리에는 뿔이 달린 데다가 꼬리가 있고 손에는 풀 긁는 갈퀴가 들려 있는 모습으로 유지되었다. 미국 언더우드사의 상품인 겨자맛 불고기 샌드위치 양념의 로고가 그 전형적인 예이다.

반드시 시각적인 이미지만으로 한정된 것은 아니지만, 우리가 생각하는 악마의 모습이 유래한 연원은 세 가지이다. 신약성서의 초기 해석, 그리고 블레이크(Blake)와 보들레르(Baudelaire) 같은 낭만주의자와 밀턴(Milton) 등의 문학 전통이 만들어낸 반란자 영웅, 마지막으로 사탄 숭배와 마녀 잔치에 관련된 민중전승이 그것이다. 우선 성서를 새로운 눈으로 해석해 보기로 하자. 크리스토퍼 말로(Christopher Marlowe)가 1589년에 쓴 『파우스트 박사의 비극』(*The Tragical History of Doctor Faustus*)이 나오기까지 문학에서 악마가 다루어진 방식은 (옛 색슨어로 남아 있는 9세기의 어떤 기록을 제외하면) 주로 성서 기록을 바꿔 쓴 데 지나지 않았다. 이단자와 마녀를 사냥하는 자들이 만든 민중전승은 12세기에 나타났고, 완전히 성립된 것은 한참 뒤였다. 시각적 영역에서는 9세기에 악

그림 2 루카 시뇨렐리의 "저주받은 자", 〈최후의 심판〉에서(그림 62 참조).

마가 등장했다. 그러나 14세기까지의 악마는 오늘날 우리가 알고 있는 그런 모습이 아니었다. 800년에서 1300년 사이의 5세기 동안 우리의 악마는 어디 있었을까?

이 책에서 우리는 악마의 모습을 대개 역사적 순서에 따라 살펴볼 것이다. 하지만 처음에는 특정한 문제를 파악하기 위해 시대를 넘나들게 된다. 그리스도교의 기본 문헌에 들어가는 삽화나 만화에서 악마는 흔히 쇠스랑(prong, pitchfork)을 쥐고 있는데, 이 도구는 포세이돈의 삼지창(trident)에서 비롯된 것이고, 그것은 또한 기원전 2000년 이전의 옛 바빌로니아 뇌우신(雷雨神)인 아다드(Adad)가 던지는 세 갈래 번개에 그 연원이 있다.[1] **문헌상의** 자료를 아무리 들여다보아도 악마가 왜 쇠스랑을 쥐고 있는지에 대한 답은 찾을 수가 없다. 실제로 9세기에 처음 등장했을 때(그림 16)에만 그리스 고전사상의 영향을 받아 삼지창을 들고 있었을 뿐, 그 이후 르네상스가 될 때까지 그런 모습으로는 다시 나타나지 않는다(그림 6). 중세의 대부분 기간 동안 악마가 더 좋아한 보조기구는 닻 모양의 갈고리창(grapnel)이었다(그림 31, 33, 36, 52, 55).

이것은 비록 세부 사항에 지나지 않지만 중요한 부분이고, 이에 대한 설명을 어떻게 하느냐에 따라 설명자의 입장이 드러나게 된다. 예술과 문학 연구자 가운데는 고고학자의 기준에서 보면 극도의 전파주의자* 로 간주될 만한 사람이 많다. 예를 들어, 역사상 최초의 바퀴가 수메르의 어느 사원 유적에서 발견되었다면 전파주의자의 입장에서는 이집트나 멕시코에서 발견된 다른 모든 바퀴도 궁극적으로 수메르의 바퀴에서 유

---

* 인류학에서 문화 변동을 전파 과정이라는 관점에서 파악하려는 입장. 예를 들면 고대 문명은 이집트에서 시작하여 세계 각지로 퍼져나갔으며, 다른 두 지역에서 동일한 문화가 동시에 발생할 가능성이 없다고 보는 영국 이집트학의 주장 같은 것이다. 하나의 중심에서만 문화가 발생하고 발전하여 전파된다는 입장.

래하는 것으로 보게 된다. 삼지창을 든 악마를 그린 중세 화가는 고대 메소포타미아에 대해 아무 것도 모르는 사람이었을 것이다. 그러니 갈퀴창이 아다드나 포세이돈에게서 유래했다고 보는 견해가 그 자체로는 흥미로울지 몰라도 악마가 왜 그 물건을 쥐고 있는지를 설명하는 데는 아무 짝에도 쓸모가 없다. 아니, 오히려 방해가 될 것이다. 햄릿 왕자 이야기의 기원이 노르웨이의 한 역사가에게로 소급된다는 사실을 안다고 해서 나쁠 것은 없지만 셰익스피어의 희곡을 이해하는 데는 그 지식이 별 소용이 없다. 이렇듯 그림의 이미지라든가 문학적 주제의 최초 형태라는 것은 사실 아무 것도 시사하지 않을 수도 있다. 결정적으로 중요한 것은 그것이 놓인 역사적 맥락에서 여운을 만들어 내는 첫 시도이다. 「이사야서」에서 언급된 루시퍼가 악마의 한 표현 형태라고 주장하기 시작한 것은 그리스 출신의 박식한 그리스도교 저술가인 오리게네스(Origenes)가 처음이었던 것 같은데, 결정적인 영향력을 행사한 것은 그 둘을 동일시한 아우구스티누스(Augustinus)의 견해였다. 1300년 이전에는 악마의 등에 박쥐 날개 같은 것이 달려 있지 않았는데, 왜 그랬는지 따져볼 필요가 있다. 그리고 죽은 자의 심판이라는 이집트식 모티프가 수백 년 동안 언제라도 손 닿을 만한 곳에 있었지만 화가들도 12세기 이후 최후의 심판에 대한 묘사가 대중화될 때까지 그리스도교 화가들 중에서 그 모티프를 채택한 사람은 아무도 없었다. 자료 탐색이나 심미적인 형태 분석으로는 악마를 대표하는 물건이 삼지창에서 갈고리창으로 바뀐 이유를 설명할 수 없다. 이 변화의 배후에는 역사적·사회적으로 중요한 두 가지 사실이 놓여 있다. 먼저 고전 예술**에 대한 관심이 쇠퇴했고,

---

** 고전 또는 고전주의라는 말이 이 책에서는 그리스, 로마시대의 예술과 그 시대의 신화나 문학에 등장하는 인물 및 행적을 등장시키는 풍조를 의미하는 용어로 쓰인 것 같다. 르네상스 시대에 되살아난 그리스 고전에 대한 관심이나 18세기 유럽을 풍미한 고

그런 것에 접하는 사람들의 범위가 제한적이 되었다는 점이다. 둘째는 갈고리창이나 구부러진 갈퀴를 사용하여 이단자와 범죄자를 고문하는 방식이 대세가 되었다는 사실이다. 죄인을 고문하는 일에서 신과 협력한다는 것을 암시하기 위해 악마에게 닻 모양의 갈고리창이 주어졌는데, 이는 악마의 주된 역할이 신을 적대시하는 것이 아니라 그와 협력하는 것이라고 주장하게 만드는 요인이다.

  악마의 이미지에 일관성이 없다는 이 책의 주제를 드러내는 두 종류의 표상을 검토해 보자. 우선 예수를 유혹하는 사탄이 그려진 그림들을 보자(그림 14, 27). 이 두 작품은 9세기 전반이라는 동일한 시대의 산물이어서인지 담고 있는 주제도 동일하다. 그러나 그린 사람도, 그들이 소재를 빌려온 전통도, 거기다가 표현 매체도 다르다. 무엇보다도 충격적인 것은 개념상의 차이이다. 「시편」에 나오는 사탄과 상아로 된 책 표지에 그려진 사탄을 비교해 보면 그들 사이에는 어떤 공통점이 있는가? 책 표지에서는 예수와 사탄이 비슷하게 보일지 모르지만 「시편」의 그림에서 둘 사이에 유사성이라고는 털끝만큼도 찾을 수가 없다. 두 번째 종류는 랭부르(Limbourg) 형제가 그린 두 작품이다. 랭부르 형제는 15세기 초반의 성무일도서(聖務日禱書, Book of Hours)*에 지옥(그림 63)과 반란천사의 추락(그림 64)을 그렸다. 이 두 모습을 비교해 보면 악마를 묘사할 때 그 성격을 규정해 주는 한 가지 요소를 발견하게 된다. 불을 내뿜는 괴물은 천국에서 추락하는 루시퍼와 어떤 공통점을 가지는가? 아무런 공통점도 없다는 것이 이에 관한 대답이다. 그 둘 모두 악마이지만 이 두 이미지를 연결할 방도는 전혀 없다. 신학적으로 이 둘이 악마의 양

전주의 사조와는 무관한 것으로 보아야 할 것이다.
** 성무일과서라고도 함. 각각 정해진 날짜와 시간에 따라 기도를 하도록 기도문과 그에 상응하는 삽화를 실은 기도서로 성직자용은 'breviary'라고 한다.

측면일 수도 있지만, 그것들은 동일한 개체가 아니다. 왜냐하면 이 두 이미지는 거의 한 번도 겹쳐진 적이 없고, 한 번도 통합된 적도 없는, 확실하게 판이한 회화 전통에서 도출된 것이기 때문이다. 여기에서 우리는 악마의 시각적 속성과 개념이 마리아나 유다, 삼손 같은 경우와 달리 화가들의 상상력 속에서 일정하게 규정된 적이 거의 없음을 짐작할 수 있다. 십자가에 매달리거나 설교하는 그리스도, 혹은 최후의 심판에서 심판관의 역할을 맡는 예수는 상이한 시대에 따라 각각 다르게 그려졌지만 어떤 시대의 그림일지라도 우리는 심판관으로서의 그리스도와 십자가에 매달린 그리스도를 연결할 수 있다. 세월이 흐르면서 형태와 얼굴이 아무리 많이 바뀐다 한들 그리스도나 마리아, 베드로는 하나의 연속체로 인식되는 것이다. 그리스도와 마리아와 베드로는 특정한 역사를 가진 인물이었다. 그러나 악마는 욥을 괴롭히거나 빌라도를 부추기거나 예수를 유혹하고 지옥을 경영하는 존재로서, 여러 다양한 역할에 따라 일관성 없는 존재가 된다. 추락한 천사라는 존재가 지옥의 지배자라는 존재에 함축되어 있지도 않고 감정적으로 그것에서 도출될 수도 없다는 점에서(그 역방향 역시 불가능하다) 그는 역사를 갖지 않는 존재이다. 그렇게 된 부분적인 이유는 화가가 악마를 끔찍한 모습의 괴물로 그리면서 미카엘과 싸운 천사를 염두에 두지 않았기 때문이다. 서구의 회화 전통은 그럴 여지를 주지 않았다. 어떻게 하여, 또 왜 이런 일이 일어났는가 하는 의문에 대해서는 악마의 이미지를 살펴볼 때 대답할 수 있을 것이다. 악마는 어떤 정체성을 가지는 존재가 아니다. 그는 수많은 가면을 갖고 있을 수도 있지만, 그의 본질은 얼굴 없는 가면, 그것이다. 9세기에서 16세기 사이에 그려진 악마의 맨 얼굴은 대체로 천박한 생김새였다. 그것은 인격도 없고 감정도 없는 석고판 같은 가면이었다. 예수의 얼굴을 그리는 것보다 악마의 얼굴을 그리기가 더 힘든 것도 아마 이 때문일 것이다. 그리스도나 마리아, 또는 모세의 그림 가운데 기억에 남을 만한 것을 꼽아 보라는 요구를 받는다면, 아무 어려움 없이 대답할 수 있을 것이다. 유다의 경우에도 아마 마찬가지일 것이다(조토[Giotto]의 것이든 레오나르도[Leonardo]의 것이든). 하지만 16세기 이전에 그려진 악마의 그림, 그러니까 신의 강력한 적대자를 그린 그림 가운데 기억에 떠오르는 것이 무엇인가? 아마 없을 것이다. 좀 이상하지 않은가?

9세기에서 16세기 사이에 사탄을 표현한 그림이나 조각은 거의 대부분 예술적으로는 실패작이었다. 혹시 화가들이 악마는 시간을 들여 그릴 만한 가치가 없다고 생각했거나, 너무 까다로운 주제라고 생각했는지도 모른다(정말 그렇다면 그 이유는 무엇이었을까?). 좀더 복잡한 이유도 있지만 그에 대해서는 나중에, 악마를 묘사한 르네상스 화가 가운데 가장 중요한 사람인 조토에 대해 논의할 때 알아보기로 하자. 유다를 그린 그의 프레스코에 나오는 악마가 어떤 식으로 그림 전체의 수준을 떨어뜨리고 있는지 보게 될 것이다. 오늘날, 바티칸의 라칭거(Ratzsinger) 추기경은 "그리스도교도에게 악마는 상징적인 존재가 아니라 신비하지만 실재하는 인격적인 존재"라고 주장한다. 지금은 이것이 맞는 말일 수도 있고 틀린 말일 수도 있다. 하지만 우리는 **과거에는**, 즉 중세와 르네상스 시대에는 이 말이 진실이었을 것이라고 생각한다. 그러나 당시의 화가들이 어떻게 생각하고 있었는지를 살펴본다면, 우리의 추정이 믿을 만한 것이 못 된다는 것을 알게 된다. 소수의 예외(특히 1050~1130년 사이에 만들어진 로마네스크 조각)를 제외하면, 당시의 화가들이 악마를 '실재하는 인격적인 존재'로 상상하지 **않았다**는 것도 그런 판단의 근거 중 하나가 된다. 이 주장이 괴상하고 비정통적인 것으로 보일지도 모르지만, 나는 이 책에서 이런 점들을 명확히 하고자 한다.

일본과 중국 화가들은 아무런 어려움 없이 악령과 악귀를 위풍당당하게 표현했다. 헤이안(平安) 시대 후기부터 가마쿠라(鎌倉) 시대에 만들어진 일본의 무시무시한 지옥 그림과 두루마리 그림[絵巻]에 비교한다면 악귀를 그린 서구 그림은 대부분 만화 같다는 느낌밖에 들지 않는다.[2] 예를 들어, 이빨이 날카로운 일본의 부동명왕(不動明王)은 상상도 못할 만큼 사납게 생겼다. 하지만 그는 악한 존재가 아니다. 오히려 그는 악귀와 싸워 신도들을 보호한다. 그의 도상은 수백 년 동안 거의 변하지 않았다.[3] 6세기에 지어진 불교 사원에 남아 있는 부동명왕의 도상은 오늘날 도쿄의 불교 사원에 있는 그것과 별 차이가 없다. 그는 올가미를 갖고 있지 않고 아무도 유혹하지 않는다. 그리스도교의 악마는 이와 다른데, 이 점을 강조하지 못하면 문제가 생길 수 있다. 예를 들어, 악령에 관한 연구서만도 스무 권 가량 쓴 롤랑 빌뇌브(Roland Villeneuve)는 악마가 본질적으로 그리스도교적이 아니며 미지의 힘에 대해 인간이 보이는 영원한 반응이라고 생각한다. 빌뇌브의 주장에 의하면 악마는 대개 팬(Pan)과 네르갈(Nergal)의 형태로 그 모습을 드러낸다.[4] 비록 수많은 그리스도교도들이 팬을 악마로 이해했지만 그리스나 고대 로마인들은 그를 결코 악마로 여기지 않았음이 분명하다. 이는 네르갈의 경우도 마찬가지인데, 역병과 지하세계를 관장하던 바빌로니아의 신인 네르갈은 원통형 인장(印章)에 그려진 형태로 가끔 발견된다. 그리스도교 성립 이후에는 파르티아 왕국에서 만들어진 일부 형상 가운데 악마의 특징을 가진 것도 있기는 하나, 이는 착각 때문에 그렇게 만들어진 것이다. 이 두 경우 모두에서 우리가 상대하는 것은 그리스도교의 영향으로 인한 오해이다. 그리스도교적 악마는 잔꾀를 부리고 유혹하는 자이며, 인간과 예수의 적이다. 그가 신학적이고 도덕적으로 문제시되는 것은 이 때문이다. 악마는 교회가 자기 자신을 정확하게 규정하지 못하게 방해하는 것을 임무로 하는 국외자이다. 17세기의 네덜란드 철학자인 스피노자(Spinoza)는 악마를 상상한다는 것은 터무니없는 일이라고 생각했다.

> 악마란 신의 의지에 반해 수많은 인간(물론 선한 인간은 드물지만)을 꾀어내고 속이는 자이며, 그렇게 속은 인간들을 신은 이 사악함의 대가에게 넘겨주어 영원히 고통받게 하신다. 신성한 정의는 따라서 인간을 속이는 악마를 처벌하지 않고 내버려 둔다. 오히려 그 악마에 의해 비참하게 속아 넘어간 인간들을 반드시 벌하고야 마는 것이다.[5]

스피노자는 악마의 속성을 지적하고 있는 것이다. 그는 신에게서 죄인들을 넘겨받는 자이다. 암암리에 악마는 신에 의해 사역되는 자, 신을 위해 일하는 자가 되며, 어떤 의미에서는 신과 갈등 관계에 있지 않다. 이 해석이 신학적으로 불건전하게 보일지 모르지만 지옥에 대한 대부분의 묘사는 이를 공통의 기반으로 하여 이루어진다. 그러니 교회가 악마를 도상학적으로 명료하게 규정하지 않는 것도 놀랄 일은 아니다. 악마의 악은 얼버무려 줄 필요가 있기 때문이다.

악마는 그저 문학이 만들어낸 산물은 아니다. 그는 서구 문명이 만들어낸 현실의 일부로서 **실재한다**. 악마가 우리의 흥미를 끄는 이유는 아마 신이 그를 규정하는 것처럼 그가 신을 규정하기 때문일지도 모른다. "악마가 있다니, 신께 감사해야겠네!" 이 말은 진지한 농담이다. 이반 카라마조프가 말했듯이 우리도 이렇게 말할 수 있다. "만약 악마가 존재하지 않는다면, 그리고 그것이 인간이 만들어낸 창조물이라면 인간은 아마 자기 자신의 모습을 보고 그것을 만들었을 거야." 우리가 검토할 범위를 악마의 그림으로만 한정한다면 이반의 발언은 기껏해야 부분적으로만 옳을 뿐이다. 악마에 대한 생각이 부적절하다는 것은 신에 대한 생각이 부적절하다는 것과 똑같은 상황일지도 모른다. 악마는 무엇인가, 그의 이름이 무엇이며 어떤 모습을 하고 있는가 하는 것이 우리가 추적할 대상이다. 결과는 놀랄 만한 것이 될 수도 있다. 악마의 전체 이야기나 악마의 역사 그 자체도 물론 지극히 흥미로운 주제이다. 그러나 이 책에서는 악마에 관한 이야기가 프랑스에서 발견된 카타콤의 프레스코나 조각에서부터 미켈란젤로의 〈최후의 심판〉에 이르는 넓은 범위의 예술 작품을 바라보는 새로운 시각을 가져다준다는 것을 확인할 수 있을 것이다. 1536년에서 1541년 사이에 만들어진, 로마 시스티나 성당에 있는 미켈란젤로의 작품과 1550년에 만들어진 로렌초 로토(Lorenzo Lotto)의 놀라운 작품 〈미카엘과 루시퍼〉가 우리 연구의 종착점이 될 텐데, 왜 그런지는 나중에 밝혀질 것이다. 하지만 회화와 조각에 눈길을 돌리기에 앞서 우선 문학 자료를 토대로 악마의 여러 면모들, 특히 2세기에서 5세기 사이의 교부들이 해석한 그의 이름과 천국에서의 추락 사건에 대해 살펴보기로 하자.

1장

악마의 이름

악마와 사탄의 차이

사탄이 악마의 이름이라고 생각하는 사람이라면 **사탄**이라는 단어가 악마보다도 더 먼저 존재했다는 사실을 알면 깜짝 놀랄지도 모르겠다. 모든 서구 언어에서 '악마'라는 단어는 동일한 어원으로부터 왔기 때문에 'devil, diable, diablo, diavolo, Teufel' 등으로 형태가 유사하다. 또 '악마'라는 단어를 가지는 모든 언어는 '사탄'이라는 단어도 갖고 있다. 의미가 대략 비슷하기는 하지만 사탄이 없으면 악마도 없고 악마 없이는 사탄 또한 없다. 지금은 이 두 말이 '대략 비슷'하지만 처음에는 아주 달랐다. '사탄'은 원래 적대자를 의미하는 히브리어 단어일 뿐 다른 의미는 없었다. 그는 어떤 때는 인간이고 어떤 때는 천상의 존재이다. 구약성서의 「욥기」에서 사탄은 신이 주재하는 위원회의 멤버이다. 사탄은 하나의 직책, 다시 말해 감독자 또는 형집행관에 해당하는 직책이지 누구의 이름이 **아니다**.[1] 사탄은 악마가 아니다(비록 그리스도교의 주석자들에게서는 그렇게 되어 버리지만). 「욥기」를 제외한 구약성서 정전에서는 사탄(the Satan, 또는 Satan)을 거의 찾을 수 없고, 있더라도 중요한 존재가 아니다. 초기의 누가와 마태 복음서에서는 신의 적대자란 뜻의 악마를 디아볼로스(diabolos)라 불렀다. 이 그리스어 단어는 비난자 또는 모함자를 의미하며, 라틴어로는 디아볼루스(diabolus)로 번역되었다. 이렇듯 사탄과 악마는 서로 달랐다. 그러나 서력 기원전 300년쯤 구약성서를 그리스어로 번역한 알렉산드리아 유대인들에게서 뜻밖의 해석법이 등장하

그림 3 랭부르 형제의 "루시퍼와 반란천사들의 추락", 그들의 작품인 *Les Très Riches Heures du Duc de Berri*에서 (그림 64 참조).

여 히브리어의 '사탄'이 그리스어 '디아볼로스'로 번역되기 시작했다. 구약과 신약의 악마가 동일한 의미가 아니면서도 동일한 명칭을 갖게 된 이유가 여기에 있다. 그 결과 라틴어의 'diabolus'에서 'devil'이라는 영어 단어의 **형태**가 만들어진 것이다. 하지만 '악마'의 의미는 히브리어, 그리스어, 라틴어의 상이한 세 단어, 즉 '사탄, 디아볼로스, 디아볼루스'에서 온 것이므로, 수세기 동안 사람들을 혼란스럽게 만들었다. 이 의미는 기원후 1세기 동안에도 서로 중첩되어, 복음서와 주석서에서 일관성도 없이 서로 바꿔 쓸 수 있는 단어처럼 사용되었다.

악마를 가리키는 또 하나의 단어가 있으니, '다이몬'(daimon), 또는 '데몬'(demon)*이 그것이다. 다이몬은 신과 인간 사이를 중재하는 영혼이며, 대개 죽은 영웅의 영혼인 경우가 많다. 예를 들면 플라톤의 『향연』(Symposium)에서 사랑은 위대한 다이몬이며 신들과 인간 사이의 중개자이다. 『크라틸루스』(Cratylus)에서 소크라테스는 선하고 현명한 인간을 데몬이라고 부른다. 데몬은 한 인간의 수호신이기도 한데, 셰익스피어의 『안토니와 클레오파트라』에서 한 예언자가 안토니우스를 찬양한 다음과 같은 말의 의미도 그것이다. "그대를 지켜주는 수호신, 당신의 영혼은 고귀하고 용감하며 숭고하여 비교 대상을 찾을 수 없습니다." 다이몬과 다이모니온(daimonion)은 귀신 들리는 것을 의미하기도 하는데, 신약과 수많은 초기 교부들은 이 의미만을 발전시키고 사용했다. 예를 들어, 그리스화한 2세기와 3세기의 알렉산드리아 변증론자들은 플라톤이 말한 것과 같은 데몬 — 특별히 선하지도 악하지도 않은 — 을 추락한 악의 천사로 해석했다. 그들이 이렇게 한 이유는 이교도들의 신은 곧 악한 데몬과 같고 또 그것은 악귀와 같다는 새로운 등식[2]을 만들어내기 위해

---

*그리스적 맥락에서는 정령, 그 외에는 악령의 의미를 가진다.

서였다. 이 등식은 이교도 신 숭배에 대한 비난을 정당화했다. "이교도가 바치는 제물은 신에게가 아니라 악귀에게 바치는 것이다"라고 바울은 썼다. 그리고 이 등식을 통해 예술과 과학과 사회적 인식의 방향이 새롭게 정립되었다. 「출애굽기」(32장)에서 유대 민족은 모세가 산에서 내려오기를 기다리다가 지쳐 아론에게 황금 장신구를 녹여 황금 송아지를 새로 만들자고 한다. 그는 그렇게 했고, 이 새 우상 앞에 머리 숙여 절한다. 신은 모세에게 이 위반 사실을 알려 경고하고 모세는 그들이 있던 곳으로 하산하여 숭배자들이 잔치를 벌이고 춤추는 광경을 보게 된다. 분기탱천한 모세는 십계의 석판을 부숴 버리고, 황금 송아지를 불 속에 던져 버렸으며, 그 부스러기를 가루로 만들어 물에 뿌리고는 유대인들에게 그 물을 마시라고 강요한다. 이 주제는 11세기와 12세기에 상당한 설득력을 얻었다. 사람들이 황금 송아지를 바로 이교도의 신으로 화한 악마라고 여겼으니 말이다. 베즐레(Vézelay)의 라마들렌 성당과 오텡(Autun)의 생라자르 수도원 성당의 기둥 주두부(柱頭部)는 모두 12세기 초반의 것인데, 여기에서 모세는 사나운 모습으로 묘사되었지만 악마의 도구에 불과한 거대한 황금 송아지를 바라보고 있다(그림 4와 20). 라마들렌에서는 사나운 악마가 실제로는 송아지의 입에서 등장하도록 묘사되어 있다. 이들 작품에서는 모세가 손에 몽둥이를 쥐고 있는 모습으로 표현되어 있는데, 이는 「출애굽기」에서의 내용과는 달리 당시의 상황을 격렬한 싸움과 갈등의 장면으로 그린 것이므로 오히려 이 쪽이 더 설득력이 있다고 하겠다. 어쨌든 로마네스크 조각가들에게 황금 송아지는 신의 적대자의 모습 가운데 하나였다.

이교도적 우상 숭배가 악마 숭배와 동일시된 까닭에 조르조 바사리(Giorgio Vasari)가 비통해 마지않던 수많은 파괴가 자행되었다. 『예술가들의 생애』(Lives of the Artists)의 개정판(1568) 서문에서 바사리는 심히 아이로니컬한 어조로 이렇게 썼다.

그리스도교는 엄청난 열정과 부지런함으로 죄악의 모든 흔적을 있는 대로 철저하게 파괴하고 녹여 버리려고 분투했다. 그렇게 하는 과정에서 그들은 모든 훌륭한 조각을 파괴하고 없애 버렸다. …… 고대 세계의 천재들이 기념해 온 빛나는 인물들을 기려 만들어진 수많은 기념물과 명문들도 없어졌다. 예술 작품에 심각한 피해가 저질러진 것은 ('그리스도교도의' — 인용자) 어마어마한 열정 탓이며, 그 이후로 예술은 완전히 혼란에 빠져 버렸다.³

신약성서 때문에 혼란이 더 심해졌다. 마가의 복음서는 악마를 디아볼로스가 아니라 사타나스(Satanas)라 불렀다. 또 히브리어의 사탄은 가끔 그리스어로는 디아볼로스, 아람어로는 사타나스로 번역되기도 했다.

그림 4 욘느의 베즐레에 있는 라마들렌 성당의 기둥 주두부에 보이는 "모세와 황금 송아지" (12세기 초반)

구별은 곧 사라지고 사탄, 사타나스, 디아볼로스, 디아볼루스는 의미상 서로 바꿔 쓸 수 있는 단어가 되었다. 4복음서 및 「요한 1서」, 「요한 계시록」을 보면 일정한 패턴이 나타난다.

다이모니온(악한 정령): 마가와 마태, 누가의 복음서가 이에 대해 언급하고 있다(요한의 복음서는 악령을 축출하는 방법에 대해서는 이야기하지 않고 '악귀에 들리는' 형태만을 언급하고 있다). 「요한 계시록」에는 이교도신을 가리키는 다이모니온이라는 용어가 한 번 나오며, 다이몬이 두 번 사용된다. 「요한 1서」에는 언급되어 있지 않다.

디아볼로스: 마태와 누가의 복음서, 「요한 1서」 및 「요한 계시록」에는 나타나지만 마가의 복음서에서는 발견되지 않는다.

사타나스: 마가, 누가, 마태의 복음서 및 「요한 계시록」에 나타나며, 요한의 복음서에서는 한 번 사용되었지만 「요한 1서」에서는 발견되지 않는다.

이들 책에서 저자들은 서로 다른 존재를 가리키기 위해 상이한 용어를 썼는지도 모른다. 그러나 그들 가운데 누구도 세 단어 모두를 잘 알고 있었던 것으로는 보이지 않는다. 악한 자의 본질적 형태와 구체적인 속성에 대해 제각기 다른 생각을 갖고 있었을 수도 있고, 그것들이 서로 바꿔 써도 되는 용어라고 생각했을 수도 있다. 왜 마태와 누가는 예수의 유혹자를 디아볼로스라 불렀는데 마가는 그것을 사탄이라 불렀는지 우리는 알지 못한다. 디아볼로스는 사람들을 귀신 들리게 하는 악령과 연관되지 않는 게 보통이지만 사탄은 그런 속성을 가지고 있다고 알려져 있다.[4] 아마 마태와 누가는 신의 적대자인 사탄을 그보다 서열이 낮은 단순한 악귀와 구별하고 싶었는지도 모른다. 하지만 마르코가 사탄이라는 이름을 사용하여 다른 두 복음서에서 디아볼로스라 불린 존재를 설명했기 때문에, 뒤의 주석자(와 번역자들)은 아주 당연하게 그 두 단어를 동일시했다. 그 결과 '사탄=디아볼로스'라는 등식으로 인해 악마의 이름은 사탄이 되었으며, 그 이름은 「요한 계시록」(12:9)에서 구체적으로 단언되고 있다. "오래 묵은 뱀, 악마(디아볼로스 — 인용자)와 사탄이라 불리는 거대한 용이 내던져졌다. ……" 성서가 라틴어로 번역되면서(이미 5세기가 되기 전부터 출처가 다양한 번역본들이 다수 존재하고 있었다), 섬세한 구별이 사라져 버리는 의미론적 혼란 사태가 벌어졌다. 서로 다른 악령(demon) 전통과 악마 관련 용어들이 융합되고 뒤섞이는 상황은 3세기에 완결되며, 그 결과를 우리는 가장 오래된 신비극(mystery play)* 가운데 하나인 12세기 중반의 앵글로노르만의 「아담의 신비극」(Mystère d'Adam)**에서 볼 수 있다. 아담은 디아볼로스가 이브에게 말을 건 데 마음이 언짢아져서 그녀에게 이렇게 말한다. "여자여 말하라. 저 악한 사탄이 그대에게 뭘 원했는가?"(Di moi, muiller, que te querroit/ Li mal Satan?) 이를 통해 우리는 히브리어의 사탄이 그리스어의 디아볼로스가 되고 그것이 라틴어의 디아볼루스가 되었으며, 프랑스어에서 그것이 다시 사탄이 되었다는 것을 알 수 있다. 그리고 14세기의 영국 신비극, 예를 들면 「체스터 연작」(the Chester Cycle) 같은 데서 우리는 '사탄, 사타나스, 디아볼루스, 루시퍼, 악마'가 모두 바꿔 쓸 수 있는 단어임을 보게 된다. 그것들은 끝없는 고리처럼 연속으로, 마치 뫼비우스의 띠처럼 연

---

* 유럽 중세에 행해지던 지방적인 연극 형태 가운데 하나. 주로 천지창조, 아담과 이브, 아벨의 살해, 최후의 심판 등 성서에 나오는 주제를 표현한다. 처음에는 교회와의 연관성이 컸으나 종교적 색채가 엷어지고 세속성이 짙어짐에 따라 교회와의 거리가 멀어지고, 묵시록적 내용의 비중이 커졌으며, 풍자성도 강해졌다.
** 프랑스 방언으로 쓰어진 작자 미상의 희곡. 창세기를 극화함. 신비극과 함께 중세 민간에서 성행했던 도덕극(morality play)의 초기 사례 가운데 하나. 이브를 도덕 감각이 없는 여자로 묘사함.

결되어 있다.⁵

악마는 어떻게 해서 루시퍼라는 이름을 얻었는가?

셸리(shelley)는 악마를 다룬 독창적인 글에서 이렇게 말했다. "나는 왜 그가 루시퍼 불리는지 알 길이 없다. 잘못 해석된 「이사야서」의 한 구절 외에는 그렇게 불릴 만한 근거가 어디에도 없으니 말이다."⁶ 우리는 그 구절이 왜 잘못 해석되었는지 알아보려 한다. 외경(外經)과 위전(僞典)의 내용을 샅샅이 훑어보아도 '루시퍼'라는 말이 악마의 이름으로 쓰인 예는 없다. 사실 루시퍼는 누구의 이름도 아니다. 그것은 '빛을 가져오다'란 의미일 뿐이다. 루시퍼는 해가 뜨기 전에 보이는 새벽별, 즉 금성이다. 오비디우스(Ovidius)는 매일 "루시퍼가 하늘에서 밝게 빛나며 하루 일을 하러 가도록 인간들을 불러낼" 때 새 날이 시작된다고 했다. "루시퍼는 그 어떤 별보다도 밝다." 셸리는 『시의 옹호』(Defence of Poetry)에서 단테를 "학문을 부활시킨 위대한 영혼들을 불러 모은 분, 13세기의 공화정 이탈리아에서 밝게 빛나 한밤중처럼 캄캄한 세계를 환하게 비춰 준 무수한 별 가운데서도 루시퍼와 같았던 분"이라고 칭송한다. 그러나 『신곡』을 펼치면 단테가 그린 '지옥'의 맨 밑바닥에는 무시무시한 괴물, 루시퍼가 있다. 단테에게서 루시퍼와 사탄은 동일한 존재이다. 어찌하여 이런 일이 일어났을까?

루시퍼와 사탄의 동일시는 「이사야서」(14:12)에서 시작된다. "그대는 어찌 하여 천국에서 추락했는가. 오 루시퍼, 아침의 아들이여!" 여기서 이사야는 악마에 대해 말하고 있지 **않다**. 아마 옛 가나안 신화에서 따왔을 것으로 보이는 이미지를 사용하여 이사야는 한 야심적인 왕이 과도한

욕심을 부리다가 실패하고 지하세계로 떨어지는 것을 묘사하고 있다.[7] 그의 말은 네 단계를 거쳐 악마를 가리키는 것으로 변했다. (1) 독재자 왕이 은유로 묘사된다(왕=빛나는 별). (2) 히브리어의 '헬렐'(Helel ben Shahar: 빛나는 자), 혹은 그리스어의 '에오스포로스'(eosphoros)가 라틴어로 번역되어 새벽별인 '루시퍼'가 된다. (3) 나중에는 그 독재자 왕이 악마와 동일시된다. (4) 이렇게 해서 루시퍼가 악마의 또 다른 이름이 된다. 왜 저 독재자 왕이 악마와 동일시되었는가 하는 질문에 대해서는 그렇게 하면 악마의 본성에 관한 골치 아픈 문제가 해결되기 때문이라는 답을 할 수 있을 것이다. 3세기의 신학자 오리게네스는 이 사안을 정면으로 다룬다. "소위 악마와 그의 부하 천사들에 대한 진실을 파악하지 못한 사람, 또 악마가 되기 전에 그가 어떤 존재였으며, 어떻게 하여 악마가 되었는지 알지 못하는 사람은 결코 악의 기원을 알 수 없다. ……"[8] 만약 신이 악마를 창조하셨다면, 그리고 악마가 본성적으로 악하다면 신이 악을 창조하신 것이다. 여기 함축된 의미는 골치 아픈 문제가 될 수 있다(특히 스피노자가 지적했듯이, 악마가 인간들을 유혹하여 악을 저지르게 만들고 그에 대해 벌하니까 더욱 그렇다). 악마가 태생적으로 악하다면 그가 죄를 범했다고 말할 수 있는가? 그는 악을 **행할 수밖에 없는** 존재이다. 하지만 만약 신이 악마를 창조하지 않으셨다면 신은 전능한 존재가 아니라는 말이 되며, 우리는 선과 악의 갈등이 어떠한 결과를 초래할지 도무지 알 수 없는 마니교적 세계로 미끄러져 들어가게 된다. 5세기의 그리스도교 교부들은 이 문제를 두 단계로 나누어 해결했다. 그래, 신은 악마를 창조하셨다. 하지만 악마는 본성적으로 악하게 창조되지는 **않았다**. 다만 그가 악을 선택했을 뿐이다. 따라서 신은 여전히 전능하시지만 악에 대한 책임은 없다. 이 대답이 해결책으로 인정받으려면 성서의 뒷받침이 있어야 하는데, 그 뒷받침이 어떤 식으로 제공되는가

하는 데서 악마가 루시퍼라는 이름을 갖게 된 이유가 설명될 것이다. 5세기 초반의 대표적 그리스도교 사상가인 아우구스티누스의 추론은 이 점에서 도움이 된다.

아우구스티누스는 (그가 아주 싫어했던) 오리게네스보다 영향력이 훨씬 큰 인물이었는데, 선하고 악한 사람들이 똑같이 고통을 받을지라도 그들 사이에는 결정적인 차이가 있다고 말하는 데서 우리는 그의 기질을 판단할 수 있다. "똑같은 불에 있더라도 황금은 빛을 발하고 짚은 연기를 낸다. 찌꺼기가 기름과 똑같은 압착기에서 나온다고 해서 기름으로 혼동될 리 없다. …… 썩은 물을 흔들면 악취가 나지만 향수는 더욱 향기로운 냄새를 풍긴다."9 대표적 저술인 『신국』의 3부에서 아우구스티누스는 신의 도시와 악마의 도시가 어떻게 해서 생겨났는지 그 기원을 설명한다. 그는 이렇게 말한다. 원래 모든 천사는 빛의 존재였고, "지혜와 행복 속에서 살도록 창조되었다. 그러나 몇몇 천사는 이 빛으로부터 등을 돌렸다." 만약 악마가 추락한 천사라면 그는 분명 어딘가로부터 추락한 것이다. 하지만 「요한 1서」에서는 이렇게 주장한다. "악마는 처음부터 죄를 범한다. 신의 아들이 악마의 작업을 쳐부술 것이라고 선언하신 것은 이 때문이다. 신에게서 태어난 것은 무엇이든 죄를 범하지 않는다. 왜냐하면 신의 씨앗이 그에게 내재하기 때문이다. 그는 죄를 범할 수 없다. 신에게서 태어났으니까."(3:8~9) 이 말이 신이 악마를 창조하지 않았다는 뜻인가? 요한의 악마와 아우구스티누스의 악마는 동일한 존재가 아닌 것 같지만, 아우구스티누스는 이에 대한 대답을 준비해 두었다. 요한이 "악마는 처음부터 죄를 범한다"고 말한 것은 사실이지만, 이 말은 "그가 죄를 범한 시점이 창조된 처음부터가 아니라 죄를 짓기 시작한 때부터라는 의미로 이해되어야 한다. 왜냐하면 죄의 시초는 자만심이기 때문이다." 이 처리방법은 우리가 처음으로 가졌던 의문에 관한 대답으로 이어진다.

마니교도는 악마가 본성적으로 악하다면 죄라는 문제가 성립할 수 없음을 이해하지 못한다. 그들은 예를 들어 바빌론 군주의 모습으로 악마를 표현하는 이사야가 다음과 같이 물을 때 뭐라고 답할 수 있을까? "그대는 어찌하여 천국에서 추락하였는가? 오 루시퍼, 아침에 떠오른 그대여!" (이는 – 인용자) 악마가 한동안은 죄가 없는 존재였음을 암시하는 말이다.[10]

아우구스티누스의 설명을 보면 그가 글을 쓰고 있던 당시에는 루시퍼가 악마를 가리키는 일반 명사가 **아니었음**을 알 수 있다. 실제로 그 2세기 전만 해도 오리게네스 같은 이는 「레위기」, 「출애굽기」, 「에제키엘서」, 「이사야서」의 여러 부분을 번역하여 악마에 대한 자신의 견해를 뒷받침하는 근거로 제시했지만, 이런 귀절을 악마의 본질을 추론하는 근거로 삼거나 그의 이름이 루시퍼일 것이라고 본 사람은 아무도 없었다. 오리게네스는 악의 본성을 파악하려고 애쓰는 중이었다. 아우구스티누스는 그와는 달리 이단을 규정하겠다는 동기에서 출발했다. 루시퍼를 따르는 천사들은 누구인가? 아우구스티누스의 장담에 따르면 그들은 바로 '구역질나는 것에 대한 신앙으로 개종한' 이단이다.[11] 아우구스티누스는 또 이렇게 말한다. "아니다, 악마는 그에게 속한 힘도 영토도 없고, 스스로를 창조한 존재는 더더욱 아니다. 악마를 창조한 신에게 대립하는 원리란 없다." 그의 말에 따르면, 원래 악마는 죄를 짓지 않은 존재였지만 나중(일설에 의하면 한 시간이라고도 하고 또 일주일 이상이라고도 한다)에 진리에서 떨어져 나갔으며, 「이사야서」에서 루시퍼에 대해 언급한 부분이 바로 그 증거라는 것이다. 악마도 원래 신이 창조한 천사였지만 은총을 거부하고 진리에 등을 돌린 존재라는 발상을 정당화하는 데

루시퍼라는 이름이 사용된 셈이다. 「이사야서」에 대한 아우구스티누스의 이런 해석을 가능하게 한 배경은 "악마가 신에게 반대되는 어떤 원리로부터 자기만의 악한 본성을 끌어낸다고 주장하는 마니교도 및 그와 비슷한 해로운 이단자들"에 대항하는 싸움이었다.[12] (그 8세기 뒤 아퀴나스[Aquinas]도 악마와 마니교도에 대해 동일한 이야기를 하게 된다.[13])

악마와 싸우기 위해, 또 그를 좀더 분명하게 규정하기 위해 「이사야서」의 위 구절은 거대한 붉은 용이 등장하는 「요한 계시록」 12장의 내용과 서로 맞물리게 되었다.

> 그리고 그의 꼬리가 하늘의 별 가운데 1/3을 휩쓸어 땅으로 내던졌다. …… 그리고 하늘에서는 전쟁이 벌어졌다. 미카엘과 휘하 천사들이 용과 맞서 싸운 것이다. 용과 그의 부하 천사들은 안간힘을 썼으나 버티지 못했고 …… 거대한 용, 저 늙은 뱀, 악마라 불리고 사탄이라 불리며, 전 세계를 기만하는 용은 내던져졌다. 그는 땅으로 추방되었으며 그의 부하 천사들도 그와 함께 쫓겨났다.

이렇게 해서 사탄은 반란천사가 되었다. 사탄과 악마와 루시퍼가 동일한 존재일지라도, 「이사야서」와 「요한 계시록」의 내용이 합쳐지지 않았다면 「지옥」의 마지막 칸토(canto: 曲)에서 단테는 결코 루시퍼에 대한 아래와 같은 글을 쓸 수 없었을 것이다.

> 지금은 참으로 추악하지만 예전에는 그만큼 아름다웠다면,
> 그런데도 여전히 창조주에 반역하여 손을 쳐들려고 한다면,
> 그는 정말로 모든 불행의 원천이다.

『신곡』에서 흉측하고 역겨운 모습으로 나타나는 루시퍼이지만, 그 반란천사는 하늘의 별 중 1/3을 자기편으로 끌어들였고, 시시한 히브리 사탄과 신약의 악한 자(Evil One)에게는 없는 변신 능력을 갖고 있었다. 루시퍼가 사탄에게 붙여진 이름이라 하더라도 단테와 그리스도교 세계의 대부분에는 사탄보다 루시퍼가 먼저 알려진 이름이었다. 초서(Chaucer)의 『캔터베리 이야기』에 나오는 약삭빠른 수도사는 이렇게 읊조린다.

오 루시퍼, 모든 천사 중에서 가장 찬란했던 이여.
이제 그대는 사탄이며,
그대가 처한 비참함으로부터 달아날 수도 없도다.

단테는 루시퍼가 "지금은 추악하지만 한때는 그만큼 아름다웠다"는 사실을 청중들에게 상기시키지만, 천년 이상의 기간 동안 신도들과 사상

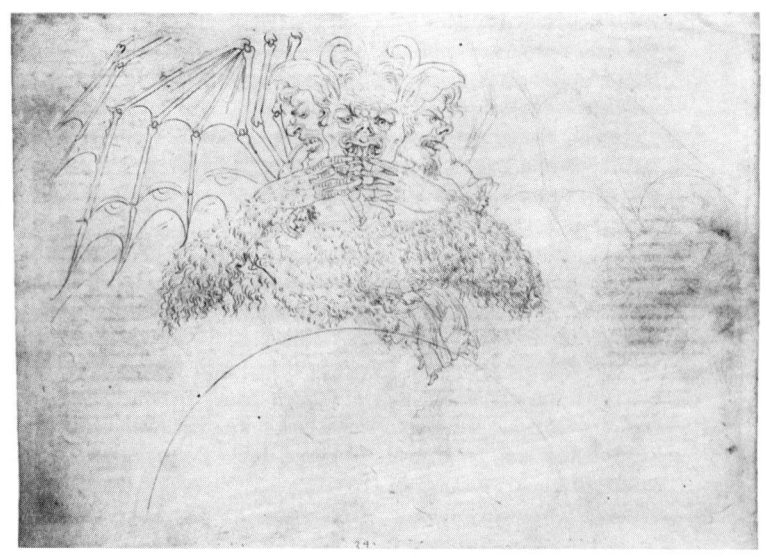

그림 5 보티첼리, "루시퍼", 단테의 「지옥」편, 칸토 xxxiv의 삽화에서. 1497년, 실버포인트에 펜과 잉크. Kupferstichkabinett, Berlin.

가, 저술가, 화가들의 마음속에는 사탄이라고 하면 추악함과 악만이 떠오를 뿐이었다. 아름다움의 애호가인 보티첼리조차도, 단테의 책에 그린 삽화에서 루시퍼를 혐오스러운 괴물의 모습으로 표현했다(그림 5). 그의 경우는 책의 내용을 존중했기 때문이겠지만, 중세와 르네상스 때 제작된 그 밖의 그림이나 채식(彩飾) 사본에서도 사탄은 거의 모든 경우에 흉측한 모습으로 그려져 있다.

미카엘이 용 모습을 한 흉측한 사탄을 베어 넘기는 광경은 그림에 흔히 나오는 주제이지만 반란천사와 싸우는 미카엘의 모습을 그린 작품은 흔치 않다. 또한 반란천사의 추락은 그림으로 그려지는 일이 거의 없다. 설사 그런 사례가 있다 하더라도 사탄과 휘하 천사들은 그로테스크한 귀신의 모습이다. "아름다운" 루시퍼, 즉 추락하기 전의 사탄에 대해서는 알려져 있는 것이 거의 없다. 단 하나의 훌륭한 예외는 15세기 초반에 랭부르 형제가 그린 삽화이다(그림 3, 64). 신과 그의 무리는 높은 곳에 있다. 반란천사는 좌우 양쪽으로 내던져져 지옥으로 들어가는 루시퍼를 정점으로 하는 V자 곡선을 그린다. 반란천사가 그리는 이 선은 정교한 청색과 금빛이다. 관객의 눈은 형식적 구도 때문에 루시퍼를 정점으로 하는 두 개의 선을 따라 가게 된다. 반란천사가 우리 가까이, 그리고 지옥으로 떨어질 때 그 크기가 점차 커지면서 운동성이 강화된다.

루시퍼는 신보다 크고 아름답게 그려져 있다. 이것은 예술사상 최초의 '아름다운' 루시퍼이다. 더 면밀하게 분석한다면 또 다른 점을 알게 되겠지만, 그 점에 대해서는 이 책의 마지막 장에서 자세히 다루겠다. 사탄이 지옥으로 떨어졌지만 여전히 옛날 같은 루시퍼의 광휘를 보유하고 있다는 상상은 17세기의 밀턴에 와서야 가능했다. 그리고 19세기의 낭만주의자들은 추락의 이유를 재해석함으로써 천사 루시퍼를 재창조해 냈다. 하지만 대부분의 사람들은 천사 루시퍼가 왜 천국에서 축출되었는지에 대한 결정적인 재해석을 최초로 해낸 것이 5세기의 교부들이었다는 사실을 알지 못한다.

악마는 무슨 죄로 천국에서 축출되었는가?

성서는 악마의 죄가 무엇인지 말해 주지 않는다. 밀턴이 보기에 그의 죄는 자만심이었다. 수많은 신비극에서 말해지는 그의 죄도 자만심이었다. 아우구스티누스 이후의 모든 주석서에서도 악마의 죄는 자만심이었다. 그는 신의 가장 큰 총애를 받았고 천사 중에서도 가장 빛나는 존재였지만, 아우구스티누스가 설명하듯이, 창조주에게 복종하기를 거부했다.

> 에덴의 기쁨이 단명했던 것은 (루시퍼가 - 인용자) 자만심으로 인해 신에게서 자기 자신으로 눈을 돌려 독재의 쾌락과 허세를 추구했던 데다가, 스스로 복종하기보다는 자신에게 예속된 자들을 지배하기를 좋아했기 때문이다.[14]

이것은 초기 교부들의 견해도, 첫 3세기 동안의 대표적인 그리스도교 사상가들의 견해도 **아니다**. 거의 알려지지 않은 이러한 차이가 생긴 주된 이유는 그들이 본 성서가 우리가 보는 성서와 같은 것이 아니었다는 데 있다. 4세기까지는 정전이 엄격하게 정해져 있지 않았으며,「에녹서」(Book of Enoch)도 그 가운데 포함되어 있었다.[15] 어떤 학자들은 그것이 원래 히브리어로 쓰여진 것이 틀림없다고 보지만, 다른 사람들은 원래 아람어(Aramaic)*였다고 생각하며, 또 다른 사람들은 일부는 히브리어로, 나머지는 아람어로 집필되었다고 주장한다. 아무도 모른다. 현재 남아 있는 유일한 완전본은 에티오피아어로 된 것뿐이다. 「에녹서」의 첫 부분(1~36장)은 연대가 기원전 300년경까지 거슬러 올라가며 성서의 가장 오래된 부분을 구성하기 때문에 굉장히 중요하다. 「창세기」의 최종 편집자들이 사용한 고대 자료 가운데 하나는 「에녹서」에서 좀더 충실하게 활용한 자료와 비슷하다. 유대인과 초기 기독교도들에게 잘 알려져 있던 이 「에녹서」는 유다(Jude), 클레멘스(Clemens), 바르나바(Barnabas), 테르툴리아누스(Tertullianus) 및 다른 초기 교부들에게는 진짜 경전으로 간주되었다(비록 히에로니무스[Hieronymus: 347~420]**와 오리게네스는 유보적인 입장이었지만). 이 책의 영향력이 워낙 크다 보니 심지어는 성서를 연구한 켈수스(Celsus) 같은 이교도 비평가도 이를 인용했다. 「에녹서」에는 그리스도교의 수많은 개념들이 최초로 나오는데, 그 중에서도 '사람의 아들'이 선택된 자로서 종말의 날에 심판관의 역할을 맡게 된다는 생각이 특히 그러하다.[16] 최후의 심판은 양과 염소의 선별, 신의 심판 등을 내용으로 하는 「마태복음」(25:31~33)에서 전개되는 주제이지만 최초의 전거는 「제2 에녹서」***에 있는 것으로 보인다. 불의 심연, 사탄과 반란천사들이 지배하는 지옥의 왕국은 「에녹서」에 처음 등장한다. 「에녹서」가 확실한 영향력을 가졌으며 수백 년 동안 대표적인 신학자들에게서 신성한 경전으로 간주되어 왔음에도 불구하고, 정전이 엄격하게 규정될 때 그 작업을 담당했던 신학자들은 「에녹서」의 일부를 소화하기가 힘들다고 판단했다. 그리하여 에녹은 축출되었다. 마치 악마처럼 말이다.

추락 천사와 사탄이 범한 죄악의 기원은 「창세기」 6장 시작부분에서

---

* 옛 시리아·팔레스타인의 셈계 언어.
** 달마티아 출신으로 불가타 성서를 번역, 편집한 가톨릭 4대 성인 가운데 한 사람.
*** 「에녹서」의 37~71장을 따로 지칭하는 명칭.

발견된다.

그리고 지상에 인간이 불어나기 시작하여 그들에게서 딸들이 태어나자, 신의 아들들이 인간의 딸들의 아름다움을 보게 되었고 그들을 취해 아내로 삼았다. …… 당시에는 지상에 거인들이 있었다. 또 그 뒤에도 신의 아들들이 인간의 딸들에게로 와서 …… 자녀를 낳게 했고 …… 그들은 용사가 되었다. ……

'신의 아들', 즉 천사들이 인간의 딸과 관계를 가진다는 말에 대해서는 설명이 필요하다.[17] 유대교 저술가들은 '신의 아들'을 왕과 군주의 아들로 해석했다. 아우구스티누스를 포함하여 일부 그리스도교도는 이 구절이 정신적인 신의 아들, 경건한 자를 의미한다고 생각했다. 그러나 유대교와 그리스도교 저술가들은 모두 이 이야기로부터 도출되는 명백한 의미 하나를 애써 회피했다. 즉, 신의 아들들과 인간의 자녀 사이에 있는 모종의 장벽이 신의 의지가 아니라 성적인 욕망 때문에 무너졌다는 사실이다. 이 성적인 결합 때문에 신은 "내가 만든 인간이지만 지상에서 없애 버리겠다"는 의사를 표명하기에 이르는 것이다. 「창세기」 6장은 메소포타미아 지역에서 유래한 (아마 도덕적 성격이 없었을) 홍수 설화에 도덕적 동기를 부여하기 위해 덧붙여진 조각 하나였을 것이다. 죄를 범하는 천사의 자녀는 제임스 왕 성경(King James Bible)*의 「창세기」에서 '거인들'이라고 언급되는 홍수 이전 시대의 종족인 네피림(Nephilim)이었다. 「창세기」에는 이들 네피림이 악하다는 단정이 없지만 제2성전 시

---

* 1604년 영국왕 제임스 1세가 명을 내려 편찬케 한 성경. 1611년에 완성되어 그 이후 영어권 성경의 정전이 되었다.

대**에 쓰여진 외경에서는 그런 존재로 간주된다. 게다가 「창세기」 6장의 최종 편집자는 아마 천사와 인간 여자 간의 결합에서 생겨 "지상의 악한 영혼으로 불리게 될" 자식들에 관한 자세한 내용이 실린 「에녹서」 전체를 잘 알고 있었을 것이다.[18] 이 악한 거인들이 인간과 반목하면서 어찌나 심한 소동을 부리는지, 신은 대천사 라파엘에게 지시하여 사막을 쪼개고 천사들의 지도자를 묶어 그 어두운 심연에 집어넣고 심판의 날에 그를 불에 던지도록 했다. 신은 또한 미카엘에게 그 밖의 죄 지은 천사와 그 자녀들을 묶어, 영원히 고통당하도록 불의 심연으로 끌고 가라고 지시했다.

그렇다면 악마의 죄는 자만심이 아니라 성적 욕망이었다. 악령(demon)과 악귀들은 음탕한 천사와 여자들 간의 성적 결합에서 생겨난 존재들이다. 이 유력한 해석은 초기 교부들이 만들어낸 것으로서, 「에녹서」가 정전에서 축출된 이유 가운데 하나이기도 하다. 초기 교부들이 쓴 것에는 다음과 같은 내용이 있다. 165년 로마에서 순교한 유스티누스(Justinus)는 몇몇 천사들이 사물의 올바른 질서를 어기고 성적 충동에 굴복하여 여자들과 관계를 가졌으며, 그렇게 해서 낳은 자식이 바로 지금 악령이라고 알려져 있는 것들이라고 설명했다.[19] 이 악령들은 살인, 전쟁, 간음, 기타 모든 악행의 원인이다. 그리스 출신의 또 다른 그리스도교 변증론자인 아테나고라스(Athenagoras)는 (177년에) 악마는 신이 다른 모든 천사를 만든 것과 똑같은 방식으로 창조되었다고 썼다. 인간은 선과 악 사이에서 선택할 자유의지를 가지며, 천사도 그러하다. 하지만 과거에 일부 천사들이 처녀들에게 욕망을 품었으며, 육체의 노예가 되어 처녀들과 관계를 가졌고, 자녀들을 낳았는데 그들이 거인이다. 그러한

** 유대 민족이 바빌론 유수로부터 돌아와 성전을 재건한 BC 515년 이후.

거인의 영혼과 함께 천국에서 추락한 천사들이 허공과 지상에 떠돌고 있다. 그들이 세계를 떠돌아다니는 악령이라는 것이다.[20] 또 한 명의 대표적 변증론자인 알렉산드리아의 클레멘스는 2세기로 접어들 무렵 활동한 유연하고 섬세한 사고의 소유자였다. 9세기에 클레멘스는 부정한 방법으로 콘스탄티노플의 총대사제 자리에 오른 포티우스(Pothius)에게서 이단으로 비난받아 로마의 순교자 계보에서 축출되었다. 그는 그리스 철학의 진리는 그리스인이 히브리인들에게서 훔쳐낸 것이라고 생각했다. 또 그리스와 히브리 저술에는 진리와 오류가 온통 뒤섞여 있는데, 그렇게 된 연원은 악마 때문이라는 것이다.[21] 그러나 클레멘스는 궁극적으로 철학의 모든 진리의 원천은 추락 천사들이라고 주장했다. 이러한 발상은 「에녹서」에서 나온 것이다. 그리스도교 변증론자 가운데 가장 특이한 존재는 강력한 논쟁가인 테르툴리아누스(Tertullianus: AD 155~220)였다. 대부분의 창의적인 초기 교부처럼 테르툴리아누스는 중년이 된 후에 개종했다. "테르툴리아누스보다 더 박식하고 예리한 정신을 가진 사람이 있을 수 있을까?" 히에로니무스는 이렇게 물었다. 오늘날에도 사용되는, 라틴어로 된 수많은 '기술적'인 그리스도교 용어들은 테르툴리아누스의 손으로 다듬어진 것이다. '원죄'(vitium originis)가 그 한 가지 예이다. 그가 쓴 글은 지루한 것이 전혀 없고, 대부분이 상당한 힘을 담고 있다. 격렬한 성품을 가진 이 북아프리카 교회의 지도자는 교회가 비난하던 진보적 계시를 따르는, 엄격한 금욕 집단 몬타니스트(Montanist) 교단*에 가입했다. 클레멘스처럼 테르툴리아누스도 「에녹서」에 기술된 바 대로 인간의 딸과 성교한 하늘의 천사가 마스카라 따위의 비밀스러운 기

---

* 1세기 후반에서 3세기 초반 사이에 벌어진 운동으로, 재림 기대가 이루어지지 않고 교회가 세속화하자 이에 반대하여 열광주의적이고 엄격주의적인 기독교를 갱신하고 고양하고자 했다.

술을 여러 가지 알려주었다고 믿고 있었다. 기억을 환기시키는 글에서 테르툴리아누스는 「에녹서」에 나오는 한 문장(8장)을 근거로 추락 천사들이 여자들에게 다음과 같은 것을 가르쳐 주었다는 이야기도 한다.

> 목걸이를 여러 다른 색깔로 장식하는 보석의 광채, 팔에 두르고 다니는 황금 팔찌, 양모를 물들이는 데 필요한 염색 재료, 그리고 …… 그들의 눈을 더욱 아름답게 치장해 주는 그 검은 가루.[22]

테르툴리아누스는 「에녹서」를 수없이 언급한다. 예를 들면 그가 저 유명한 『변증론』에서 경전을 통해 "일부 천사들이 변절하여 악귀보다 더 타락한 종족의 기원이 되었다"는 것을 알 수 있다고 쓴 것은 「창세기」를 에녹의 시점에서 이해한 것이다.[23] 그도 다른 교부들처럼 「에녹서」를 통해 「창세기」 6장을 이해했기 때문에 변절한 천사라는 발상을 받아들인 것이다. 그들은 텍스트를 직설적으로 해석했고, 악마의 죄상이 성적인 갈망이라고 보았다. 하지만 5세기에 아우구스티누스는 "이러한 '천사들'이 일부 사람들의 생각처럼 인간과 다른 존재가 아니라 인간이라는 데는 의심의 여지가 조금도 없다"고 확고하게 단언했다. 그러나 오늘날도 그렇지만 아우구스티누스의 시대에도 사람들이 "의심의 여지가 조금도 없다"고 힘주어 말할 때는 대체로 의심의 여지가 있게 마련이다.

아우구스티누스는 '신의 아들들'이 정신적으로만 천사였을 뿐이며, 스스로 은총에서 추락하는 일을 자초했다고 주장한다. 추락하기 전에 이 우월한 인간들이 자녀를 낳은 것은 성적 열정 때문이 아니었다. 그것은 '신의 나라가 시민들로 북적대게' 만들기 위해서였다.

어쨌든 나는 지금 그와 같이 추락한 자들이 신의 성스러운 천사들이라고 믿을 생각은 추호도 없다. …… 또한 헤녹(에녹 — 인용자)의 이름을 달고 거인에 대한 이야기를 담고 있는 글이나, 여러 예언자와 사도의 이름으로 통용되는, 이단이 유포시킨 것이 분명한 그런 글들에 의존할 필요는 전혀 없다.[24]

「에녹서」는 이단의 도구가 되었다. 하지만 아우구스티누스가 우리에게 말하지 않은 것, 그리고 최근의 연구 결과로 비로소 밝혀진 것은 거인을 상대하는 이야기가 나오는 「에녹서」의 부분이, 아우구스티누스의 스승이었지만 나중에는 혐오의 대상이 된 바로 그 마니교도들에 의해 '차용' 되거나 '무단도용' 되었다는 사실이다.[25] 아우구스티누스의 권위는 워낙 대단한 것이어서, 그에게서 이단이라는 판정이 내려지자 이 책은 그 뒤 천년 동안이나 매장되었다.

현재 완전하게 전해지는 유일한 「에녹서」인 에티오피아어 판본에서 발췌한 내용이 처음으로 출판된 것은 1800년이 지나서였다. 1821년에는 옥스퍼드에서 리처드 로렌스(Richard Laurence)에 의해 완역본이 최초로 출판되었고, 이로 인해 여자들과 성관계를 가진 '신의 아들들' 이 정말 천사인지에 대한 새로운 논쟁이 야기되었다. 이에 자극받은 것이 확실한 바이런은 그 번역본을 자신의 시극(詩劇) 『천국과 지상: 신비』(Heaven and Earth: A Mystery, 1821)에 사용했는데, 헨리 크랩 로빈슨(Henry Crabb Robinson)이 그의 저서 『일기』(Diary, 1869)에서 지적했듯이 괴테는 이것을 바이런의 진지한 작품 가운데 최고의 것으로 꼽았다. 그러나 바이런조차도 악마의 죄목을 자만심으로 보는 전통에서 여전히 벗어나지 못하고 있었다. 아우구스티누스가 「에녹서」를 격하시키기 이전에는 유스티누스, 아테나고라스, 클레멘스, 테르툴리아누스, 그리고 그 외에도 300년이 넘는 기간 동안 그리스도교 가르침을 연구한 여러 사람들은 악마의 죄목이 자만심이 아니라 성적인 갈망이라고 보았음을 바이런이 어찌 알 수 있었을까?

악마의 권리, 미끼로서의 그리스도

미켈란젤로의 작품 〈모세〉에는 왜 뿔이 달려 있는가? 조각상을 아무리 뚫어지게 바라본들 그 질문에 대한 대답을 얻을 수는 없다. 그 이유를 알기 위해서는 어떤 히브리어 구절이 중세에 잘못 해석되어 그런 일이 벌어졌다는 사실을 알아야 한다. 왜 수많은 그림에서 밀밭이 홀연히 나타나 성모 마리아가 이집트로 달아나는 길을 숨겨주는가? 그 대답은 13세기에 나온 외경 복음서의 마리아와 구세주의 어린 시절을 다룬 부분에 실려 있다. 최후의 심판이 새겨진 노트르담 성당의 현관문에서, 죽은 자들이 정장 차림으로 무덤에서 일어나는 까닭은 무엇인가? 그것은 13세기 초반 파리 대주교를 지낸 모리스 드 쉴리(Maurice de Sully)의 믿음 때문이다. 이런 식으로 교리와 저술은 조각과 회화의 여러 가지 모티프에 직접적인 영향을 미쳤다. 하지만 악마는 예외이다. 15세기 이후, 악마에 대한 교회의 저술은 그의 시각적 이미지에 거의 아무런 영향도 미치지 않았다. 악마에 대한 아퀴나스의 생각은 아우구스티누스보다 약 8세기 후에 표명되었지만 둘의 생각은 거의 다르지 않았다.[26] 악마에 대한 스콜라 철학의 공식이 무엇이든 악마의 이미지에 영향을 주지 못했으며, 속죄의 교리는 이 사실의 강력한 증거이다.

그리스도교에서 속죄의 교리는 가장 많은 논란이 벌어졌던 신비 가운데 하나인데도 공식적으로는 한 번도 정식화된 적이 없다.[27] 아마 틀림없이 그것이 악마와 행한 최초의 접촉일 것이다. 원래는 2세기 말엽 이레나이우스(Irēnaios: 140~202)*에 의해 고안되었으며, 4세기에 니사의 그레고리우스(Gregorius of Nyssa)에게서 완성된 속죄의 몸값 이론은 천년 동안 거의 대부분의 그리스도교도가 믿은 내용이었다. 이상하게 보일지 모르지만 이는 신학자인 니사의 그레고리우스에서 아우구스티누스까지, 그리고 교황들인 대(大)레오와 대(大)그레고리우스까지도 믿었던 내용이다. 아담은 죄를 범했고, 이로 인해 죽은 후에 악마의 왕국에서 노예가 되는 처벌을 받았다. 노예가 해방되려면 이 노예의 주인에게 몸값을 지불해야 한다. 신은 인간을 해방시키고 싶었다. 그렇게 하지 않으면 그의 계획이 뒤틀어질 것이다. 신은 공정하므로 인간(노예)을 악마(노예 주인)의 손아귀에서 강제로 빼앗아올 수는 없었다. 그러므로 신은 악마를 속이기로 결정하고, 예수의 탄생을 비밀에 부쳤다. 예수가 성장하자 악마는 그가 얼마나 완전한 인간인지 알아차렸고, 자신의 왕국에 그를 데려가고 싶어했다. 그는 예수의 죽음을 인간의 몸값으로 받아들이는 데 동의했다. 악마는 예수가 십자가에서 처형된 뒤 몸값을 받으러 와서야 자기가 속았다는 것을 알게 되었다. 인간 예수는 그리스도의 신성성이라는 낚시 바늘을 숨기고 있던 미끼였다. 인간은 그리스도가 악마의 권리를 충족시키기 위해 희생된 덕분에 사슬에서 풀려났다. 그는 인간의 죄를 대속(代贖)했다. "나는 다스리기 위해, 그리고 내 생명을 많은 사람을 위한 몸값으로 내주기 위해 왔다"고 예수는 말했다. 이 몇 마디에서 속죄의 사상이 싹튼 것이다. 바울은 그리스도의 죽음이 인간의 고통에 대한 일종의 대체물임을 암시한다. 이로 인해 인간은 신과 화해할 수 있게 되었다. 바울에 따르면 "모든 사람이 죄를 범했으나 …… 신의 은혜로 말미암아 의로움을 얻게 되는데, 이는 신께서 내세우신 예수의 피 흘림으로 이루어진 속죄를 통해 가능해진 것이다"라고 바울은 말한다.

---

* 소아시아 출신의 반영지주의자로서 리용의 주교를 지냄.

AD 1세기에 이그나티우스(Ignatius)는 신이 예수의 탄생을 비밀에 부침으로써 악마를 속였다고 주장했다.[28] 2세기에 이레나이우스는 아담의 변절 때문에 인간에 대한 악마의 부당한 지배가 정당화되었다고 주장하여, 결과적으로 악마의 권리를 인정하게 되었다. 무력의 사용은 정의의 원리에 위배되므로 신은 무력을 사용할 수 없었다. 따라서 신은 예수를 인간의 몸값으로 지불하고 그들을 되사온 것이다.[29] 그리스도는 인간을 악마의 굴레에서 풀어내기 위해 지불된 몸값이었고, 니사의 그레고리우스는 잊을 수 없는 은유를 사용하여 이를 표현했다. 여기서 그리스도는 낚시 바늘에 꿰인 미끼로 그려진다.

화육(化肉)의 목적은 예수의 신성한 덕성이 인간의 살 아래에 감춰진 낚시 바늘 구실을 하기 위함이다. …… 아들은 악마에게 자신의 육체를 미끼로 내놓고 있다가 그 아래에 숨겨진 신성성으로 그를 붙잡아 갈고리에 단단히 꿰어 버리는 것이다.[30]

그레고리우스에 따르면 신은 공정하므로 "우리를 구속하고 있는 악마에게 자의적인 권위"를 행사하려 하지 않는다. 만약 신이 무력을 사용한다면 악마는 "불평할 정당한 이유"를 갖게 될 것이다. 악마를 꾀어내기 위한 미끼로서의 그리스도, 악마에게 지불된 몸값으로서의 그리스도라는 발상은 큰 호응을 얻었다. 하지만 4세기에 나온 또 한 명의 그레고리우스인 나지안제누스의 그레고리우스(Gregorius of Nazianzenus)**는 이 발상에 경악했다. "터무니없군! 그 몸값이 악마에게 지불되었는가? 독생자의 피가 아버지를 기쁘게 했는가?"[31] 그러나 이 "터무니없는" 발상은

** 알렉산드리아 교부 가운데 한 사람으로 반아리우스파.

살아남았다. 아우구스티누스는 낚시 바늘에 달린 미끼라는 그리스도의 이미지를, 쥐덫이라는 더욱 불쾌한 이미지로 바꾸어 받아들였다.[32] 악마는 인간에 대한 권리를 주장할 수 있으므로 몸값이 악마에게 지불되어야 하며, 신은 그리스도를 미끼로 써서 악마를 속였다. 이렇게 생생한 상상력이 발휘된 주장이 바로 정통 교리였다.

11세기의 스콜라 철학을 창설한 안셀무스(Anselmus)는 이 발상에 강력하게 반발했다.[33] 사탄에게 지불해야 하는 **몸값**이란 없다. 다만 신에게 진 **빚**이 있을 뿐이다. 이것이 지불 이론의 핵심이다. 안셀무스는 "신은 악마와 상대할 때 무력이 아니라 정의로써 해야 한다"는 그레고리우스의 생각을 거부했다. 그는 "이 주장이 어떤 설득력을 가지는지 모르겠다"며 일축했다. 인간은 처벌받아야 하지만 악마는 그 처벌을 부과할 권리를 전혀 갖고 있지 않다. 오히려 악마의 행동은 정의가 아니라 악의에서 나온 것이기 때문에 그것은 부정의의 극단이다. 따라서 악마에게 줄 것은 아무 것도 없다. 그리스도의 수난이 악마에게 지불해야 하는 몸값이 아니라 신에게 갚아야 할 빚이라는 안셀무스의 지불 이론은 교양 있는 성직자들에게 널리 받아들여졌다. 위에서 말한 것은 내가 표준적인 설명을 요약한 것이다. 하지만 안셀무스가 그것이 빚인지 몸값인지를 정말로 알아내고 싶었는지는 또 다른 문제이다. 아마 그는 전혀 상관하지 않았을 수도 있다. 그가 고안한 공식은 신이 만약 악마를 패배시키기 위해 고통을 겪어야 하고, 예수 그리스도의 모습으로 천국에서 지상으로 내려와야 한다면 그가 어찌 전능하며 선한 존재인지 모르겠다고 비판하는 사람에게 해 줄 대답이었다. 안셀무스가 봉착한 문제는 로빈슨 크루소가 야만인 친구인 프라이데이에게 악마가 그리스도의 왕국을 무너뜨리려고 애쓰는 신의 적임을 설명하는 것과 동일한 문제였다.

"그렇군요" 프라이데이는 말했다. "그런데 신이 그렇게 힘이 세고 그렇게 위대하다고 그러시는데, 악마만큼은 힘이 세지 않지요?" "아냐, 아냐, 프라이데이, 신은 악귀보다 더 힘이 세셔. 신은 악귀 위에 있고, 그래서 악귀를 발로 밟아 누르도록 신께 기도하는 거야. ……" 프라이데이는 또 다시 말한다. "그런데 신이 더 세다면, 악귀보다 훨씬 더 힘이 세다면 왜 신은 악귀를 죽이지 않나요? 그래서 나쁜 짓을 더 못하게 말이에요?"

이상한 일이지만 그의 질문에 나는 놀랐다. 지금은 내가 나이가 꽤 든 노인이지만, 그때야 젊은 의사에 지나지 않았고, 궤변가나 문제해결사의 자질은 없으니까, 또 처음에는 무슨 말을 해야 할지 몰랐으므로, 못 들은 척했다.[34]

안셀무스에게는 못 들은 척할 여유가 없었다. 그의 지불 이론은 프라이데이와 같은 질문을 던지는 자들을 위한 답변이었다. 안셀무스는 악마의 권리라는 주제를 계속 밀고나가, 하나의 행동이 관점에 따라 동시에 정당할 수도 부당할 수도 있다고 주장한다. 그의 주장에 의하면, 악마가 인간을 괴롭힐 수 있는 것은 "오로지 인간이 고통을 겪게 하려는 목적으로 신이 허용했기 때문이다. 하지만 인간이 고통을 겪어 마땅하다는 말을 듣는 것은 그 자신의 내재적인 정당성 때문이 아니라 신의 공정한 판단에 의해 처벌받기 때문이다." 이 말에 의미가 없는 것은 아니겠지만 대체로 양다리를 걸치고 있는 발언이라 하겠다. 스콜라 철학자에게 매료되는 사람들도 있지만, 주의 깊게 다시 읽어 보면 그들의 글은 일관성을 유지하는 경우가 거의 없으며, 소피스트와 비슷하게 보이지만 그들처럼 정직하지도 않고 논리도 빈약하다. 면밀하게 검토해 보면, 안셀무스를 포함한 대부분의 스콜라 철학자는 논리적 관념이라는 가면을 쓴 공식을 가지고 장난을 치고 있는 경우가 많다.

그 가운데 예외적인 경우가 피에르 아벨라르(Pierre Abélard: 1079~

1142)인데, 그도 안셀무스처럼 악마의 권리를 거부했다.[35] 그러나 스콜라 철학의 주창자들과는 달리 아벨라르는 문제를 예리하게 다듬었다. 그는 질문했다. 인간에게 고통을 가할 권리를 신께서 일부러 주시지 않았다면 악마에게 무슨 권리가 있을 수 있는가? 신이 그런 일을 하시지는 않을 것이다. 왜냐하면 인간을 속여 죄에 빠뜨린 것이 악마인 판국에, 악마가 인간을 지배할 권리를 가진다는 것은 전적으로 부당할 테니까 말이다. 도대체 무슨 이유에서 예수가 굶고 모욕당하고 채찍으로 얻어맞고 침 뱉음을 당하고, 결국은 가장 고통스럽고 불명예스러운 죽음까지 겪어야 했는가? 우리의 구원을 위해? 아벨라르는 여기에서 안셀무스를 넘어 이제까지 아무도 제기하지 않았던 질문을 던진다.

> 만약 아담의 죄가 너무나 커서 오로지 그리스도의 죽음으로써만 대속될 수 있는 것이라면, 그리스도에 대해 저질러진 살해 행위는 어떤 행위로 속죄될 수 있단 말인가?

몸값 이론과 지불 이론은 모두 윤리적 모순에 놓이는 것으로 보였다. 이 두 이론 대신 아벨라르가 제시하는 것은 그리스도의 고통과 죽음을 통해 그리스도는 사랑으로써 스스로를 우리와 더 단단히 묶으셨으며, 우리의 심장은 "그와 같은 신성한 은총으로 불이 밝혀져 …… 그가 인류에게 진정한 사랑의 해방을 퍼뜨리려 오셨다는 증언을 담지하게 되었다"는 것이다. 아벨라르에게는 빚과 이자라는 이미지가 없다. 하지만 대속에 대한 그의 윤리적 이해는 대체로 무시되었고, 안셀무스의 공식이 정통 교리가 되었다(그리고 아퀴나스는 이를 사용했다). 악마의 힘은 급격히 축소되었다. 사탄에게 줄 **몸값** 대신에 신에게 진 **빚**이라는 개념이 들어섰다. 신학적으로는 이 새로운 교리가 악마의 역할을 근본적으로 재

규정했다. 악마는 권리를 박탈당했다. 그러나 이 쟁점에 대해 엄청난 양의 논의가 전개되었지만 사실 그런 것들은 악마의 시각적 이미지에 **아무런** 영향도 미치지 못했다. 오히려 유럽 전역의 성당에 조각된 〈최후의 심판〉에는 자기 몫의 죄인들을 받아들여 벌주고 있는, 그럼으로써 신의 정의의 구현에 참여하고 있는 악마의 모습이 표현되어 있다.

악마의 '권리'에 대한 신학 이론이 겪은 급격한 변화는 이렇게 말에 그쳤을 뿐 악마의 대중적·시각적 이미지는 그대로 존속되었는데, 여기에는 적어도 세 가지 이유가 있다. 우선 전성기의 〈최후의 심판〉에 사용된 악마의 이미지는 문헌 기록의 영향을 거의 받지 않는 회화적 전통에서 유래했다. 둘째로, 시각적 전통에 대한 수정은 대개 좀 느지막이 이루어지는 편이며, 현실을 표현하는 당대의 방식과 기존 공식이 일치하지 않게 되었을 때에야 이루어진다. 셋째로, 이렇게 새로운 악마에 대한 이해 방식을 예술적으로 반영할 회화나 조각 분야의 모델이 없었다. 오히려 옛 이론이 끈질기게 살아남았다. 예를 들면 안셀무스보다 3세기 뒤에 살았던 슈롭셔(Shropshire) 대성당 참사회의 한 위원은 몸값 이론에 영향을 받은 것이 분명한 다음과 같은 설교를 했다. 그리스도가 할례를 받아 "지옥의 사냥꾼이 화육의 신비를 간파하지 못하게 함"으로써 악마를 속였다는 것이다.[36] 이 이론이 살아남은 가장 결정적인 이유는 아마 성직자도 포함하여 대부분의 사람들이 새로 제시된 이론과의 차이점을 쉽사리 식별할 수가 없었기 때문이었을 것이다. 신학 이론의 높은 차원에서는 악마의 역할이 바뀌었다. 하지만 대중적 차원에서는 악마가 여전히 자신의 권리를 보유하고 있었다. 예를 들면 악마에 대한 구전적·대중적 전통의 가장 좋은 증거인 14세기와 15세기의 신비극에 나오는 악마를 이해하기 위해 스콜라 철학자들의 글을 읽을 필요는 전혀 없었다는 말이다. "미운 놈이라도 인정할 것은 인정하라"(Give the Devil his due)는 관용구는 혹 몸값 이론의 잔재가 아닐까? 악마 역시 권리를 가진다는 뜻이 될지도 모르니 말이다.

2장
악마는
어떤 모습인가?

악마는 왜 벌거벗고 있는가?

여러 성자들을 그린 중세의 그림을 감상할 때 우리 눈에는 모든 얼굴이 똑같이 보이며, 예컨대 베드로와 바울을, 마르코와 누가를 구분하려면 도상학에 따라 결정되어 있는 몇 가지 특징에 대해 알고 있어야 한다. 열쇠를 들고 있으면 그것이 베드로인 줄 알고, 황소를 데리고 있으니 그것이 누가인 줄 안다는 식이다. 하지만 악마는 어떻게 알아보아야 하는가? 뿔로? 꼬리로? 하지만 애석하게도 악마에게는 뿔도 꼬리도 없는 경우가 너무 흔하다. 갈퀴창도 갖고 있지 않다. 또는 갈라진 발굽도 없다. 악마가 우스운 꼴로 그려지는 때도 있으므로(그림 13) 잔인하게 보이는 모습이 악마를 구별하는 유일한 기준이 되지도 않는다. 예수와 악마를 포함하는 모든 등장인물의 표현 방식은 5세기와 15세기 사이에 변했다. 예수에게서 나타난 변화는 구체적으로 지적될 수도 있다. 그러나 악마의 경우에는 문제가 좀 까다롭다. 왜냐하면 예수의 도상학은 확정되어 있는 반면 악마의 도상학은 그렇지 않기 때문이다. 이 차이를 좀더 분명하게 보여주는 보기를 찾아보겠지만 이런 표현들을 그들의 역사적 맥락에 두지 않는다면 그것이 아무리 명료하게 보인다고 해도 진실성은 결여될 것이다.

중세의 매체 — 교회의 설교, 신비극, 창문의 스테인드글라스, 모자이크와 조각상 — 는 신앙을 가르치고 설명하고 강조하기 위한 것이었다. 도상학을 통해 의미가 결정되는 이런 매체는 통상적으로 개별 교회에 의

그림 6 프라 안젤리코의 〈최후의 심판〉 세부(그림 32 참조).

해 계획되고 거기에 소속된 예술가들에 의해서 실행되었다. 그 시대에 제작된 위대한 작품들에서 알 수 있듯이 중세에도 창조성이 완전히 질식 당하지는 않았다. 그렇지만 조각가 티데만(Tideman)이 겪은 일은 당시의 일반적인 분위기가 어떠했는지를 잘 보여준다. 1306년에 런던의 어느 교회의 주문을 받고 제작한 그리스도상이 비전통적이라는 이유로 그는 주교로부터 돈을 되돌려달라는 요구를 받았다.[1] (우리 세기에도 이런 일이 벌어지기는 한다. 예를 들어 디에고 리베라(Diego Rivera)가 벽화에 레닌을 그려 넣으려 했으나 록펠러에 의해 제지당한 일이 그렇다. 리베라의 의도를 전해 듣고 록펠러는 이렇게 말했다고 한다. "어쨌든 이 벽은 내꺼야.") 피에로 델라 프란체스카(Piero della Francesca: 1415~1492)*가 아레초의 산프란체스코 교회에 그린 〈십자가 세우기〉에 크게 두드러지지는 않지만 반유대주의의 흔적을 가미한 주된 이유는 아마 프란체스코파의 압력 때문이었을 것이다. 이들은 교회에서 수시로 유대인을 비난하곤 했다.[2] 중세 예술의 특정 목적 때문에 몇몇 기법이 권장되었는데, 인물형에 관한 사실주의(figural realism)라 불리는 상징주의의 한 종류가 특히 그러했다. 그 기법의 전형적인 예는 구약성서에 기록된 사건들이 신약에 나오는 그와 유사한 사건과 한 짝을 이루며 대응되는 경우이다. 예컨대 구약의 예언자 한 명은 사도 한 명의 출현을 예고하고, 이삭의 희생은 그리스도의 희생을 예견하는 것이다. 또한 삼손이 필리스틴인에게 사로잡히는 것은 그리스도가 로마인에게 사로잡히는 것과 유사하다. 이상적으로 말하면 인물형에 관한 사실주의는 알레고리나 '순수한' 상징주의와는 다르다. 왜냐하면 삼손 같은 인물에는 문자적인 의미와 역사적인 의미가 있기 때문이다. 이 말도 좀 복잡하게 들릴지는 모르겠으나,

---

* 르네상스 시대에 활약한 피렌체 출신의 화가.

스콜라 학자들이 성서를 해설하기 위해 사용한 의미의 4단계에 가면 더 복잡해진다. 이 4단계는 문자적, 도덕적, 알레고리적, 영적(혹은 신비적) 단계로 이루어져 있다. 이는 마치 현미경으로 얇은 세포 조각을 들여다보는 것과도 같아서, 여러분이 무엇을 보게 될지는 어떤 것으로 염색하느냐에 달려 있다. 그 얇은 조각이 예루살렘이고 아무 염색도 하지 않은 상태라면 그것은 문자 그대로의 단계일 것이다. 여러분이 보는 것은 팔레스타인에 있는 물리적인 도시이다. 도덕적 색소를 쓴다면 그리스도의 교회를 볼 것이고, 알레고리적 색소를 쓴다면 천국의 도시를 보게 된다. 특별한 영적 색소를 쓴다면 그리스도의 영혼을 바라보게 될 것이다.

중세 예술에서의 상징이란 다루기 까다로운 주제이다. 성실한 중세학자 G. G. 쿨턴(Coulton)은 중세 예술(여기에는 문학도 추가되어야 한다)의 복잡한 상징과 4단계 해석에 대한 믿기 힘든 설명은 흔히 학술계의 창작인 경우가 많다고 주장했다. 이러한 신학적 해석이 물론 현대에 만들어진 것은 아니지만, 특정한 그림에다 그런 스콜라 학파의 주석을 다는 것은 대개 사후적 해명이라는 것이다. 실제로 그런 복잡한 해석을 이해할 수 있는 성직자는 거의 아무도 없었을 것이다. 그럼에도 불구하고 일부 중세 전문가들은 그 속에 존재한다고 추정된 상징적 내용 외에는 별다른 매력이 없는 그림에 대한 열정을 불러일으키려고 애를 쓰고 있으니, 구체적인 사례 하나를 들어 꼼꼼하게 살펴보기로 하자.

장 퓌셀(Jean Pucelle: 1300~1355)**은 14세기 초반의 숙련된 채식화가로서 독창적인 사고의 소유자였고, 두 권으로 된 『벨빌가의 성무일도서』(Belleville Breviary)라는 작품을 남기기도 했다(파리 국립도서관). 그 1권에서 퓌셀은 자기가 그린 시편의 삽화를 설명하는데, 거기서 그는 7가지

** 프랑스의 사본화가이자 세밀화가.

성사(聖事)와 3개의 신학적 덕성 및 4개의 핵심 덕성 사이에 맺어지는 관계를, 그리고 구약과 신약의 형태적 관계를 보여준다. 퓌셀은 만약 뭔가가 모호하게 보이면 독자는 그 의미가 무엇인지 질문을 던져야 한다고 주장했고, 자기가 삽화를 그린 시편에 뭔가 모호한 점이 있으면 그에 대한 설명을 제공하기도 했다. 그의 설명이란 알고 보면 "신약은 모두 구약에 있는 상징 안에 존재하고 있다"와 같은 몇 개의 일반적 원리를 적용하는 것이다. 퓌셀에 따르면, 예를 들어 매달마다 각각의 예언자가 있어 그 '숨겨진' 예언을 각각의 사도들이 신앙의 항목으로 깨닫게 된다는 것이다. 하지만 우리가 복잡한 상징의 **구체적인** 사례를 찾는다면 가장 좋은 예는 4명의 복음사가에 대한 퓌셀의 삽화일 것이다.

> (이 페이지에는 — 인용자) 4명의 복음사가가 있고, 그들에게 배당된 4마리의 짐승이 예수 그리스도 수난에 관계되는 4개의 도구를 물고 있다. 먼저 독수리는 세 사람의 숫자를 상징하며 신성함의 의미를 가진 못 세 개를 성 요한에게 건네주는데, 그 숫자는 신성함처럼 심장을 끌어당겨 한데 합쳐주는 자비심을 상징한다. 따라서 못은 끌어와서 한데 붙들어 매기 위한 것이다. 성 요한은 특히 신성함에 대해 말을 건다. 그 다음으로 황소는 성 누가에게 고통과 수난을 상징하는 창을 건네준다. 이 성 누가는 특히 수난에 대해 이야기한다.[3]

이것이 특별히 복잡한 사례는 아니다. 우리가 지금 대단히 예민한 화가를 다루고 있는 것은 사실이지만, 이것이 의미의 4단계에 대한 중세 스콜라 학자의 표준 공식은 **아니다**. 퓌셀이 묘사하는 내용은 그보다 훨씬 단순한 것이다. 즉 4라는 숫자간의 조응, 그리고 세 개의 못이라든가 신성과 자비 간의 연합 같은 상징적인 대응 정도를 볼 수 있을 뿐이다.

대개 퓌셀은 구약과 신약성서의 관례적인 관계를 언급만 하며, 또한 의미의 2단계만 설명하는 것이 보통이다. "우리는 구약 시대의 시나고그(Synagogue)*에 대해, 신약 시대의 교회에 대해 서로 다른 방식으로, 즉 각각을 대범하고 물질적인 의미와 섬세하고 정신적인 의미로 이야기한다."

단테는 칸 그란데(Can Grande)에게 보낸 유명한 서한에서 자신의 『신곡』이 가진 복합적인 의미를 4단계의 스콜라적 구도로 설명한다. 하지만 그가 제시하는 보기들은 자신의 저작에서 가져온 것도 아니었고, '모든 신비적 의미는 알레고리적'이라고 하는 그의 정의는 엄격한 표준적 공식에도 어긋나는 것이었던 데다가 『신곡』에서도 이 원칙을 어기는 경우가 있었다(예를 들면 「지옥」편의 26번째 칸토가 그렇다). 4단계 기법이라는 복잡한 이론을 단테는 과감히 실천에 옮겼지만, 그 같은 경우가 일반적이지는 않았다. 또한 지적 엘리트들은 상충하는 발언을 해댔으니 단일한 해석을 요구하던 학자들은 멈칫거리지 않을 수 없었을 것이다. 신이 불타는 덤불의 모습으로 모세에게 나타나는 장면을 묘사한 스테인드글라스를 두고 생드니(St Denis)의 쉬제르(Suger) 수도원장과 『도덕 성서』(Bible moralisée)**의 저자는 정반대로 해석을 내놓기도 했다.[4] 이론이 어떻든 간에 이 묵직한 4단계 해석 장치는 구체적인 작업에 거의 적용되지 않았다고 본다. 그것을 이해한 사람이 거의 없었을 테니 말이다. 특히 성당과 교회에 있는 대중적인 그림이나 조각상의 경우에는 더 그렇다.

예수의 표상은 대개 특정한 도상학적 특징을 기준으로 그 제작 연대를 판별할 수 있다. 9세기에는 그리스도가 십자가에 초연하게 매달려 눈

---

* 유대 공동체의 예배당.
** 1240년경. 옥스퍼드 대학 보들리안 도서관 소장.

을 뜨고 있는 고요한 모습이지만 14세기가 되면 끔찍한 고통으로 신음하고 있는 그리스도로 바뀐다. 하나의 간단한 신호나 이름표만으로는 이 변화를 표현하기가 어려웠을 것이고, 따라서 표현력이 더 풍부한 관례가 필요했을 것이다. 그리스도의 못 박힌 발이 어디에 놓이는가를 살펴보는 것만으로도 새로 형성된 관례를 알 수가 있다. 800년경에는 평행으로 놓인 두 발에 못이 하나씩 박혀 십자가에 매달린 것으로 묘사되었다. 그러나 1250년 이후의 회화에서는 그의 발이 겹쳐지고 못은 하나만 사용되며, 1320년 이후로는 이 모습이 지배적인 유형이 되었다. 하지만 중세에는 회화적 관례의 변화가 정치적이고 신학적인 의미를 함축한다. 13세기 후반 이베리아의 투이(Tuy)라는 지역을 맡고 있던 주교가 '기이한 형체의' 이미지를 그리거나 조각하는 이단들이 정통 신앙을 뒤흔들고 있다며 개탄한 것은 이 때문이다. "그들은 그리스도의 십자가를 비웃고 조롱하며, 그리하여 우리 주 그리스도의 한 발이 다른 발에 겹쳐지게 그린다. 못 하나가 두 발을 관통한다. 이는 신성한 십자가와 성스러운 교부들의 신앙 전통을 무효화하거나 의심하게 만들려는 짓이다." 조각가들이 1200년 이전에 이 새로운 관례를 따르기 시작했으므로 이 주교는 이와 같은 이단적인 배치의 사례를 이미 많이 보았다.[5] 마리아의 무릎에 눕혀진 죽은 그리스도, 즉 '피에타'(Pietà)는 1300년 이후에 독일에서 나타난다. 나무로 만들어진 이러한 조각 몇 개는 예술 분야에서 가장 감동적인 창작품에 속한다.

그러나 **언제** 만들어진 것이든 악마는 다양한 가면을 쓴 힘도 없는 도깨비거나 사악한 악령으로 묘사된다. 그의 모습은 로마네스크식 건축인 오텡의 생라자르 성당에 비치된, 같은 12세기에 만들어진 동일한 조각가의 작품에서도 달라진다. 심지어 3세기 뒤 피렌체의 산마르코 수녀원에 만들어진 프라 안젤리코(Fra Angelico)의 〈최후의 심판〉에서와 같이 한 작품 내에서도 달라지는 경우가 있다(그림 32). 안젤리코가 그린 악귀 가운데 몇몇에는 뿔이 있지만 다른 것들에는 없다. 또 몇은 꼬리가 달렸지만 꼬리가 없는 것도 꽤 된다. 어떤 것은 개 얼굴을 하고 있는 반면 일부는 고양이 얼굴이다(그림 6). 안젤리코의 크고 검은 사탄은 무엇보다도 고질라와 아주 많이 닮았다(그림 1). 11세기에서 16세기 사이에 그려진 악마의 표상을 보다가 우리는 대개 그로테스크한 야수나 튼실한 마녀의 궁둥이 사이에서 혀를 날름거리고 있는 용의 모습을 마주하게 된다. 아니면 누군가의 귀에 속삭이고 있거나 입에서 기어나오고 있는 도깨비, 혹은 뿔이 달렸거나 때로는 손톱이 길고 인간 비슷한 꼴을 한 도깨비를 만난다. 거울 앞에서 자기 모습을 비춰보는 숙녀를 노려보고 있는 역겨운 모습의 짐승일 수도 있다. 미카엘 천사가 박쥐 날개를 단 반인반수(半人半獸)나, 불치의 병에 걸린 것처럼 겁에 질린 모습이며 맞서 싸우는 것조차 어리석게 보일 정도의 추악한 짐승을 거꾸러뜨리는 광경을 보게 되기도 한다. 이런 악귀들은 때로는 그로테스크하고 때로는 불쌍하게 보이며, 또 가끔은 사악하게 보인다. 이들 대부분은 무섭다기보다는 우스꽝스러운 벌거벗은 악귀들일 뿐이어서 사탄, 악마, 신의 **적대자**로 보이지는 않는다. 악마라고 **해석**할 수 있는 존재, 즉 용 같은 것을 볼 수 있는 것은 사실이다. 하지만 그것은 좀 다른 존재이다.

실제 생활에서 악귀는 코피를 터뜨리기도 하고 질투심이 생기는 이유로 지목되기도 했다. 이처럼 악귀는 인간의 모든 측면에 영향을 미치고 또 어디에나 존재하는 그런 것이었다. 중세 때 상정되던 악마의 무수히 많지만 대단찮은 대리자는 오늘날 우리가 미생물을 상상하는 것과 그다지 다르지 않은 방식으로 상상되었다. 즉, 언제나 잠재적으로 현존하는 악의적인 존재였던 것이다. 미생물 같은 이러한 악귀와 달리 악마 본인은 두 가지 중심 역할을 가지고 등장했다. 먼저 그는 「묵시록」에서 그려진 것과 같이 미카엘과 맞서 싸워 패한 용이었고, 괴물들을 휘하에 두고 있었다. 1562년에 그려진 브뢰헬(Pieter Bruegel the Elder: 1525~1569)의 〈반란천사의 추락〉(Fall of the Rebel Angels, 브뤼셀 왕립아카데미)은 도상학적으로 10세기에 만들어진 모건 베아투스 채식사본(Morgan Beatus illumination, 그림 38)*과 비슷하다. 악마의 두 번째 역할은 최후의 심판에서 나타난다. 여기서 악마는 적이 아니라 죄지은 자를 처벌한다는 신의 작업을 수행하고 있다. 경쟁하기는커녕 악마는 신의 권력과 완벽한 조화를 이루며 자기 일을 하고 있다. 800년경 이와는 아주 다른 주제가 시작되었다가 1550년경에 사라졌는데, '반란천사의 추락'이라는 주제가 바로 그것이다. 여기서 대략 추정한 800년경이라는 연대는 〈트리에르 묵시록〉이 제작된 때이며, 1550년경이란 베네치아의 화가 로렌초 로토(Lorenzo Lotto: 1480~1556)**가 〈미카엘과 루시퍼〉(Michael and Lucifer, 그림 65)를 그린 연대이다. 원래 이것은 더 쉽지 않은 주제이다. 천사의 공격을 받고 추락하는 한 무리의 **괴물**을 그리는 것(브뢰헬처럼)과, **천사**에게 공격당하는 **천사**들을 표현하는 것은 아주 다른 문제이다. 이 불편한 문제는 대개 회피되어 오다가 로토의 그림에서 정면으로 다루어진다. 미카엘과 루시퍼는 동일한 존재이다. 동일한 몸에 동일한 얼굴을 하고 있는 그들은 쌍둥이이고 동전의 양면 같은 영혼이다. 미카엘의 다른 얼굴이 루시퍼인 것이다.

악마의 모습은 대부분 그리스도교 미술의 초기에서 최종기까지라는 동일한 시간대 안에 포함되는 묵시록과 최후의 심판에 나타난다. 일단 조각과 회화가 더 이상 교회의 후원을 받지 않게 되자, 그리고 미술의 형

---

* 776년 에스파냐 북부의 리에바나 대수도원장 베아투스가 쓴 「묵시록」 주해서의 채식 필사본 가운데 뉴욕 피어폰트 도서관에 소장된 사본.
** 조르조네, 티치아노 등과 동시대에 활동한 이탈리아 화가.

태와 기능이 변화하게 되자 그리스도교 미술은 여러 가지 미술 가운데 하나에 불과한 것이 되었다. 어떤 의미로는 15세기가 시작되면서 그리스도교 미술은 끝났다고도 할 수 있다. 표현 수단에 대한 교회의 통제는 줄어들었고, 스테인드글라스 창문은 더 이상 만들어지지 않았으며 인쇄된 교본, 목판화와 조각이 성무일도서를 대신했으며, 종교개혁이 시작되었다. 미켈란젤로의 〈최후의 심판〉에서는 그리스 고전 속의 존재인 카론(Charon)이 스틱스(Styx) 강을 건너 죄지은 자를 지옥으로 데리고 가지만, 거기에 사탄은 없다. 그 작품이 최근 들어 처음으로 완전히 복원된 것을 보면서 《르몽드》의 미술평론가인 필립 다공(Philippe Dagon)은 "이것은 신비적인 그림이 전혀 아니며, 실은 심지어 종교적인 그림도 아니다. 이것이 그리스도교 작품인지도 의심스러울 지경이다. 구원과 사면의 가능성을 너무나 단호하게 무시하고 있으니 말이다."라고 결론지었다(1994년 4월 10~11일). 루벤스(Rubens)가 그린 〈저주 받은 자들의 추락〉(Fall of the Dammed, 알테 피나코테크, 뮌헨)은 신학적 개념에 입각한 구도가 아니라, 빛과 공간과 상호 관련되는 물체들로 구성된 예술적 관념에 입각하여 설정된 구도로 되어 있다. 사실 알테 피나코테크에 있는 루벤스의 그림들은 여기저기서 가져온 내용을 이어붙인 것이다. 예를 들면 1619년에 그려진 '소(小)' 〈최후의 심판〉은 반란천사의 추방을 내용으로 하고 있는데, 여기에다 화가는 1617년에 자기가 그린 '대(大)' 〈최후의 심판〉의 위쪽 1/3을 덧붙였다. 그와 같이 개성적인 처리 방식은 예술의 후원 관계와 기능뿐만 아니라 창조적 충동이라는 측면에서도 질적인 변화가 일어났음을 시사한다. 그 변화가 일어나기까지 그리스도교 미술은 무지한 대중에게 의사를 전달하는 매개체이고 메시지였다. "저는 한 번도 학교에 다니지 못한 가련한 노파입니다." 15세기의 시인 프랑수아 비용(François Villon)의 「발라드」(ballades) 한 편에서 그의 어머니는 이렇게 말한다. "저는 학자가 아닙니다. 글을 읽지 못해요. 하지만 저는 한편에 하프와 피리가 있는 낙원이 있고, 다른 편에는 죄인들이 고통 속에서 시달리는 지옥이 있는 그림을 성당에서 보았습니다. 하나는 커다란 기쁨을 주었고, 다른 하나는 큰 두려움을 주었습니다."

비용의 이 구절은 지나칠 정도로 자주 인용되었지만, 인용하는 주석자들은 이것이 어쨌든 그렇게 쉽게 겁을 먹지 않는 시인의 어머니가 한 말이라는 사실은 항상 간과했다. 즉, 그 당시 사람들은 지옥에서 불에 굽히고 있는 죄인이라는 이미지를 오늘날의 일부 학자들만큼은 심각하게 받아들이지 않았다는 뜻이다. 역사가들은 중세와 르네상스 초기에서 들려오는 목소리 가운데 많은 것을 무시하는 경향이 있다. 예컨대 랑그도크(Languedoc) 출신의 한 이발사가 "성서에는 유다와 수전노 같은 부자를 제외하면 지옥에 가는 사람에 대한 이야기가 하나도 없다"고 주장했다는 기록이 있다.[6] 물론 그는 그 대가로 6년간 노예선을 타야 했다. 롬바르디아 출신의 후안 프란차노(Juan Franzano)라는 사람은 "속죄의 불 같은 것은 아무 데도 없다. 고해는 불필요하다. (교황은 ― 인용자) 복음서를 따르지 않는다. 종교재판관들이 지키는 신앙은 거짓이다."[7]라고 주장했다가 사형을 선고받았다. 카탈리나 빌라리나(Catalina Vilarina)라는 농민 여성은 1630년에 "미사는 온통 사기에다 협잡투성이이다"고 주장했다.[8] 그 8년 전에는 직업적 어릿광대이자 의약품 증류업자인 콘스탄티노 사카르디노(Constantino Saccardino)라는 사람이 종교와 지옥이 순전한 사기라고 주장하는 일이 있었다. "그런 것을 믿는다면 당신들은 멍텅구리야. …… 왕은 당신들이 그걸 믿는 걸 원하지. 그래야 자기들 멋대로 일을 처리할 수 있으니까."[9] 그리고 15세기의 인기 있던 사제 메프레(Meffret)의 신도 가운데는 "지옥이 있다고 말하지 않으면 사제들은 먹고 살 수 없을 것"이라고 불평하는 사람들이 있었다.[10]

예수가 어떤 모습을 취하는지를 지켜보면 지옥과 악마의 이미지가 더 잘 해석될 수 있고, 또 그런 이미지가 어떻게 발전했는지도 더 잘 이해하게 된다. 로마에 있는 성베드로 대성당을 거닐면서 1500년에 만들어진 미켈란젤로의 감동적인 걸작 〈피에타〉를 감상할 때, 여러분의 발 바로 아래에는 미켈란젤로가 태어나기 1100년도 전에 완성된 모자이크 천장으로 덮인 공동묘지가 있다. 그 천장에는 아폴로가 하늘을 가로질러 말을 달리는 그림이 그려져 있는데, 이는 사실 그리스도를 전차에 타고 있는 태양신으로 묘사한 특이한 그림이다(그림 35). 그리스도를 로마식의 태양신인 헬리오스로 나타낸 것은 한 가지 문제, 즉 그리스도를 어떻게 표현할 것인가 하는 문제를 해결하려는 시도였다. 사실 십자가에 달린 그리스도란 처음부터 아주 난감한 문제였다. 용모도 수려하고 글도 쉽게 쓴 4세기 초반의 변증론자 아르노비우스(Arnobius)는 그리스도교도가 "가장 최하층의 인간도 모욕으로 여기는 형벌인 십자가형을 받은 사람이 실제로는 신"이라는 사실을 이교도는 믿기 힘들어한다고 기록했다.[11] 430년쯤이면 십자가에 달린 그리스도의 모습이 등장한다. 그리스도를 젊고 수염 없는 모습으로 묘사한 이 십자가는 현재 대영박물관에 소장되어 있는 이탈리아제 상아 상자에 새겨져 있다. 십자가에 매달린 그리스도의 초기 이미지 가운데 또 하나는 로마에 있는 산타사비나 성당 현관문에 있다. 그 작품은 퍽이나 조잡한 솜씨로 만들어졌지만 그것이 현관문의 여러 패널 가운데 중요하지 않은 위치에 놓였다는 사실도 마찬가지로 주목할 만하다. 아르노비우스도 말하듯이, 십자가 처형은 모욕적인 패배의 상징인 만큼 그러한 위치에 놓이는 것은 당연했다. 이 모티프가 정신적 승리의 상징이 되고, 그리스도가 십자가의 대좌 위에 눈을 뜨고 서 있는 자세가 아니라 그 위에 고통스럽게 매달리게 되기까지는 여러 세기가 지나야 했다. 그 변화 덕분에 십자가 처형은 하나의 상징으로 해석되는 단순한 회화적 기호만이 아니라 곧바로 느낄 수 있는 예술적이고 정서적인 상징이 될 수 있었다. 그러나 악마는 결코 그러한 상징이 결코 되지 못했다.

그리스도교도의 카타콤 회화와 3세기와 4세기의 석관들은 그리스도교식이 아니다. 그 장식과 구성 및 인물 배치, 그리고 형태, 표현, 자세 등은 오히려 고전주의적이다. 하지만 거기에는 성서에 대해 전혀 모르는 사람이라면 설명할 수 없을 장면들이 있다. 그리스도교도라면 최초의 도상학적 그리스도를 금방 집어낼 수 있을 테지만 말이다. 선한 목자, 어깨에 양(헤르메스 크리오포러스[Hermes Criophorus]*가 그랬듯이 염소가 아니라)을 둘러메고 있는 젊은이가 바로 그이다. 예수는 "나는 선한 목자이니라"고 말했다. 4세기와 5세기에 만들어진 상아제 두폭제단화(diptych)**에서 그리스도는 젊고 수염 없는 모습으로 나오며, 6세기 초반에 만들어진 위대한 라벤나 모자이크에서도 역시 그러하다. 4세기의 석관에서 우주의 지배자이자 창조자로 등장할 때도 그는 여전히 젊고 수염을 기르지 않은 모습이다(그림 7). 젊고 대개 그리스 고전의 인물 스타일로 그려지던 그리스도는 차차 더 늙고 수염을 기른 구세주로 대체되었다. 그러다가 마침내 예루살렘과 시리아에서 유래한, 늙고 수염을 기른 강력한 그리스도가 승리를 거두었다. 그 이유는 아마 신학적이고 정치적으로 중요한 주제인 전지전능한 그리스도(Christ Pantocrator, 그림 8), 존엄하신 그리스도에는 경외감을 주는 이미지가 더 적절했기 때문일 것이다. (아마 678년에서 752년 사이의 교황이 대부분 그리스나 시리아 출신이었다는 사정도 이런 변화와 관련이 있을 터이다.) 가장 대중적인 공식

---

* 그리스 신화의 헤르메스 신이 가진 여러 속성 가운데 하나를 지칭하는 이름.
** 경첩으로 연결되어 접을 수 있게 만든 두 폭짜리 패널화. 주로 종교적 장면이 그려져 있다.

그림 7 젊고 수염 없는 그리스도가 베드로와 바울을 좌우에 거느리고 왕좌에 앉아 있다. 유니우스 바수스(Junius Bassus)의 석관 세부. AD 4세기. Rome, Grotte Vatican.

그림 8 〈전지전능하신 그리스도〉, 1100년경. 다프니의 도르미티온(Dormition) 교회 돔의 모자이크.

2장 악마는 어떤 모습인가? 73

은 존엄하신 그리스도(Christ the Majesty)인데, 이는 황제를 그리는 회화 전통에서 발전해 나온 것이다.

로마네스크 예술에서는 다양한 색채가 사용되었는데, 그것은 화가가 인상주의적 감수성을 지녔기 때문이 아니라 황제 숭배를 연원으로 하는 색채의 특정한 상징적 의미 때문이었다. 예를 들면 전례용 색채인 흰색, 자줏빛, 황금빛은 궁정 행사에서 사용된 것들이다. 빈 출신의 역사가인 프리드리히 헤르(Friedrich Heer)가 주장했듯이 이러한 색채는 "예전에 로마 제국의 황제에게 속하던 속성과 권력이 천국의 황제 그리스도에게 옮겨졌다는 것을 선언하는 형형히 빛나는 상징"이었다.[12] 로마 황제가 구름 속으로 올라가는 모습에서 예수의 승천과 마리아의 승천 장면이 나왔다. 이미지란 원래 무엇으로부터든 영향을 받아 생겨나기 마련이라는 점을 생각하면 이런 현상이 놀랄 일은 아니다. 그리고 어떤 공적인 이미지가 필요할 경우 화가들은 사방에서 문학적이거나 회화적인, 혹은 문학적이면서도 회화적인 자료를 찾아다닌다. 회화적 전통이 사라지고 화가에게 남은 것이 문학적 전통뿐일 때, 12세기의 어떤 그림에서처럼 그리스 신화의 여신이 중세적 복장을 하고 있는 이상한 광경이 나오는 것이다.[13] 또 문학적 근거가 사라지는 그 반대 사례도 일어날 수 있다. 그런 예로서 오텡에 있는 성당의 원기둥 주두부를 새기던 조각가 한 명은 어디선가 조개껍질을 들고 있는 베누스(비너스)와 해머를 들고 있는 불카누스의 모습을 본 적이 있었던 모양이다. 하지만 자기가 본 것이 무엇인지 제대로 이해하지 못했기 때문에 그는 돌멩이를 들고 있는 나체 여인과 칼을 들고 있는 악귀를 새겼다. 「윈체스터 시편」*에 마리아가 나오는 장면 두 개를 그린 비잔틴 화가는 마리아의 침대 근처에 무덤을 그렸는

---

* 12세기 중엽에 만들어진 로마네스크식 채식사본인 『윈체스터 성서』의 시편 부분.

데, 이는 명백한 잘못이다. 왜냐하면 거기에는 무덤이 아니라 긴 벤치가 놓여 있어야 하기 때문이다. 아폴로 모습으로 그려진 그리스도 역시 그러한 수많은 시도 가운데 하나일 뿐이다. 그리스도교적 모티프가 그리스 고전 회화에서 유래한 방식으로 다루어졌다.

그러나 악마를 그려야 하는 상황이 되면 화가는 정말 곤혹스러워진다. 이 분야에는 이렇다할 문학적 전통도 거의 없을 뿐더러 더 심각한 문제는 회화적 전통이라고 할 수 있는 것은 아예 없기 때문이다. 카타콤과 석관에는 악마가 전혀 나오지 않는다. 악마와 사탄, 루시퍼와 악령을 혼동한 문학적 전통뿐 아니라 이처럼 회화적 전통이 부재하다는 사실 때문에 악마의 단일한 이미지가 존재하지 않고 그의 도상학에 착오가 생기게 된 것이다. 하지만 무엇이든 있는 편이 아무 것도 없는 것보다는 낫다. 그리고 고전 전통에는 신학적인 해석의 지원을 받으면서도 그리스도교 화가들이 활용할 수 있는 부분이 조금은 있었다. 팬(Pan)이 바로 그것이었다. 셀리는 이렇게 썼다. "사람들이 왜 이런 부속 사항들(팬의 뿔과 발굽 — 인용자)이 공포감과 기괴함을 준다고 간주하여 그(악마 — 인용자)에게 갖다 붙였는지는 설명이 불가능하다. 숲의 정령(Sylvan)과 목신(faun) 및 그들의 지도자인 위대한 팬은 원래 가장 시적인 존재인데……."[14] 나는 이 설명 불가능한 것을 설명하려고 노력해 보겠다.

피리를 부는 목가적인 팬에서 발전한 형태 중 하나가 여전히 우리 곁에 남아 있는 피터 팬이다. 젊은 팬과 늙은 실레누스는 숲의 신인 사티로스였으며, 싸우기 좋아하고 음악적 재능이 있으며, 가끔 현명하기도 하고 걸핏하면 거칠게 날뛰는 존재이다. 몸의 반은 인간이고 반은 염소이며 대개 거대한 성기를 가진 팬은 귀가 염소처럼 뾰족하게 생겼고, 대부분 무성한 수염을 길렀다. 그는 사티로스나 목신들과 자주 어울리기 때문에 때로는 외관상 그들과 구별할 수 없게 된다. 팬처럼 사티로스와 목신들의 귀도 염소 귀 같이 생겼고, 염소 꼬리와 갈라진 발굽, 한 쌍의 뿔, 털이 무성한 몸뚱이를 가졌다(하지만 때로 팬과는 달리 인간의 몸을 하고 있는 경우도 있다). 그러나 이들의 차이는 신학자들에게 별 관심의 대상이 되지 못했다. 히에로니무스는 사티로스와 목신을 악마의 상징이며 음탕한 악령이라 불렀다. 폐허가 된 바빌론을 "털이 무성한 것들"(히브리어로 'sair')이 춤추는 곳이라고 묘사한 이사야의 말에 나오는 이 단어를 히에로니무스는 사티로스를 가리키는 것으로 해석한 것이다(그의 이러한 견해는 『제임스 왕 성서』 13:19~21에 남아 있다). '털이 무성한 것', 혹은 '염소'는 또 「레위기」 17:7과 「연대기」 하 11:15에서 대부분 '악귀들'로 번역된다. 악마의 공통적인 특징 다섯 가지는 팬을 묘사한 고전주의 전통에서 유래한다. 뿔, 발굽, 귀, 꼬리, 털이 무성한 하체(그림 9)가 그것이다. 이런 이미지들이 고전주의 문화에 대한 이해가 부족하고 이

그림 9 팬과 염소, 헤르쿨라네움에서 발견된 BC 1세기경의 소형 조각상. 데블의 뿔과 수염, 넙적한 코, 뾰족한 귀와 털북숭이 하체가 유래한 고전주의적 연원. 나폴리 국립박물관.

교도의 꼬리를 무시무시한 것이라고 여기는 사람들에게 무슨 의미로 보였을지 상상해 보라. 야수 같은 생김새에 음탕해 보이는 데다가 그리스도교적 세계관에서는 분류 불가능한(도대체 신이 그런 존재를 창조하기는 했을까?) 팬은 악마의 시종이거나 변장한 악한 자였다.

하지만 팬이 악마의 전형이라고 여긴다면 이는 사실과 어긋나는 판단이다. 프랑스의 소도시와 마을에 있는 허다한 로마네스크식 교회의 수많은 악마 조각들을 생각하면 특히 더 그러하다. 그러한 예로서 프랑스 남부 로데즈(Rodez) 근처의 콩크(Conques)에 있는 악마 이미지들을 들 수 있다. 이 지역은 철도역이나 버스 정거장도 없는 곳이지만 여기서 발견되는 16세기 이전의 그림과 조각 가운데 악마가 묘사된 것은 수천 건도 넘는다. 그 가운데서도 가장 흥미를 끌 만한 것들은 아주 짧은 기간 동안 대수도원 성당을 위해 만들어진 것들일 터이다. 고딕 성당의 팀파눔에 새겨진 최후의 심판에서, 그리고 여기저기에 있는 기둥 주두부에서 악마를 찾아볼 수 있다. 이 대수도원 성당에는 악마가 없는 곳이 없으며, 주두부에 새겨진 주제 전체의 거의 1/3이 악마일 정도이다. 자신들이 있는 교회를 악마로 가득 채운 것은 수도사들이었다. 또 악마가 사납고 폭력적인 힘이라고 여긴 것도 수도사들이었다. 악마를 나타낸 절실하고도 독창적인 표상은 특히 오텡에 있는 생라자르 성당, 베즐레에 있는 라 마들렌 성당, 콩크에 있는 생프와 성당, 오를레앙 동쪽 브누아쉬르루아르(Benoît-sur-Loire)에 있는 생베네딕트 성당의 팀파눔과 주두부에서 발견된다. 부서졌거나 나중에 복원된 것이 아주 많기 때문에 이런 작품들의 원래 맥락이 무엇인지 확인하려면 주의 깊게 살펴야 한다. 생브누아쉬르루아르의 유명한 종탑(1050년경?)은 원래 더 높았고 외따로 서 있었다. 네 개의 측면으로는 출입구가 4개 나 있었으며, 현재는 물리적으로 성당 건물에 붙어 있다. 이 특이한 형태의 종탑이 구체적으로 무슨 목적으로 지어졌는지는 불분명하다. 또 거기에 있는 주두부 여러 개의 의미도 불분명한데, 특히 이교도적(아마 켈트족) 이미지와 상징의 영향을 받은 것들이 그러하다. 이를테면 위풍당당한 얼굴의 신비스런 신의 입에서 덩굴 두 줄기가 풀려나오고 이 덩굴이 사자를 감아 올라가는 장면 등이 그런 예이다(그림 10). 생브누아의 수도원장인 고즐랭(Gauzlin)은 1022년에 그의 이복형제인 경건왕 로베르(Robert the Pious)가 열기 시작한 초기 이단재판 가운데 하나인 오를레앙 재판에 출석했다. 이단들의 행동을 기술한 연대기 기록자인 샤반느의 아데마르(Adhemar of Chabannes)는 고즐랭이 위그 카페(Hugh Capet)와 한 창녀 사이에서 난 아들이었다고 말한다. 아마 빈틈없고 유식하고 권력에 굶주렸던 인물인 고즐랭이 바로 이 특이한 주두부를 가진 종탑을 처음 짓기 시작한 장본인

그림 10 기둥 주두부에 있는 켈트족의 신으로 짐작되는 조각상(11세기 초에서 중반 사이). 르와레, 브누아쉬르루아르의 생베네딕트 성당 소재.

이었을 것이다. 그 주두부 가운데는 거물급 이단자들을 주제로 다룬 것이 많은데, 이들에게 팬의 특징을 갖다 붙이는 것은 도무지 어울리지 않는 일이었지만 그런 사람들이 근처의 오를레앙에 현존하고 있다는 사실이 당시에는 심각한 위협으로 여겨졌던 모양이다.

다른 곳의 로마네스크식 주두부에서는 악마가 대부분 직접적으로든 간접적으로든 팬의 모습에 그 기원을 두고 있다고는 생각할 수 없는 방식으로 묘사되어 있으며, 이곳만큼 독창적인 로마네스크식 주두부는 다른 어디에도 없다. 어떤 주두부의 오른쪽에는 악마와 아마도 성 미카엘임이 분명한 천사가 성별을 알 수 없는 작은 나체상의 손을 한쪽씩 붙잡고 있는 모습이 표현되어 있다(그림 11). 이 주두부의 중앙부는 완전히, 그리고 왼편은 부분적으로 부서져 있다. 남아 있는 문제의 오른쪽 부분

그림 11 한 천사와 줄무늬진 데블이 영혼 하나를 놓고 싸우고 있다. 브누아쉬르루아르의 생베네딕트 성당에 있는 11세기 초에서 중반 사이의 기둥 주두부.

에서 인간의 영혼을 뜻하는 것으로 보이는 작은 나체상은 기묘하다 싶을 정도로 수동적이다. 천사는 왼손을 붙잡고 있을 뿐만 아니라 활짝 편 손을 머리에 얹어 놓고 있는 것으로 보아 이 영혼에게 미치는 힘이 악마보다 더 강한 것 같다. 주두부의 반대편도 대략 비슷한 장면인데, 악마는 심하게 파손되어 있지만 그 영혼의 머리와 몸은 분명히 천사 쪽을 향하고 있다. 그렇다고는 해도 영혼의 한쪽 손은 여전히 악마가 쥐고 있다. 중앙부가 어떻게 묘사되어 있었든 간에 이 주두부가 전체적으로 보여주는 것은 악의 끈질김이다. 날개를 단 천사는 풍성하고 훌륭한 예복을 입고 있으며 아름다운 얼굴에는 살짝 미소를 띠고 있으나, 악마는 입을 벌려 짐승처럼 이를 드러내고 있으며 날개도 없이 줄무늬가 지고 벌거벗은 몸뚱이를 하고 있다. 이러한 대조는, 천사의 얼굴은 살짝 위로 향하게 하고 악마는 아래를 보도록 하는 등의 미묘한 손질 덕분에 힘입어 더욱 강화된다. 이 주두부의 사진을 찍기 위해서 나는 태양이 그 위를 비추기를 기다렸다. 오후 2시경 천사의 얼굴은 햇빛을 받았지만 내가 보려는 것은 악마였으므로 계속 기다렸다. 한참이 지난 뒤에야 나는 햇빛이 악마 쪽에는 절대로 비치지 않는다는 사실을 깨달았다. 조각가는 악마의 각도를 조정하여 그가 항상 그늘 속에 있도록 한 것이다.

생브누아에 아주 다양하고 독창적인 주두부가 많다면, 베즐레의 대수도원 성당의 실내는 어떤 로마네스크 건물보다도 더 아름답게 장식되어 있는데, 주의 깊게 선별된 각종 석회석이 — 빛의 변화에 따라 — 섬세한 색조 변화를 일으켜 그 아름다움을 더해준다. 12세기 중반의 프랑스 왕이던 젊은 루이(Louis) 7세는 이곳에서 2차 십자군 원정을 추진한다는 올바르지 않은 결정을 내렸다. 그 원정은 결국 군사적인 재앙이 되었고, 개인적으로도 그에게 큰 상처를 주었다. 그의 위안이 되어주던 아름답고 똑똑한 아키텐의 엘리노어(Eleanor of Aquitaine)가 이곳까지 따라왔다가 그를 배반하고 말았기 때문이다(그녀의 두 번째 남편이자 나중에 영국의 헨리 2세가 되는 앙주의 앙리[Henri of Anjou]가 그녀를 배신하는 것처럼 말이다). 루이는 시토회 수도원장인 선지자 베르나르(Bernard of Clairvaux)를 설득하여 십자군 원정에 대한 교황의 후원을 받아냈고, 1146년의 부활절에 '달콤한 혀' 베르나르는 근처의 베즐레에 있는 대수도원 성당(마리아 막달레나에게 헌정된)으로 엄청난 군중을 불러모아 그 앞에서 야외 설교를 하고 2차 십자군을 출범시켰다. 또 1166년 유배당한 토머스 아 베켓(Thomas à Becket)이 헨리 2세의 장관 여러 명을 파문하고, 왕의 정책을 비난한 곳이 이곳이다. 또 25년 뒤에는 푸아투의 리처드(Richard of Poitou: 나중에 영국의 리처드 1세가 되는 이)와 프랑스의 필립(Philip) 2세가 바로 이 장소에서 만나 3차 십자군을 출범시켰다. 현재 베즐레 주민은 500명도 채 안 된다. 앞서 언급한 여러 왕들이 그들의 중요한 임무를 선언할 장소로 고른 교회도 11세기 초반 마리아 막달레나의 유골이 발견된 뒤에 지어지기 시작했다. 교회가 세워진 후 생마들렌은 곧 많은 사람들이 찾는 중요한 순례지가 되었고, 1096년에 대수도원장 아르토(Artaud)는 성가대석과 회랑을 새로 지어야겠다고 생각했다. 비용을 조달하기 위해 그는 너무 무거운 세금을 매겼고 결국 반란을 일으킨 주민들에 의해 살해되었다. 예상할 수 있는 일이지만, 1106년에 온 그의 후계자 르노 드 스뮈르(Renaud de Semur)는 좀더 신중하게 그 작업을 진행했다. 그러나 불행히도 1120년에 화재를 만났다. 새 본당의 회중석(會衆席)은 1140년에 지어졌고, 1160년경에는 본당 앞의 넓은 홀이 추가되어 건물이 완공되었다. 팀파눔 하나를 둘러싸고 있는 여덟 개의 장면(1125년경)은 어떤 집단과 인물들을 아주 구체적으로 묘사하고 있지만 그들이 누구인지에 대해서는 논의가 분분하다. 예를 들어 왼쪽에서 세 번째 장면에는 세 사람이 등장하는데, 어떤 전문가는 이들이 카파도키아(고대 터키의 중부 지역)에서 온 사람들이라고 보았고, 다른 전문가는 나병환자라고 보았으며, 또 다른 전문가는 아랍인이라고 했다.[15] 이 세 견해가 모두 틀릴 수는 있지만 모두 옳을 수는 없다. 오순절 기간에 하강하는 것은 예수가 아니라 성령이지만, 대부분의 주석가는 이 팀파눔을 성스러운 말씀과 성령을 모든 인류와 나라에 전파하는 오순절의 그리스도라고 부른다(내 생각도 이와 크게 다르지 않다). 프란시스 살레(Francis Salet)는 세밀한 연구를 바탕으로 다음과 같이 주장한다. "모자이크를 제외한 로마네스크 미술 가운데 그 어느 것도 베즐레에 있는 그리스도의 아름다움과 박애주의를 따라갈 것은 없다."[16] 이상한 점은 이 성당이 마리아 막달레나에게 헌정된 교회인데도 그녀를 기리는 장면은 없고, 본당 앞 넓은 홀에 있는 그렇게 장엄하고 고요한 팀파눔이 전적으로 구약에 나오는 일화만을 다루는 100개 가량의 주두부로 이어지는 통로라는 점인데, 그 가운데 반수 이상의 장면에서는 지독한 폭력이 다루어지며 심지어 악마가 끔찍하게 묘사된 장면도 있다.

'세속 음악' 주두부의 왼쪽 면에는 류트와 활을 쥐고 있는 한 음유시인이 움직이지 않고 서 있다. 한 여성이 그를 보며 어깨 너머에 있는 장면을 가리키는데, 그 장면은 이 주두부의 중심 구도이다. 주요 움직임은 음유시인과 악마가 표현한다(그림 12). 음유시인은 류트를 허리께까지 늘어뜨린 채 뿔나팔을 열심히 불고 있다. 그의 자세와 입체감이라든가 묘사된 각도를 보면 지극히 숙련된 솜씨이다. 뿔나팔의 입 부분은 그쪽을 보고 있는 악마의 입을 향하고 있는데 거의 닿을 지경이다. 마치 음악이 악마에게 들어가서 나체 여인의 젖가슴을 가지고 장난치게 만드는 것처럼 보인다. 그의 몸은 여인을 마주보고 있지만 머리는 반대편으로(음악 쪽으로) 한껏 돌려져 있어서 실제로는 거의 있을 수 없는 자세가 되어 있다. 다른 악귀들처럼 이 악귀도 벌거벗고 있고, 불타오르는 것 같은 머

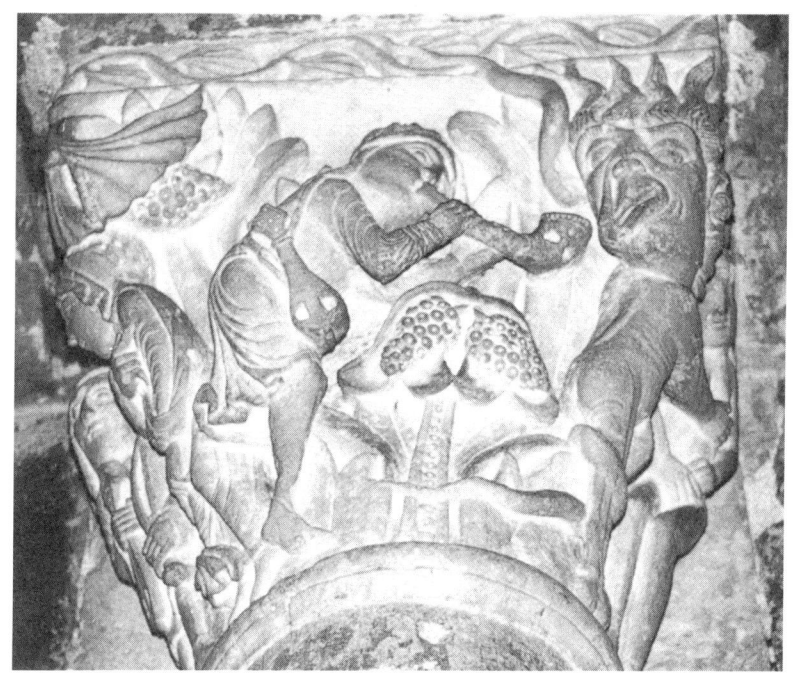

그림 12 욘느, 베즐레의 라마들렌 성당의 기둥 주두부에 새겨진 "세속 음악"(12세기 초반).

리칼을 하고 있다. 하지만 이 교회에 있는 다른 악귀들과는 달리 이것은 머리가 몸에 비해 비정상적으로 크다. 어떤 욕망으로 인해 흥분했다기보다는 오히려 졸리는 상태로 보이며, 얼굴은 심하게 일그러져 있다. 이 악마와 음유시인 사이에 있는 것은 살레가 "꽃받침을 열어 또 다른 주된 악귀인 간통과 절망의 대기를 불어넣는 사악한 꽃"이라고 묘사하는 커다란 식물이다.[17] 아마 그럴지도 모른다. 그 식물의 크기와 강조된 형태를 보면 그 기능이 단순히 분위기 환기용은 아닐 것 같다는 느낌이 든다. 하지만 그 식물의 정체를 밝히려고 노력하다 보면 우리는 앞에서 언급한 팀파눔에 관련된 것과 비슷한 상황에 봉착하게 된다. 동일한 장면에 등장하는 사람을 세 전문가가 각각 카파도키아인, 나병환자, 아랍인이라고 주장하는 장면 말이다. 러트거스(Rutgers) 대학의 생화학 및 미생물학과 교수 리처드 바사(Richard Bartha)는 이 식물의 열매 두 송이와 왼쪽 상단 구석에 있는 똑 같은 모양의 열매 송이(일부가 잎으로 가려진)로 보건대 아라카에(Aracae)과에 속하는 것으로 보인다고 말해 주었다. 이 과에 속한 식물로는 남근 모양의 천남성 등 여러 가지가 있는데, 흔히 민간 약재로 쓰이며 일부 종류는 씨앗에 마약 성분이 있기도 하다. 반면 영국의 한 박식한 아마추어 균류학자인 해리 길로니스(Harry Gilonis)는 그 열매 '덩어리'를 광대버섯(Amanita muscaria)의 갓에 찍혀 있는 점으로 볼 수 있다고 했는데, 만약 이 해석이 옳다면 더욱 흥미로워진다. 이 '식물'이 정말로 광대버섯이라면 우리는 갓에 찍힌 점과 줄기 내부의 텅 빈 공동 부분이 위의 주두부에 정확하게 새겨졌다고 주장할 수 있다. 광대버섯에는 마약 성분이 있는데 이는 악마가 띠고 있는 야릇한 표정을 설명해 줄 수 있다. 음악과 마약 성분은 악마의 욕망과 졸리는 증세의 원인이다. 왜냐하면 광대버섯을 먹으면 노래 부르고 싶은 욕구가 커지고, 환각을 보게 되며 결국에는 잠이 든다. 그러한 효과는 근육의 통제력이 사라진 것처럼 비틀려 있는 악마의 입과 무겁게 드리워져 있는 졸리는 눈, 또 아마 그의 머리가 엄청나게 큰 이유도 설명해 줄 것이다. 이 특별한 버섯을 먹고 난 뒤 느끼게 되는 효과가 바로 그런 증세이니 말이다. '세속 음악'이라는 진부한 제목보다는 환각적 약물의 사악함(음악과 마약성 버섯)과 그것들이 초래하는 지각의 왜곡 현상 때문에 인간들이 죄를 저지르게 된다는 것이 더 그럴듯한 설명으로 여겨진다. 비록 이 주두부의 주제가 음악과 결부되기는 했지만 팬이나 다른 고전주의의 영향력과는 아무 관계가 없다는 것은 분명하다.

팬이 악마의 주요한 연원이라고 보는 통념은 그림과 잘 들어맞지도 않는다. 아마 왕궁에서 낭송되었던 것으로 보이는 13세기의 「프랑스 시편」(French Psalter) 한 권에는 팬 같은 꼬리와 뿔, 귀를 가졌지만 털은 나

그림 13 "영혼의 계량". 루이스 컬렉션 소장 1230년경의 「프랑스 시편」에 실린 것 (MS 185, fol. 25r). 필라델피아 자유도서관(Free Library of Philadelphia).

지 않은 쾌활한 악귀가 그려져 있다(그림 13). 더 중요한 것은 동물적 특징을 갖고 있다고 해서 그를 동물이라고 볼 수는 없다는 점인데, 이는 그의 표정이 아주 인간적이고 지적이기 때문이다. 악랄하지도 않고 위협적이지도 않으며 성질이 나쁘지도 않은 이 악마는 성 미카엘과 함께 자신의 역할을 수행한다. 서리(Surrey)의 칼던(Chaldon) 교구 교회에 있는 12세기의 〈숙명〉(혹은 〈구원의 사다리〉)이라는 벽화에 나오는 악마는 팬 같은 특징이나 초기 「묵시록」에 나오는 악귀의 특징도 전혀 갖고 있지 않다. 「윈체스터 시편」에 나오는 악귀들은 꼬리와 뿔만 달고 있다. 부르주(Bourges)와 샤르트르(Chartres)에 있는 〈최후의 심판〉에 나오는 악귀의 귀와 수염 난 얼굴 모습 등은 아마 팬에게서 따왔겠지만 더 이상은 없다. 오텡에 있는 유명한 〈최후의 심판〉에는 팬을 연상시키는 것이 하나도 없다. 악마의 회화적 주 연원이 팬이라는 통념은 확실히 지나치게 단순한 생각이다. 사실 때로는 사티로스가 악마와 무관해진다. 그리스도교 교리는 인간과 짐승 간의 구분이 신체적인 것이 아니라 정신적인

2장 악마는 어떤 모습인가? 85

것임을 강조했다. 여기에서 사티로스조차도 구원받을 수 있다는 묘한 발상이 나왔던 것이다. 세비야의 이시도르(Isidore of Seville: 560~636)*와 『황금 전설』(The Golden Legend)**의 편집자들은 성 안토니우스를 만나서 자기들의 공통의 신인 구세주에게 기도해 달라고 간청한 사티로스의 이야기를 실었다.[18] 15세기 중반에 그려진 탁월한 그림인 〈성 안토니우스와 성 바울의 만남〉(워싱턴, 국립미술관)에서 켄타우루스와 사티로스는 길을 묻는 성 안토니우스를 친절하게 도와주고 있다.

검토해야 할 또 다른 사항으로 야만인 전통이라는 것이 있다. 12세기 이후로 문학과 미술 모두에서 야만인이라는 발상이 등장했다.[19] 야만인은 숲 속에 살고 성적으로 공격적이며 여성을 납치하는데, 그 여성들은 가끔 궁정 기사들에게 구원되기도 한다. 때로 납치당한 여성이 야만인을 길들이는 데 성공하기도 한다. 야만인은 몸에 털이 무성하게 나 있으며 묵직한 곤봉을 휘두르고 다닌다. 15세기가 되면 악몽 같은 야만인은 고귀한 야만인(noble savage)이라는 환상으로 바뀌며, 이 황금시대의 꿈은 신세계에서 '야만인'을 발견함으로써 강화되었다. 야만인과 사티로스가 걸핏하면 뒤섞이는 바람에 우리의 곤경은 더 심각해진다.[20] 털이 무성한 일부 악귀들은 사티로스보다는 야만인을 모델로 한 것으로 보이지만 이 두 요소를 구분하는 것은 쉽지 않은 일이고, 이들이 서로 주고받은 영향에 대해서는 더 많은 연구가 필요하다. 특히 르네상스 시대 독일인들은 야만인이 가족과 평화롭게 살아간다고 믿었으며, 이는 수많은 복제품이 만들어진 뒤러(Dürer: 1471~1528)의 1505년 판화 〈사티로스의 가

---

* 레안더의 대주교를 지냈으며 『백과사전』(Etymologiarum) 집필.
** 1260~1270년경 야코부스 데 보라지네(Jacobus de Voragine)가 편집한 성인들의 기적을 중심으로 한 전기 모음집. 역사적이거나 학문적인 성격은 전혀 없으며 신앙을 고무하기 위해 만들어진 책.

족)에 요약되어 있다.

만약 오텡과 부르주에 있는 성당 및 수많은 시편에 그려진 악귀의 연원이 팬도 아니고 야만인도 아니라면 그것들이 갖고 있는 공통점은 무엇인가? 그들은 모두 벌거벗었고, 대개 검은색이다. 예수를 유혹하는 사탄이 등장하는 그림으로 가장 오래되었을 것으로 추정되는 그림에서 사탄은 검고 벌거벗은 모습으로 그려져 있다(그림 14). 왜 악마는 검은가? 그의 검은색은 천사의 아름다운 흰색과 대조된다. 검은색은 악과 더러움의 표상이다. 지옥의 자기 왕좌에 앉아 있는 사탄은 항상 검다. 그가 천국에서 추락할 때도 대개 검은색이다. 아마 악마의 검은색은 이집트와 누비아의 신들과 결부된 결과인지도 모른다. 누비아는 항상 이집트와 긴밀한 관계에 있었고, 한동안 누비아가 이집트를 지배한 적도 있었다. 이집트에서 씌어졌을 것으로 보이는 2세기에서 5세기 사이의 「외경」에

그림 14 "그리스도의 유혹", 9세기 초반의 「슈투트가르트 시편」에 실려 있는 「시편」 90(91)의 삽화. Landesbibliothek(Cod. bibl. fol. 23, 107), 슈투트가르트.

서 악마는 흑인 에티오피아인으로 묘사되어 있다. 예를 들면 「베드로행전」(22장)에서 베드로는 온통 "검고 더러우며 이집트인이 아니라 에티오피아인 같은" 사악한 인상의 여자에게서 악마의 모습을 본다. 악마가 유혹하는 흑인 여성으로 나타나는 경우는 드물지 않다. 5세기 초반의 신성한 교부들에 대한 이야기를 담은 팔라디우스(Palladius)의 『히스토리아 라우시아카』(the Historia Lausiaca, 20장)에는 성적 욕구에 번뇌하던 젊은 수도사가 조언을 들으러 파코미우스(Pachomius)를 찾아오는 장면이 있다. 늙은 수도승은 자신의 갈등을 악귀에게 결부시키며 다음과 같이 이야기한다.

  욕망의 악귀는 내 젊을 때 본 에티오피아 여인의 모습으로 나타난다네. 여름에 수숫대를 거두려고 몸을 굽히던 그녀 말이야. 이제 그녀는 내 무릎에 올라앉아 나를 어찌나 강렬한 욕망으로 불태우는지, 그녀와 성교를 해 심장이 타오른다는 상상을 다 하게 되었다네.

5세기쯤에는 그리스도교가 누비아에 확립되고, 7세기에는 콥트교도(초기 이집트 그리스도교도)가 대규모로 이주하여 이집트와 누비아의 전통적 사원과 조각상을 조직적으로 파괴하게 된다. 이집트 신인 아누비스는 부숭부숭한 꼬리를 가진 검은 재칼이나 재칼의 두상을 한 흑인의 모습으로 나오며, 3장에서 언급하게 되겠지만 영혼계량(Weighing of Souls)의 모델로 사용된다. 적어도 18왕조 이후에는 이집트인 가운데 아프리카 흑인이 많았다. 세네갈 출신의 의사인 체이크 안타 디옵(Cheikh Anta Diop)은 고대 이집트인의 유골(미라 제작이 관례가 되기 전)에 붙어 있는 피부가 아프리카 흑인의 것이라는 멜라닌 분석 결과를 제시했으며, 고대 저술가들은 이집트인을 흑인으로 묘사하는 경우가 많았다. 조각상이나 부조, 그림에 나타난 이집트인들은 아프리카 흑인의 특징을 보여준다. 스핑크스를 그린 가장 오래된 스케치(인간의 손에 의해 변모되기 전의)는 아프리카 흑인의 옆모습을 강력하게 연상시킨다.[21] 현재 누비아 땅인 카와에 있는 스핑크스(BC 7세기)는 틀림없는 누비아인의 얼굴이다. 또 13세기의 소리게롤라(Soriguerola) 제단화에서 이집트 의상을 입고 있는 악마는 흑인이다(그림 34).

악마가 벌거벗은 까닭이 그리스 고전에 나오는 이교도 신들이 벌거벗고 있었기 때문이라면 아마 그가 흑인인 이유 가운데 하나는 몇몇 이집트 신이 흑인이었기 때문일 것이다. 하지만 가장 큰 이유는 명백히 다음과 같은 사실 때문이었다. 즉, 악마는 오염된 더러움의 징표로서, 희고 순수한 천사와의 대조로서 검게 나타나야 했다. 악마는 벌거벗었으며, 아담과 이브도 낙원에서는 그러했다. 옷을 입는다는 것은 사회성의 징표다. 미카엘과 그의 천사들은 반란천사들을 천국에서 내던질 때 **항상** 옷을 잘 차려 입고 있거나 아니면 갑옷을 두르고 있다. 그에 비해 반란천사들은 기껏해야 허리두르개밖에는 하고 있지 않았으며, 10세기에는 대체로 나체였고 루벤스의 그림에서도 옷을 입고 있지 않다. 이 관례가 워낙 강력한 것이다 보니 악마가 혐오스러운 악령에서 원시 낭만주의의 비극적 주인공의 모습으로 바뀌는 과정에서, 이 변화의 주역이었던 윌리엄 블레이크(William Blake)도 지옥에 있는 사탄을 나체로 그렸다(그림 15).

악마는 왜 벌거벗고 있는가? 벌거벗음이 죄악과 연관된다는 생각은 반사적 반응일 것이다. 로마의 부유층 출신 젊은이들 사이에서는 운동경기에서의 나체가 높은 신분의 징표였으며, 공공 목욕장이 사교 생활의 일부였던 만큼 동료들과 함께, 또 하급자들 앞에 나체로 나타나는 것은 일상적으로 흔한 일이었다.[22] 이에 비해 그리스도교 예술에서는 벌거벗음이 기피 대상이었다. 벌거벗은 아기 그리스도의 그림은 10세기에서

13세기 사이에는 그런 사례가 전혀 없기 때문에 아주 좋은 예가 된다. 벌거벗은 아기 그리스도가 처음 그려진 것은 1325년 『잔 데브뢰(Jeanne d'Evreux)의 성무일도서』에 장 퓌셀(Jean Pucelle)이 그린 삽화인 것 같다.

그림 15 William Blake, *Satan Arousing the Rebel Angels*, 1808. 밀턴의 『실락원』에 실을 판화를 위한 예비수채화. Victoria & Albert Museum, London.

발가벗은 아기 예수가 다시 나온 것은 수십 년이 지난 뒤였다. (헬레니즘 시대의 에로스신에서 유래하는 발가벗은 아기, 즉 '푸토'[putto]는 한참을 건너뛰어 1400년대가 되어서야 나타나기 시작했다.) 1150년에서 1200년 사이에는 고전주의적 인물, 즉 아틀라스나 헤라클레스, 이런저런 씨름꾼, 또 「묵시록」에 나오는 4개의 바람, 그리고 랭스의 노트르담 성당 바람벽 위에서 특이하게 나체로 서 있는 「묵시록」의 네 기사 같은 인물들이 가끔 나체로 그려졌을 뿐이다.

예수는 초기 조각상이나 비잔틴 모자이크에서 가끔 나체로 그려졌지만 고전주의 모델과의 관련이 줄어든 6세기 이후에는 그런 표현이 거의 사라졌다. 성직자의 사고방식에서 나체가 갖는 성적 함의가 점점 커짐에 따라 카롤링거 시대 무렵에는 남녀가 더 이상 나체로 세례 받지 않게 되었고, 십자가에 매달린 그리스도에게도 옷이 입혀졌다. 3세기에서 7세기 사이에는 세례 받는 그리스도가 벌거벗은 아이의 모습으로 그려지는 일이 흔했다.[23] 10세기 이후에는 (아무리 얕은 강물에서도) 허리춤까지 물에 잠긴 수염 난 어른으로 묘사되었고, 성기는 가려졌거나 보이지 않게 붓질이 가해졌다. 900년부터 이후 400년 동안, 강물이나 물통에 들어가 세례 받고 있는 사람, 또는 바다에서 헤엄치고 있는 요나를 제외하면 벌거벗은 모습으로 나타난 것은 오직 순수하고 죄를 짓지 않았을 때의 아담과 이브뿐이었다. 또 하나의 예외는 악마였다. 하지만 아담 및 이브와 악마의 결정적인 차이는 아담과 이브는 벌거벗은 모습으로 **창조된** 반면 악마는 벌거벗은 상태가 **되었다**는 데에 있다. 어떤 사람으로부터 의상이나 제복을 빼앗는다는 것은 일반적으로 강등을 상징한다. 사회에서 추방된 벌거벗은 악마는 절대로 구원받을 수 없다. 아우구스티누스는 신의 자비심은 무한하므로 악마도 언젠가는 용서받을 수 있다고 생각한 오리게네스를 절대로 용서할 수 없었다.

신에게 성기가 있는가 없는가 하는 문제는 가장 꼼꼼한 스콜라 학자들에게서도 한 번도 논의된 적이 없었던 것 같다. 하지만 이 문제에 대한 대답이 특정한 신학적 문제에 대한 대답으로서 간접적으로는 제시된 바 있었다. 즉, 그리스도의 인성(人性)이 1400년대 중반에 강조되고, 그럼으로써 새로운 종류의 그림, 다시 말해 예수의 성기를 드러낸 그림이 그려졌다는 사실이 바로 그 대답이다. 15세기에 이루어진 이 새로운 그림은 르네상스 시대에 일어난 지적이고 이데올로기적이고 신학적인 변화를 근거로 한다. 그리스도의 성별에 관한 탁월한 연구에서 레오 스타인버그(Leo Steinberg)는 "아기 예수나 죽은 그리스도의 성기가 그토록 분명하게 강조되는 종교적 이미지에서 우리는 오스텐타시오 제니탈리움(ostentatio genitalium)* 같은 것을 깨닫게 된다"고 주장했다.[24] 이러한 그림은 그리스도가 피와 살을 가진 인간이 되었다는 사실을 극적인 것으로 만든다. 그리스도의 생식기(할례는 그 한 보기)는 특히 그리스도가 인간이라는 사실을 드러내는 강력한 방식이 되었으며, 이것은 화육(化肉) 신학에 의해 뒷받침되고 권장되었다. 그럼에도 불구하고 르네상스 시대에도 그리스도가 벌거벗은 모습을 보이는 경우는 드물었다. 악마는 강렬한 성적 능력을 갖고 있다고 가정되며 또 이 가정 위에서 쓰여진 글도 많다. 하지만 중세나 르네상스 시대의 작품 가운데 악마의 성기가 드러나 있는 것을 본 적이 있는가?[25] 아마 그리스도의 생식기로 나타내어지는 구체적인 화육의 신학적 상징 때문에 악한 자의 성(性)을 보이는 것이 현명하지 못한 일이 되었을 수도 있다. 예수가 생식기 때문에 인간화되었다면 악마 역시 그 때문에 인간화될 수 있는 것이다. 하지만 이는 별로

---

* 성기의 과시(the display of genitalia). 그리스도 수난의 의미를 강조하기 위한 상처의 과시(ostentation vulnerum)와 같은 어법.

박수칠 만한 일이 아니다. 혹시 악마는 원래 천사였으니 생식기가 없었는지도 모른다. 그러나 천사와 처녀들의 성교(「창세기」 6장) 이야기를 기억한다면 이 설명은 그다지 설득력이 없다. 아마 악마가 자손을 낳는다는 생각이 별로 사람들의 마음에 들지 않았는지도 모른다. 결국 벌거벗기는 했지만 악마는 생식기를 갖지 않게 되었다.

악마가 왜 벌거벗었는지를 알아내려면 우리는 이 질문을 던져야 한다. 누드가 등장하는 회화적·조각적 전통으로는 어떤 것이 있는가? 가장 명백한 대답은 고전주의의 조각과 회화 전통이다. 그리스도교 교회주의자들은 이교도 신을 '악귀'라고 믿었으며 이 신들이 누드로 표현되는 경우가 많았기 때문에 악귀들은 누드로, 더 정확하게 말하면 벌거벗은 상태로 그려지게 되었다. 누드는 **벌거벗음**으로 변화했고, 벌거벗음은 강등과 굴욕, 그리고 미치광이나 짐승처럼 추방되었다는 표시가 되었으며, 그들에게는 이성도 적용되지 않고 심지어 물도 주지 않아도 괜찮았다. 때로는 벌거벗은 피의자에게 합법적으로 고문이 가해지기도 했다. 중세와 르네상스의 유럽에서 범죄자는 길거리에서 벌거벗은 채 쫓겨다녔다. 벌거벗음은 그리스도교적 의식에 입각하여 이교도의 신을 찾아낼 때 사용되는 실마리로서 더러움의 상징이 되었다. 이교주의를 없애기 위한 공격에서, 벌거벗은 악귀를 쫓아낸다는 것은 고전주의적 교육과 과학을 책상에서 쓸어내 버리고 하수구로 쳐 넣는 것을 의미했다. 혹은 교황 레오 1세의 불멸의 언어를 빌리자면 마니교도, 유대인, 이교도들은 "모든 이단들이 가지고 있는 세속적이고 불경스러운 온갖 것들이 시궁창처럼 더러운 모습으로 뒤섞여 있는 자들"이었다.

시궁창이 어떻게 정화되었는지 보기 위해 뒤로 조금 물러나서 고전주의, 즉 그리스와 로마의 문화에 대한 태도가 어떠했는지를 살펴보도록 하자. 히에로니무스는 고전에 통달한 사람이었다. 예언자의 글을 읽으면서 그는 그들의 문체가 "천박하고 역겹다"고 느꼈다. 그만 그런 것이 아니었다. 아르노비우스와 오리게네스는 신약성서의 구조가 조야하고 진부하고 엉성하며 문법에도 맞지 않는 형편없는 문장 투성이라고 생각했다고 말한다. 하지만 히에로니무스는 성서의 문체에 문제가 있다고 느끼는 것이 악마의 장난이라고 판단했다. 심한 열병에 걸린 히에로니무스는 심판관인 그리스도 앞에 불려나가 자기가 누구인지 대답하라는 질문을 받았다. 히에로니무스는 말했다. "'저는 그리스도교도입니다.' 하지만 심판관은 말했다. '거짓말을 하는구나. 너는 그리스도가 아니라 키케로의 추종자가 아니냐.'" 그러자 히에로니무스는 마침내 깨달았다. 테르툴리아누스는 아테네와 예루살렘 사이에는 이교도와 그리스도교도의 관계만큼이나 아무런 공통점이 없다고 경고했다. 그리스도교와 그 수도사들이 고전주의에 기초한 학식을 귀중하게 여겼으며, 이들이 암흑의 시대 동안 '지식의 섬'이었다는 생각은 사실과 다르다. 수도사 50명 가운데 글을 조금이라도 쓴 적이 있는 사람은 한 명도 채 되지 않았다.[26] 프랑스 스콜라 학자인 장 김펠(Jean Gimpel)에 의하면, 보수도 없이 너그럽게 성당을 위해 일한다거나 수도원을 손수 짓는 수도사란 용어의 혼란과 실제 관행에 대한 무지로 인해 빚어진 착각이자 허구일 뿐이다.[27]

오텡의 성당 기둥의 주두부 하나에는 콘스탄티누스(Constantinus)가 말에 걸터앉아 있는 모습이 있다. 말발굽 바로 밑에는 벌거벗은 이교도가 몸을 웅크리고 있다. 그리스도교 미술에서 강등과 굴욕의 징표로서의 벌거벗음은 악귀와 이교도, 그리고 이단자의 몫이다. 이교도의 신을 악귀와 동일시하고 팬의 모습을 빌려 몇몇 악귀를 그린 것은 우연의 소치가 아니다. 그것들은 교회가 수백 년 동안 고전주의의 과학과 철학을 어떤 식으로 고갈시키고 결딴내었는지를 반영한다. 예를 들면 BC 3세기의 천문학자 에라토스테네스(Eratosthenes)는 지구의 정확한 크기를 측정했고, 그 형태가 구형임을 입증했다. 그러나 중세에는 지구가 납작한 원반이 되었다. 알렉산드리아의 수학자 히파티아(Hypatia)가 죽임을 당한 지 600년 뒤인 11세기 초반, 주교좌 성당이 위치한 리에주(Liège)와 쾰른(Cologne)에 거주하던 지식인 랄프(Ralph)와 레긴발트(Reginbald)는 보이티우스(Boethius)가 아리스토텔레스에 대해 쓴 어떤 주석에서 찾아낸 수학적 퍼즐에 대해 서신을 주고받았다.[28] 이들을 곤혹스럽게 만든 것은 삼각형의 내각의 합이 직각 두 개의 값과 같다는 발언이었다. 당시의 학자들 중 삼각형의 내각이 무엇을 뜻하는지 아는 사람은 아무도 없었다. 그들만이 그랬던 것도 아니어서, 중세 학자들은 여러 세대에 걸쳐 이 간단한 문제를 풀기 위해 머리를 쥐어짜야 했다. 그렇지만 오늘날까지도 우리는 '암흑시대'라는 말이 그저 은유일 뿐이며, 수도원에는 지식이 소중하게 보관되어 있었다는 말을 듣는다. 하지만 도대체 어떤 지식이 보관되고 전승되어 왔단 말인가. 그들의 형편없는 지적 수준을 알게 되면 여러분의 생각은 틀림없이 바뀔 것이다. 그렇다면 중세의 그 거대한 성당은 어떻게 건설될 수 있었을까? 그것은 장인들의 실용적인 기술을 보완하는 외래의 건축학이 추가로 채택된 덕분이었다. 근본적인 도움이 된 것은 고대 수학을 소화하고 발전시킨 아랍 저작이, 특히 12세기 초반 톨레도에 있었던 독특한 다문화적 번역학파(그 대표적 학자는 유대인이었다)에 의해 옮겨졌을 때였다.[29] 유클리드의 『기하학 원론』을 번역하여 서구에 소개했으며, 또한 톨레도 학파의 번역을 근거로 하여 번역 작업을 했던 바스의 애덜라드(Adelard of Bath) 같은 사람의 저작이 없었더라면 고딕 성당은 도저히 설계될 수 없었을 것이다.[30]

알렉산드리아에서 공부했으며, 헬레니즘의 개념을 대체하기 위한 최초의 포괄적인 우주론을 쓴 6세기의 수도사 코스마스(Cosmas)의 사례를 살펴보자. 그는 자신의 저작 『그리스도교 지지학』을 '그리스도교 신자임을 고백하면서도 하늘이 구체(球體)라는 따위의 이교도적 사고방식을 가지고 있는 사람들에 반대하여'라는 소제목으로 시작하고 있다. 히파티아가 살던 한 세기 전의 알렉산드리아에서라면 코스마스는 웃음거리가 되었을 것이다. 주의 깊게 살펴보면 악마의 벌거벗음은 그리스도교가 왜곡하고 저버린 것들의 반영물이다. 히파티아의 죽음은 교회의 승리를 말해준다. 16세기 초반에 씌어진 라블레(Rabelais)의 풍자물 모음집 『가르강튀아와 팡타그뤼엘』(Gargantua and Pantagruel)에 나오는 팡타그뤼엘은 툴루즈에 있는 대학을 찾아가기로 작정했지만, 대학 당국이 이단파 교수들을 태워 죽이는 것을 보고는 재빨리 그곳을 떠난다(제2권 5장). 그는 대신에 오를레앙의 대학으로 가 테온(Theon)의 수학과 물리학을 배운다(제2권 7장). 테온은 알렉산드리아 박물관과 연결되던 5세기 초반의 가장 중요한 현인(賢人)이었다. 최초의 세계도시(cosmopolis)였던 알렉산드리아는 그리스인의 지배를 받았다. 원주민은 이집트인이었지만 대규모의 유대인과 아랍인, 페르시아인, 인도인 공동체와 불교 승려 및 아프리카인 공동체가 있었다. 그 도시에서는 수학과 천문학, 물리학, 생리학, 지리학, 그리고 어원학 분야에서 300년 동안 놀라운 업적이 이루어졌다.[31] 유클리드와 아르키메데스, 아폴로니우스, 에라토스테네스 및 기타 학자들의 저작이 광범위한 분야에 걸친 연구 진행의 중심지인 박물관 및 방대한 저장소인 알렉산드리아 도서관의 지원 위에서 학문적 지반을 다져나가고 있었다. 박물관은 인류 역사상 전례 없는 수준의 과학적 연구를 위한 자유와 조직을 제공했다. 70만 묶음의 두루마리를 보유하고 있던 도서관은 소장물의 양과 질이라는 양 측면에서 모두 타의 추종을 불허했다. 그렇게 많은 지식의 저장고가 쉽게 이용 가능했던 적은 일찍이 없었다.

테온의 딸인 히파티아(Hypatia)는 최초의 여성 수학자이자 신플라톤주의에 입각한 교육자로 유명했다. 알렉산드리아가 학문 연구의 중심지 역할을 더 이상 하지 못하게 된 것은 기후 변화나 파피루스 수출의 감소 때문이 아니었다. 도서관은 391년에 알렉산드리아 주교인 테오필루스(Theophilus)에 의해 심각하게 파괴되었는데, 에드워드 기번(Edward Gibbon)은 그를 "뻔뻔스럽고 악한 사람, 양 손이 황금과 피에 차례로 물든 사람"이라고 묘사했다. 주교는 중요한 이교도 문화의 중심지였던 세라피스 사원을 습격하여 약탈했는데, 그곳에는 수많은 책들이 소장되어 있었다. 테오필루스의 뒤를 이은 키릴로스(Kyrillos)도 파괴를 계속했다. 히파티아의 살해에도 가담했던 그는 그곳에서 600년간 살아온 유대인에 대한 학살을 감행하기도 했다. 그 뒤로도 폭력이 계속 이어져 알렉산드리아는 영원히 쇠퇴해 버렸다. 유대인의 축출은 시의 행정을 위협했으므로, 도시의 지사인 오레스테스(Orestes)는 키릴로스에게 반기를 들었다. 키릴로스는 니트리아(Nitria)의 수도사 500명을 동원하여 이에 대항하게 했고, 지사는 거의 죽을 뻔했다. 이에 그치지 않고 키릴로스의 부추김을 받은 두건 쓴 수도사들은 알렉산드리아로 진군해 들어갔다. 그들은 히파티아를 수레에서 끌어내려 옷을 벗기고 깨진 도자기 파편으로 그녀를 찔러 죽였다.[32]

히파티아가 살해된 지 10년이 지났을 때, 성자와 성부 및 마리아 사이의 관계에 대해 시끄럽게 논쟁을 벌이던 분파들 사이에서 어느 정도의 안정을 달성한 최초의 교황인 레오 1세는 로마에서 행한 크리스마스 설교에서 악마에 대해 말했다.

(그는 - 인용자) 마니교도의 광기 위에 자신의 성채를 지었다. 거기에는 모든 이교도들의 우상숭배, 육욕적인 유대인들의 온갖 맹목성, 불법적으로 행해지는 온갖 비밀스러운 마법, 마지막으로 모든 이단이 지니는 세속적이

고 불경스러운 모든 것들이 마치 시궁창처럼, 더럽기 짝이 없이 한데 모여 있다.[33]

레오는 악마를 구성하는 네 가지 용어를 규정한다. 흑마술, 유대인, 이단, 이교도가 그것이다. 그것들은 모두 악마에게서 유래되었고 악마의 속성이다. 레오가 자신이 설교하는 내용을 실제로 믿었을 수도 있다. 하지만 그는 진정 신의 적대자에 대해 말하고 있는 것인가? 아니면 레오 자신의 적대자를 이야기하고 있는 것인가? 1975년 이란의 지도자들은 레오의 선례를 따라 시위자들과 함께 소리쳤다. "미국은 사탄이다." 1982년 미국 대통령은 전세계에 소련을 '악의 제국'이라고 경고했다. 악마라는 딱지를 붙이는 것은 레오 교황에서부터 로널드 레이건(Ronald Reagan)에 이르기까지 권력자가 자신에게 동의하지 않는 자에게 흠집을 내기 위해 사용한 방법이었다. 히파티아가 이교도였기 때문에 정말로 악마라고 키릴로스가 믿었는지 어땠는지는 알 수 없다. 그것이 중요하다고 생각하지도 않는다. 하지만 악마가 수사학적 도구에 지나지 않는 경우가 있다고 해서 악도 그렇다는 뜻은 아니다. 악마가 진정한 악을 가리키지 않는 한, 그리고 그것이 수사학적 도구인 한, 악마라는 개념은 그 도구를 사용하는 자들의 손에서 진정한 악을 정당화하는 수단이 된다.

악마의 용모

악마가 벌거벗은 모습으로 표현되고는 있지만 완전한 벌거숭이인 경우는 거의 없다. 대신에 그는 대개 특이한 모양의 치마를 입고 있는데, 이에 대해 언급된 적은 한 번도 없는 듯하다. 이 치마는 악귀를 묘사한 몇

그림 16 *Eadwine Psalter*(*Utrecht Psalter*의 필사본)에 실려 있는 시편 38의 세부. 해석하기 난감한 데블의 원시인 치마가 나와 있는 부분. 11세기 초반, 펜과 잉크 그림. Trinity College(MS R. 1.17.1), Cambridge.

안 되는 초기 그림 가운데 하나에서 처음으로 보이는데, 그 그림은 「위트레흐트 시편」(Utrecht Psalter)에 들어 있다(그림 16).[34] 아르멘티아(알라바, 스페인)에 나타난 지옥의 악귀는 가죽으로 된 치마를 입고 있어서 원시인을 연상시킨다. 이와 같은 치마는 「윈체스터 시편」, 콩크의 팀파눔, 12세기의 채식(彩飾) 성서, 11세기의 앵글로색슨 채식사본 등에서 발견된다. 사실 그러한 사례는 워낙 많아서, 이와 같은 원시인 스타일의 치마를 악마의 한 속성으로 규정할 수도 있다. 그것은 사회에 속하지 않는 자, 문명인이 아닌 야만적인 존재, 그리고 무질서의 표시이다.[35]

이 남루한 원시인 치마는 어디에서 유래했는가? 그런 것은 악귀들이나 입는 것이어서, 이집트나 그리스, 로마 어느 곳의 작품에서도 찾아볼 수가 없다. 이 모티프가 어떻게 확산되었는가 하는 것은 중세의 펜화 작품 가운데 가장 독창적이며, 각국에서 수많은 복제화가 만들어진 「위트레흐트 시편」의 강한 영향력 덕분이라고 설명하면 되겠지만 애당초 그 「시편」의 화가는 그런 치마를 어디에서 찾아냈을까? 이는 골치 아픈 문제이다. 우르 지방에서 만들어진 조각상을 보면 이 치마의 연원이 되었을 법한 옷을 보게 되지만, 이러한 수메르 작품은 연대가 BC 3000년 이전이다. 티폰(Typhon)에서 유래한 뱀 신 크노비스(Chnoubis)는 악마의 치마라고 오해될 수 있을 만한 것을 입고 등장하곤 한다. 하지만 크노비스 자체에 대해서도 제대로 알려진 바가 없다. 그것이 유대 종족에 속하는 신인가? 아니면 다른 종족의 것인가? 이에 대해 합의된 바는 많지 않다. 아마 악마의 치마는 사티로스가 나오는 연극을 그린 그리스 회화에서 유래했는지도 모른다. 왜냐하면 대담하게 남근을 드러낸 사티로스는 교회를 대경실색하게 했을 법한 것의 표상이었으니까 말이다. 「위트레흐트 시편」의 화가가 사용했을 만한 악마의 모델 이미지이며 악마의 치

그림 17 사티로스 연극을 위한 준비 장면. 프로노모스 항아리의 그림. 아마 데블이 입은 원시인 치마의 출처일 것. BC 5세기 후반. 나폴리 국립박물관.

마가 어디에서 유래했는지를 처음으로 설명해 줄 만한 것이 여기 있다. 사티로스를 그린 표현 대부분은, 특히 그리스 항아리에 그려진 것들은 사티로스 연극에서 따온 장면들이다(그림 17). 아마 그 짧은 옷이 그러한 사티로스의 야생적이고 무절제한 성적 행동의 한 가지 속성으로 보였는지도 모른다. 결국 우리는 '벌거벗은' 악마가 세 가지 모습으로 나타난다는 사실을 알 수 있게 되었다. 완전한 벌거숭이, 원시인의 치마를 입은 모습, 완전히 털로 뒤덮인 모습이 그것이다.

털북숭이 악마는 특히 미생물 악마(사탄이 퍼뜨리는 미세한 전염성 매체의 광범위한 조직망)의 개념으로 흔히 볼 수 있는 형태이다. 이 악귀는 뿔은 달고 있지만 불타오르는 것 같은 머리칼은 없고, 대개 날개도 없으며, 우스운 몰골일 때가 많다. 의상은 음유시인들이 입는 것과 아주 비슷하여, 수많은 털북숭이 악마 그림은 그러한 연기자가 무대 의상을 뒤집어쓰고 있는 것처럼 느껴질 정도이다. 털북숭이 악마가 대중적이기는 하지만 위협적이지도 않고 겁나지도 않으며, 그저 재미있기만 한 존재가 된 것은 아마 그 때문일 것이다. 그를 주(主)의 위험한 적대자로 여긴 화가는 아무도 없었다. 팬과 벌거벗음(고전주의 신들의)이 악마의 생김새를 규정하게 된 중요한 연원이라는 것은 앞에서 이미 보았으니, 이제 우리는 악마의 구체적인 회화적 특징을 열거할 수 있다. 여러 특징이 한데 뒤섞인 잡탕 괴물을 지금 잠시 제쳐둔다면, 악마의 **신체**를 구성하는 공통의 중요한 특징은 벌거벗음(남루한 짧은 옷이나 짐승 가죽으로 만든 짧은 치마는 벌거벗음의 변형이다)과 털북숭이 몸뚱이, 벌린 입과 큰 뼈드렁니, 대개 헝클어졌거나 불꽃 같은 머리칼이다. 가장 중요한 **부속물**은 발굽이나 손톱, 혹은 독수리 발톱이며 꼬리, 뿔, 박쥐나 천사의 것과 비슷한 날개 등도 중요하다.

내 짐작으로는 악마의 여러 특징이 유래한 연원 가운데 하나가 베스

그림 18 악에 저항하기 위한 가장 대중적인 이집트의 부적인 베스(Bes)의 입상. 22왕조(950~730 BC). 윤 낸 석재. 맨 위 가장자리를 따라 나 있는 구멍에 고리가 걸려 있었을 것이고 아래쪽 구멍에는 막대기를 끼울 수 있게 되어 있으므로, 아마 덜그럭거리는 소리를 내는 용도였을 것이다. 펜실베이니아 대학 박물관.

(Bes, 그림 18)일 것 같다. 역사가와 신화학 연구자들은 이 난쟁이 신(아마 누비아 출신이거나 푼트[Punt] 출신일 수도 있다. 푼트는 이집트에 이국적인 물품을 공급했던 나라로서, 위치가 정확히 파악되지 않는데 아마 오늘날의 소말리아 영내에 들어가는 지역이었을 것으로 생각된다)에게 아무 관심도 보이지 않았다. 하지만 그는 이집트의 일반 가정에서는 다른 어떤 신보다도 더 많이 발견된다. 대표적인 신이었던 적은 한 번도 없었지만 그의 인기는 자꾸 높아져, BC 1500년에서 1000년 사이에는 이집트의 수많은 중류 계급의 집에는 그의 조각상이 모셔져 있었다. 또 그의 이름을 따서 자녀의 이름을 짓기도 했다. 베스가 이집트를 고향으로 하는지 아니면 메소포타미아에서 유래했는지는 분명하지 않다. 베스처럼 주저앉은 자세를 특징으로 하는 못생긴 난쟁이 인물상이 메소포타미아

와 아케메니드(Archaemenid)의 원통형 인장에 나타난다. (아마 메소포타미아 전통에 베스처럼 생긴 인물이 있었는지도 모르지만, 완숙한 단계의 베스 인물형은 이집트에서 메소포타미아로 전파된 것이다.) 악을 막는 부적이자 자녀 출산의 수호자인 못생긴 베스는 카르타고와 아비도스에서 숭배되었고, 헬레니즘 시대의 항아리와 화장용 먹(Kohl) 용기, 벽, 가구 등에서 발견된다. 그는 또 침대 기둥, 조산소(mammisi)에서도 발견되며, 누비아가 그리스도교의 통제 아래에 들어간 뒤 악숨(Aksum: 에티오피아 북부)이 중요 무역 거래의 중심이 되었을 때 페니키아 배의 뱃머리에도 나타난다. 4세기 중반 동안에는 아비도스(카이로 남쪽 500킬로미터 지점)에 있는 베스 신탁이 너무나 유명해져서 콘스탄티누스 2세는 ('바울의 지옥불'이라는 별명을 가지고 있던) 악질적인 마녀 사냥꾼 타르타레우스(Tartareus)를 그 근처 도시로 보내어, '베스 숭배자'로 고발된 사람 수백 명을 학살했다. 7세기 중반에는 수많은 이집트 그리스도교도가 이집트를 탈출하여 메로에(Meroe)로 갔는데, 그 이유는 그리스도교로 개종한 그 고대 아프리카 왕국이 이슬람교 국가로 바뀐 이집트에서 탈출한 이집트 그리스도교도의 피난처가 되었기 때문이다. 이집트의 그리스도교도인 콥트교도가 베스를 혐오했지만 그 이름이 귀에 익숙해진 것만은 분명한 사실이다.

사티로스가 악마가 가지는 특징의 연원이 된 한 가지 이유가 남근을 가진 모습으로 묘사되는 적이 많았다는 것이라면, 베스 또한 마찬가지 이유에서 악마의 형태로 간주될 수 있다. 바쿠스 제례의 표상물은 특히 BC 4세기경 등장했는데, 이때는 베스가 가진 보호력을 키우기 위해 더 많은 속성들이 그에게 부여되었을 때였다. 루브르에 소장된 바쿠스 제례에 쓰인 베스 청동상이 그 탁월한 보기인데, 표정이 풍부하다(그림 19). 짤막하고 뚱뚱한 난장이에서 다른 모습으로 변신한 이 베스는 악을

그림 19 베스(Bes). BC 650년경. 청동. 파리, 루브르 박물관.

막아주는 확신에 찬 보호자로서 이시스(Isis)의 날개를 활짝 펼치고 있고, 관례적인 깃털 머리 장식 대신에 여덟 마리의 우라에이(uraei: 신성한 코브라)가 떠받쳐진 머리 장식을 쓰고 있다. 베스는 악귀를 막는 존재였지만 일부 그리스도교도가 보기에는 그로테스크한 모습의 전형이라고 할 이 이집트 신이 악귀 같았을 것이다(그림 18). 이는 문화적으로 결정되는 무의식적 반응의 영역이다. 아시아와 인도 신들에 대해 서구 그리스도교도가 보이는 전형적인 반응은 왜곡된 것일 수 있다. 동양 문화에서 악으로부터 선을 수호하는 사나운 모습의 신들은 유럽인의 눈에 악귀로 보일 수 있다. 악마 및 악귀론 분야의 가장 박식한 학자인 제프리 버튼 러셀(Jeffrey Burton Russell)조차도 어떤 일본 신을 '악한' 악령으로 분류했는데, 사실 그 신은 악을 막아주는 수호신이다(그림 23). '보편적'이미지란 알고 보면 학자들이 만든 잘못된 가공물에 지나지 않는 것일 수 있다. 그렇다면 그리스도교도가 베스를 악귀로 오해했을 가능성도 크다. 때론 벌거벗고 있거나, 때로는 짧은 가죽옷(혹은 시리아식 킬트)을 입고 있는 베스는 헝클어진 머리칼, 튀어나온 입과 뻐드렁니, 꼬리, 동물의 귀, 수염 난 얼굴, 두꺼운 입술, 사탄과 비슷하게 삐져나와 있는 혀를 갖고 있다. 그는 원숭이나 뱀과 함께 있는 모습으로 흔히 나타나는데, 이것 역시 베스와 악을 동일시하는 추세에 불을 질렀을 것이다. 중세의 그리스도교도는 원숭이를 죄와 욕망의 상징으로 썼다. 그리고 악마가 원숭이 모습으로 나타나는 경우가 많다고도 전한다. 오텡에 있는 로마네스크식 성당인 생라자르의 주두부에 새겨져 있는, 모세와 싸우는 사나운 악마는 어마어마한 불꽃 같은 머리칼에 머리띠를 하고 있다(그림 20). 그 머리띠는 분명 그리스나 로마 신에게서 유래한 것이 아니다. 그런데

그림 20 베스(Bes) 비슷한 모습의 악마가 "모세와 황금 송아지"를 묘사하는 기둥 주두부 조각에 새겨져 있다. 12세기 초반, 오텡의 생라자르 수도원 성당.

그림 18에서와 같이 베스는 타조 깃털이 달린 머리띠를 하고 있는 경우가 많다. 만약 그 깃털이 불타오르는 머리칼로 오해될 수 있다는 데 동의할 수 있다면, 생라자르의 주두부에 있는 악마는 바로 베스의 모습이다.

무례하게 보일 수도 있겠지만, 중세 미술에서는 배신자와 이단자가 흔히 혀를 길게 빼물고 희생자를 조롱하는 표정을 짓는 경우가 많은데, 때로는 악마도 그렇게 한다. 중세 미술에서 왕과 귀족들은 입을 거의 열지 않는 데 비해 악귀와 하급 인물들은 입을 벌리고 있다.[36] 대부분의 중세 연구자들은 불쑥 내민 혀라는 모티프가 전적으로 그리스 고전의 고르곤(Gorgon)에서 온 것이라고 생각한다. 하지만 그것은 콥트교 수도승이 고르곤보다는 훨씬 더 자주 보았을 베스와 관련되는 것일 수 있다. 베스가 악마의 연원이라는 주장에 대한 한 가지 반박은 그에 대한 적절한 언급이 없다는 점이다. 하지만 팬이 악마로 변했다는 명확한 언급 역시 없기는 마찬가지이다. 고르곤의 주된 연원이 베스일 수도 있겠지만, 설령 그렇지 않다 하더라도 베스에게서 유래한 악마적인 특징을 고르곤이 강화시켰을 수 있다. 고르곤이 악마의 도상학에 미친 주된 영향은 그것이 지옥 입구의 모델이 되었다는 것인데, 그의 입에는 이빨이 있지만 베스의 입에는 없다.

부스스하거나 타오르는 것 같은 머리칼이 악마의 벌거벗음과 맞물린 것은 그가 문명 생활에서 추방되었다는 또 다른 징표이다. 악마의 이미지 가운데 가장 오래된 것 두 가지 가운데 하나인 타오르는 머리칼은 야성, 야수성, 힘에 대한 암시임과 동시에 악마의 명백한 특징이다(그림 14, 16). 하지만 벌거벗음의 경우에서도 그렇지만, 타오르는 것 같은 머리칼은 고전주의 예술에서도 그 예가 보인다. 예컨대 그리스와 로마 주화에 새겨진 초상은 악마의 머리와 비슷하게 타오르는 것 같은 부스스한 머리칼을 가진 경우가 많다(그림 21, 22). 일부 학자들은 그런 머리 스타

그림 21[좌] 타오르는 것 같은 머리칼을 한 팬. BC 360년경의 금은 합금주화에 새겨져 있다. 보스포러스 서쪽 해안에 있는 판티카파에움의 그리스 식민지에서 만들어진 것. 파리 국립도서관.
그림 22[우] 불타오르는 머리칼을 한 아폴로. BC 380년경의 4드라크마 주화에 새겨진 모습. 그리스 이오니아의 클라조메나에에서 만들어진 것. 파리 국립도서관.

일이 야만인들이 하고 있는 것 같은, 번질거리고 빗질되지 않은 머리 스타일에서 영감을 얻은 것이라고 주장한다.[37] 이 가정을 처음 내놓은 것은 가끔 사실을 조작하기도 하던 역사가 디오도로스(Diodoros)를 읽던 수도승들이었다. 디오도로스는 켈트족이 머리 타래를 뻣뻣하게 만들려고 석 횟물로 머리를 감았다고 하는데, 그 말이 사실이었을지도 모르지만 화가들이 그런 전문적인 자료에서 영향을 받았을 것 같지는 않다. 타오르는 것 같은 머리칼은 옛날부터 악마의 고유한 특징이었다. 그리스도교도 가운데서는 이런 머리 스타일을 한 사람을 한 명도 보지 못할 것이다. 하지만 선한 힘을 대표하는 동양 신들의 장식에는 이런 것이 있다. 악마의 불꽃 머리의 연원이 서구 이외 지역의 미술이라고는 생각하지 않지만 몇 가지 보기를 잠깐 살펴보면 도움이 될 것이다. 일본 최초의 수도였던 나라(奈良)에 있는 신야쿠시지(新藥師寺)라는 절에는 깨달음을 얻어 무지와 싸우는 부처 약사여래(藥師如來)를 모시고 있다. 이 좌불은 십이신장(十二神將)이 에워싸고 지켜준다. 이 절을 찾은 서구인들은 이런 여러 장수들이, 특히 메이키라 대장(迷企羅大將, 그림 23)이 악귀라고 생각할 것이다. 하지만 메이키라의 사나움은 악에 **반대**하는 사나움이므로 그의 불타는 머리칼은 악에 **대항**하는 분노를 나타낸다(전문 용어로는 분노형 [忿怒形]이라 한다). 이 십이신장 가운데 둘은 평상시에도 불타는 머리를 하고 있는데, 이는 염발(炎髮)이라 불리는 도상학적 특징으로 성립된 것이다. 불타는 머리칼을 가진 가장 전형적인 부처가 또한 가장 사납기도

그림 23 메이키라 대장(迷企羅大將). AD 8세기의 석회 조각. 신야쿠시지(新藥師寺), 나라, 일본.

하다. 즉, 명왕(明王)이 그렇다. 밀교(密敎)에 등장하는 이런 식의 날카로운 이빨과 무서운 용모를 가진 수호신들은 악에 대한 분노의 화신이다. 복잡하게 갈래가 나뉘는 도상학적 밀림에 들어가지 않더라도 우리는 인도의 바즈라(Vajra) 신들이 힌두식 미술품과 중국 당나라산 비단 무늬에서 불타는 붉은 머리를 한 모습으로 자주 나온다는 것을 지적할 수 있다.

상당한 흥미를 끄는 요점은 바로 이것인데, 즉 불타는 것 같은 머리칼은 그리스도교 미술에서는 악의 표시였지만 불교 미술에서는 악에 반대하는 분노로 야기된 엄청난 긴장감을 표현한다는 것이다.[38] 다음에 나오는 사례는 도상학 해석에 융(Jung)의 이론, 혹은 보편 이론을 적용하는 것이 사실을 밝혀주기보다는 더 복잡하게 만들 수도 있다는 증거이다. 프랑스의 악령학 전문가인 롤랑 빌뇌브(Roland Villeneuve)는 악에 맞서 싸우는 불교 수호신들의 불타는 머리와 로마네스크 악귀들이 가진 불타는 머리를 동일한 것으로 본다.[39] 우리가 가진 관심에 더 적절하게 연결되는 것은 불교 미술에 나오는 이 사납고 무서운 수호신들은 그리스도교 미술의 악귀와는 반대로 흔히 기억에 남을 만한 걸작품이라는 점이다. 그러한 예로, 일본 회화와 조각을 공부한 사람이라면 누구나 어떤 특정한 명왕에게서 깊은 인상을 받았던 기억을 쉽게 떠올릴 수 있을 것이다. 신야쿠시지의 신장인 메이키라, 또는 교토의 불교 사원에 있는 명왕들(대위덕[大威德], 군다리[軍茶利])을 한 번이라도 본 사람이라면 그런 이미지를 잊을 수 없을 것이다. 그러한 신성한 분노를 그린 화가들은 그에 대한 신심이 워낙 강했기 때문에, 모든 관객에게 각인될 만큼 억제할 수 없이 강렬한 분노를 구현하는 인물을 창조할 수 있었다.[40] 서양 쪽에서 불타는 머리칼을 지닌 악귀를 찾기는 쉽다. 그러나 중세의 악귀 가운데 초자연적 존재이면서도 힘을 조금이라도 가지고 있는 경우는 발견하기 힘들다.

지옥에 있는 악마는 대개 날개가 없지만 천국에서 내던져졌을 때나 미카엘과 싸울 때는 틀림없이 날개를 갖고 있었다. 9세기 이후 13세기에 이르기까지 사탄과 그의 악귀들은 비록 끝부분이 검고 짧아진, 그리고 누더기가 된 것이기는 하지만 천사처럼 깃털 달린 날개를 갖고 있었다. 14세기쯤이 되면 악마는 박쥐처럼 뼈대가 있는 검은 날개를 갖게 되고, 깃털 달린 날개를 가진 악마는 사라진다. 검은 박쥐 날개는 물론 새하얀 혹은 아름답게 채색된 천사들의 깃털 달린 가벼운 날개와 더 극적인 대조를 이룬다. 이러한 변화가 정확하게 언제 일어났는지를 밝히기는 쉽지 않다. 유르기스 발트루사이티스(Jurgis Baltrusaitis)는 이런 변화가 날개 달린 중국 악령의 영향을 받은 것이며, 그런 날개에는 뼈대가 들어 있는 경우도 있었다고 주장했다.[41] 그에 의하면 1307년경 교황 클레멘스(Clemens) 5세는 프란치스코파의 조반니 몬테코르비노(Giovanni Montecorvino)를 북경 대주교로 임명했으며, 파레망 드 나르본(Parement de Narbonne)의 장인들이 그린 1375년의 제단화에는 십자가 처형 장면을 바라보고 있는 사람들 가운데 중국인 관리가 있다고 한다. 또한 네스토리우스 교단*은 서구와 직접 접촉하기도 했다. 그렇지만 13세기가 끝나갈 무렵의 중세 화가들이 중국 그림을 과연 몇 개나 볼 수 있었을까? 나는 이것이 포괄적 전파주의의 또 다른 사례이며 이런 주장은 좀더 신중하게 검토되어야 한다고 생각한다.

단테가 루시퍼를 묘사하는 「지옥」편의 마지막 칸토에는 거대하게 활짝 펼쳐진 루시퍼의 두 날개 — "깃털이 달리지 않고 박쥐의 것과 비슷

---

* 5세기의 콘스탄티노플 대주교인 네스토리우스의 교리를 따르는 교파. 431년 에페소스공의회에서 이단으로 선고된 후 페르시아를 거쳐 중국으로 들어가 선교 활동을 함. 중국에서는 경교(景敎)라는 이름으로 활동.

한"(49~50행) — 가 세밀히 묘사되고 있다. 박쥐 날개 같이 생겼다는 점을 은연중에 강조하는 것을 보면 단테의 시절에도 악마 날개라면 여전히 깃털 달린 날개가 전형으로 간주되었음을 짐작할 수 있다. 한 가지 결정적인 이유만 아니라면 박쥐 날개처럼 생긴 악마 날개가 단테의 창작이라고 생각할 수도 있을 것이다. 단테가 「지옥」편을 쓰기 시작한 것은 아마 1307년이었을 테고 완성은 약 7년 뒤의 일이었다. 하지만 조토가 아시시에 있는 성프란체스코 프레스코화를 완성한 것은 1300년이 되기 **전**이었을 텐데, 「연옥」편에 조토의 인기에 대한 말이 나오는 것으로 볼 때(11칸토 95행), 단테가 그 그림을 본 것은 아마 틀림없으리라고 생각된다. 이 프레스코화 가운데 하나에 나오는 하늘을 날아다니는 악귀들은 박쥐 날개를 갖고 있다. 단테와 조토 둘 다 중국 그림을 보았을 가능성도 완전히 배제할 수는 없으며, 악령의 박쥐 날개에 영감을 받아 즉시 그 이미지를 차용했을 수도 있다. 하지만 나는 오컴의 면도날의 원칙**을 따라, 조토가 그린 박쥐 날개의 연원이 중국 그림보다는 화가 자신의 고유한 상상력의 소산이라고 보는 편을 택하겠다. 이렇게 보더라도 그리 놀랄 일은 아닌 것이, 조토의 업적은 기교에만 그치는 것이 아니라 도상학 분야에서의 강력한 혁신을 포함하는 것이기 때문이다. 레오 스타인버그는 십자가에 박힌 그리스도에게 얇은 허리두르개를 입힌 것이 조토 및 시에나 출신의 동시대인인 두초(Duccio)였다는 사실을 지적한 바 있다.[42] 그리고 파도바(Padova)의 아레나 성당에 있는 〈동방박사의 경배〉(Adoration of the Magi, 1304)에 일반적으로 전형화되어 있던 베들레헴의 별이 아니라 혜성을 사실적으로 그린 최초의 화가가 바로 조토였다. 그러한 사실적인 묘사는 틀림없이 이 화가가 1301년에 핼리 혜성을 직접 보았기 때

** 엄밀하지 않은 가정은 세우지 않는다는 의미.

문에 가능했을 것이다.⁴³ 일부 학자들은 마리아의 그림에서 왼쪽 귀에 사마귀가 하나 나 있는 것을 보면 반사적으로 이렇게 질문한다. 저것의 기원은 어디에 있는가? 특히 2급이나 3급의 화가와 저술가들의 경우에는 그 원본을 찾아야 의미가 밝혀진다. 예를 들면 「라불라 복음서」(The Rabbula Gospel)*의 승천도는 그려진 지 500년이 지난 지금도 피렌체에서 복제되고 있다. 하지만 어떤 작품의 기원은 그 작품 그 자체일 뿐 달리 원본이 없는데, 조토가 그린 박쥐 날개의 악귀는 이러한 경우의 구체적인 증거 사례인 듯하다.⁴⁴

오늘날의 악마는 갈라진 발굽을 가지고 있는 경우가 많지만, 중세의 악마는 발굽 대신 거의가 구부러진 발톱을 가지고 있었다. 발굽은 앞에서 보았듯이 팬에게서 유래한 것이며, 발톱은 사산조 미술에 의해 전달된 다양한 종류의 동물이나 하피(Happy)**에게서 유래한 것이다. 대부분의 경우 악마는 꼬챙이를 갖고 다니는데, 그것은 대개 간수들이 쓰는 갈고리창 같은 것이다.

지금까지 우리는 악마의 시각적 특징으로 알려진 몇 가지의 기원을 회화와 조각을 통해 살펴보았다. 하지만 악마가 어떤 모습을 하고 있는지는 과거의 시각적 전통과는 아무런 상관이 없기가 쉽다. 우리 자신의 눈으로 보았을 때 받는 충격이 다른 어떤 것들보다 더 생생하다. 사람들이 꿈에서 본 악마가 아니라 무대에서 본 악마의 모습이 그림 속 악마 형태와 용도의 중요한 연원이 된 것도 아마 이 때문일 것이다. 새로 즉위한 루이 11세가 1461년에 투르 시를 방문했을 때 그를 대접하는 일정에 신비극 상연이 포함되어 있었는데, 공연의 수준을 높이기 위해 시당국은

---

* 586년에 제작된 채식사본의 하나. 피렌체 라우렌치아나 도서관.
** 그리스 신화에 나오는 여자 얼굴을 한 새.

장 푸케(Jean Fouquet: 1420~1481)***에게 보수를 지불하고 연출을 부탁했다. 일반적으로 푸케는 연극 전문가가 아니라 화가로 알려져 있다. 사실 그는 자크 칼로(Jacques Callot: 1592~1635)****나 디에고 벨라스케스(Diego Velázquez: 1599~1660)처럼 자신이 보는 세계를 개인적인 시각이나 열정에 좌우됨이 없이 지극히 정확하게 기록하는 보기 드문 재능을 지닌 예술가였다. 랭부르 형제의 채식(彩飾)에서 빛나고 있는 우아하고 귀족적인 특별한 분위기라든가(엄밀함까지도), 미켈란젤로에게서 금방 눈에 띄는 개성 같은 것을 푸케가 그린 『에티엔 슈발리에의 성무일도서』(Hours of Etienne Chevalier, 1445)에서 찾아볼 수는 없다. 하지만 성당이 어떤 식으로 건설되었는지, 그의 시절에 실내가 어떤 모습이었는지, 목수들이 어떤 도구를 썼는지 하는 것은 정확하게 알아 볼 수 있다. 푸케가 〈신자들 사이에 강림하시는 성령〉(Descent of the Holy Ghost among the Faithfuls)이라는 제목의 작품에 지금껏 알려져 있는 것으로 최초의 파리 지형도를 그려 넣은 것은 그 전형적인 방식을 보여주는 사례이다. 푸케는 때로 공간과 전망을 마치 현대의 어안(魚眼) 렌즈를 통해 그림을 보는 것처럼 보여줄 때도 있다. 〈성 마틴과 거지〉(St Martin and the Beggar)가 그 좋은 예이며, 〈성 아폴리나의 순교〉(Martyrdom of St Apollina)도 그러하다(두 작품 모두 『에티엔 슈발리에의 성무일도서』에 들어 있다). 두 번째 작품은 신비극과의 연관성 때문에 우리에게는 특히 중요하다. 푸케의 그림이 갖는 여러 측면들, 예컨대 깊숙한 원근법 같은 것은 신비극이 상연되는 방식으로부터 영향 받았다. 〈성 아폴리나의 순교〉는 아예 신비극의 한 장면이라고도 할 수 있는데(그림 40), 세 가지 이유에서 이 주

*** 15세기 최대의 프랑스 궁정화가.
**** 프랑스의 동판화가. 고야에게 영향을 미침.

장은 타당하다. 우선 그것을 그린 사람이 푸케이니 그 장면은 틀림없이 정확하게 묘사되었을 것이고, 둘째로 중세 연극의 상연이 광범위하고 정교하며 상대적으로 사실주의적이었다는 점(자료적 증거도 이 사실을 뒷받침한다), 마지막으로 지옥의 입과 악마, 그리고 뿔이 달린 동물 얼굴을 하고 털북숭이 몸뚱이를 가진 악귀들이 나온다는 것이 그 이유이다.

최후의 심판에 등장하는 악마의 주된 이미지는 상류 계급의 문화나 끝없는 논란이 벌어지는 학계에서 온 것도 아니며, 고전시대의 석관이나 팬, 교황의 발표문, 수도승의 명상에서 온 것도 아니다. 주요한 시각적 자료는 화가와 조각가들이 직접 신비극에서 본 악마였다. 악마의 대중적인 시각 이미지는 엘리트 문화가 대중문화 속에 대응점을 가진다는 미하일 바흐친(Mikhail Bakhtin)의 탁월한 통찰을 보여주는 한 예다. 신비극에서 악마가 입었던 중세 의상이 빠르게는 1150년의 「윈체스터 시편」에서 이미 악마의 표상에 영향을 주고 있다.

10세기와 13세기 사이에 성직자들은 전례극을 가끔은 혹평하고 가끔은 찬양했다. 누락된 부분이 상당하기는 하지만 앞에서 언급된 「아담의 신비극」의 대본이 현재까지 전해지는데, 그것은 라틴어가 아니라 앵글로노르만어로 쓰어져 있다. 그 대본은 1125년경에 쓰어졌으며 야외 공연용이었다. 방대한 무대 지시를 따르고 함축적인 극장 효과를 내려면 푸케의 시대인 15세기 중반의 것과 비슷한 무대와 의상을 필요로 했을 것이다. 그 400년 전에는 현존하는 전례극 중 제일 오래된, 지옥의 정복을 주제로 한 단편적인 '오라토리오'가 있었다. 그것이 어떤 식으로 상연되었는지는 알 수 없지만 이 초기의 연극에 등장하는 인물 가운데는 악마도 있었으리라는 점은 짐작이 가능하다. 발톱과 짐승 털을 가진 악귀들은 아마 10세기 이전부터 이미 세속적 연극에 등장했을 것이다. 「아담의 신비극」은 악마나 악령들의 의상을 구체적으로 지시하지 않았는데, 이는 아마 전통적 의상이 이미 존재하고 있었기 때문일 것이다. 물론 중세의 공연에는, 특히 신비극 연작에는 섬세한 장치와 효과, 그리고 조직적인 규모가 더해졌을 것이다. 하지만 「아담의 신비극」에서 보는 것 같이 정교해진 연출법은 악마의 의상을 포함하는 전례극이 1100년 이전에 확실히 상연되었음을 입증해 준다.

 신비극에서 사용된 악마의 의상이 사탄의 얼굴과 형태를 결정하는 제일 중요한 연원이었으리라는 발상은 상당한 타당성을 가진다. 「윈체스터 시편」에 나오는 저주받은 사람의 고통과 그리스도의 두 가지 유혹 장면을 보면 이런 악귀들이 무대의상 같은 것을 걸치고 있는 모습이 보인다. 예수의 오른편에 있는 악마의 경우(그림 50, 꼭대기 줄)와 뿔 달린 짐승 가면을 쓰고 아랫도리에 뭔가를 두른 채 지옥의 꼭대기 줄에 있는 중간 악귀(그림 52)의 경우가 특히 그러하다. 비슷한 정도의 중요도와 설득력을 갖는 것은 유명한 『포벨 이야기』(Roman de Fauvel, 파리, 국립도서관)*에 실린 음유시인 무리를 그린 1320년경의 삽화이다. 그 묘하고도 특이한 작품에서 우리는 악마를 구성하는 요소들, 다시 말해 짐승처럼 털이 난 몸뚱이와 뿔 달린 머리, 불타는 것 같은 머리칼, 커다란 귀, 또 야만인(중간 줄의 왼쪽 끝)을 본다. 1400년대의 『르노 드 몽탕방』(Renaud de Montanban)에는 악귀의 털북숭이 의상으로 갈아입고 막 악귀 머리를 뒤집어쓰려 하는 기사역의 배우가 그려진 삽화가 있는데, 이는 『포벨 이야기』의 삽화에 그려진 순회극단의 배우가 하고 있는 차림새와 비슷하며, 「윈체스터 시편」의 고문 받는 죄인들(그림 52, 아랫줄 맨 왼쪽) 중에

---

* 1300년대 초반 프랑스 대법관을 지낸 제르베 드 뷔(Gervais de Bus)가 쓴 두 부분으로 된 장시로 사회 풍자를 그 내용으로 하고 있다. 'fauvel'이라는 이름은 'flatérie, avarice, vilanie, variété, envie, lascheté'와 같은 중요한 덕목의 이니셜을 따서 지은 것이다. 이 장시는 대단한 인기를 얻어 아르스 노바 풍의 곡이 붙여지기도 했다.

있는 악귀의 모습과도 비슷하다. 그 악귀는 기사역의 배우와 비슷한 종류의 긴 갈고리를 들고 있다. 1347년에서 1348년 사이의 영국 왕 에드워드(Edward) 3세의 의상 기록에는 엄청난 양의 가면과 두상 목록이 보이는데, 그 가운데는 용머리, 박쥐 날개가 달린 인간 두상, 열 개가 넘는 용머리 가면이 있다. 1547년에 제작된 유명한 『카이요 채식사본』(Cailleau illustrated manuscript, 파리 국립도서관, MS 12536, fol. 2v)에는 그로테스크한 악귀로 변장한 배우들이 지옥의 입에서 나오고 있고 지옥 안의 가마솥에서는 죄인들이 삶아지는 그림이 있다. 이런 것들을 화가가 순전한 상상을 바탕으로 그렸다기보다는 무대에서 공연되던 장면을 참조했다고 보는 게 타당할 것이다.

에밀 말(Emile Mâle)의 독창적인 연구 덕분에 중세 연극이 회화와 조각에 영향을 미쳤다는 것이 정설로 확립되었지만 아직도, 예를 들면 그리스도교 도상학의 원로인 루이 레오(Louis Réau) 같은 사람들이 문제 삼는 구체적인 사항들, 그러니까 연대나 상호간의 영향 관계 같은 것들에 관해서는 논란이 계속되고 있다. 때로는 회화가 연극의 장식과 의상에 영향을 주기도 했다는 것이 레오의 주장인데, 이는 올바른 지적이다. "회화와 조각이 의상에 영향을 미쳤다고 말할 수는 없는가?" 물론 일부 의상의 세부 사항은 회화 전통에서 유래했다. 또한 성서 텍스트에서 온 것도 있다. 「로마서」 16장 18절과 「빌립보서」 3장 19절에서 바울은 분란을 일으키는 이단자들, 즉 "우리 주 그리스도가 아니라 자기 배를 섬기는 사람들"에 대해 이야기한다. 얼굴이 자기 배나 무릎에 붙어 있는 악귀의 그로테스크한 이미지(그림 55)가 여러 세기 동안 숱하게 만들어지게 되는 배경이 바로 여기에 있다. 중세 연극의 연구자인 글린 위컴(Glynne Wickham)은 신비극의 승천 장면에 등장하는 구름 기계가 회화의 만도를라(mandorla)*로부터 영향을 받았다고 보는데, 그의 의견은 아마 옳을 것이다. 하지만 우리는 좀더 신중해야 한다. 왜냐하면 시각적 매체가 연극에 영향을 주었고 연극이 시각적 매체에 영향을 주었으며 서로간에 상호작용이 있었다는 주장에 동의하기는 쉽지만 그렇다고 새로운 사실이 밝혀지는 것은 아니다. 중요한 것은 구체적 사례들이다. 그리고 최후의 심판에 나오는 지슬베르(Gislebertus: 생몰 연대 미상)**의 악귀들이 옷을 입고 있지 않으며(그림 46), 소리게롤라의 악귀는 한 번도 무대에 등장하지 않았지만(그림 34), 「윈체스터 시편」에 나오는 악귀는 의상을 입고 있다는 사실도 볼 수 있다. 프라 안젤리코의 지옥에서 이루어지는 구분은 아마 신비극에서 시작되었을 것이며(그림 6), 『비스콘티의 성무일도서』(Visconti Book of Hours)에서 천사 한 명의 인도를 받아 이 집 저 집 다니면서 이집트에 질병을 퍼뜨리는 악마(그림 36) 역시 그러하고, 그 악마에 관련된 모든 세부 사항이 신비극의 의상으로부터 영향 받았다는 것은 거의 틀림없다. 『에티엔 슈발리에의 성무일도서』에서 성 베르나르를 방해하는 푸케의 악마는 의상을 입고 있으며, 어떤 채식사본에는 북을 가진 악귀들이 샤를마뉴에게 도전하는 모습이 그려져 있다(그림 24). 그리고 죄인들을 지옥의 입구로 데리고 가는 악귀의 일반적인 모습도 마찬가지이다(샤르트르 대성당에 있는 〈최후의 심판〉에서와 같이). 12세기에서 15세기 사이에 만들어진 작품들을 이렇게 구체적으로 해석하는 것이 타당하다면, 악마의 외모가 어디에서 비롯되었는지를 알려고 할 때 가장 중요한 점은 화가가 무대에서 무엇을 보았는가 하는 것이다.

악마의 특징을 도표로 작성하는 것은 간단한 일이겠지만 그렇게 하다 보면 역사적 맥락에서 멀어질 위험이 있다. 결정적인 것은 맥락이다. 구

---

* 성인의 전신을 에워싸는 것처럼 그려지는 타원형의 빛.
** 12세기에 활동한 프랑스 조각가. 오텡의 생라자르 성당 팀파눔을 조각했으며, 클뤼니 수도원, 라마들렌 성당에서도 작업했다.

그림 24 악귀로 위장한 사라센인들이 샤를마뉴의 군대를 괴롭히고 있다. 14세기의 *Grandes Chroniques de France*에 실린 것. 파리 국립도서관(MS 2813, fol. 119).

체적 상황 속의 악마를 생각하기 전에, 간략하게 앞서의 이야기를 되돌아본 후 몇 가지 패턴을 역사적 맥락에서 확인해 보도록 하자. 예술에서의 악마의 기능과 역할, 그리고 그 이름은 5세기의 신학에서 유래한다. 그의 얼굴과 형태의 기원은 헬레니즘(오시리스와 베스처럼 수입된 신들도 포함하여)과 전례극에 있다. 대략 말하자면 그 다음에는 악마가 어떤 식으로 등장하느냐 하는 문제가 이어진다. 최초의 그리스도교 회화는 로마의 카타콤에 그려졌지만 거기에는 악마가 없다. 학자들은 6세기 전에는 악마가 그려지지 않았다는 사실에 곤혹스러워한다.[45] 내가 보기에는 9세기 이전까지도 악마 그림은 없었다. 나는 그 이유가 두 가지라고 생각한다. 악마를 둘러싼 이론적 혼란이 그 하나이고, 확연한 그리스도교적인 미술 형태와 모티프가 그리스 고전의 영향으로부터 벗어나 독자적으로 성립해 가던 시기에 사용 가능한 회화적 모델이 부재했거나 부족했다는 것이 두 번째 이유다. 500년에서 800년 사이에는 그리스도교 미술 형태가 만개했지만 여전히 악마를 묘사한 작품은 없다(일부 학자들이 악마를 묘사한 것이라고 주장하는, 악령 쫓는 장면이 몇 개 있고, 이 책에서 논의될 라벤나 모자이크[그림 41]가 하나 있기는 하지만).[46] 9세기가 되면 악마는 팬의 얼굴과 원시인의 치마를 입고, 또 천국에서 축출된 더러워진 영혼으로(그림 38), 대개는 용의 모습으로(그림 71) 처음 등장한다. 루시퍼가 천사로서(용이 아니라) 하늘에서 내던져졌을 때는 대개 벌거벗은 상태였고(아니면 원시인의 짧은 옷을 입고 있었고), 불타는 머리칼을 한 비참한 모습이었다.

지옥의 지배자로서의 악마(그림 30, 59)는 9세기에 나타난 최초의 악귀와 회화상으로는 무관하다. 자기 왕국에 있는 악마는 일반적으로 뚱뚱하고 벌거벗고 추악하며 검은 고릴라 같은 존재이며, 레오 교황이 말한 "더러움의 시궁창" 그 자체이다. 지옥의 지배자는 흔히 날개도 뿔도, 발굽이나 꼬리도 없다. 12세기에서 13세기가 지나면서 악마는 뿔과 발굽(혹은 발톱), 꼬리와 갈고리를 얻었다. 날개는 본래 없는 경우가 많았고, 있다 해도 천사 날개를 달고 있었지만 14세기에 가서는 상황이 변하여 박쥐 날개를 달게 되었다. 최후의 심판에서 축복받은 자와 저주받은 자가 분리되는 장면에 등장하는 악마는, 로마네스크 작품에서는 털북숭이 원시인이며 고딕 작품에서는 인간의 몸뚱이에 상스러운 얼굴을 한 벌거벗은 존재로 그려진다(그림 55). 지옥의 왕이라는 점에서는 거의 변화가 없지만 그의 형태와 기능은 간혹 단테가 쓴 글에 영향을 받기도 한다. 박쥐 날개와 뿔을 갖고 있을 때가 많고, 죄인 동료들을 열심히 집어삼키고 정화하는(그림 5, 57) 그는 고딕 시대와 르네상스 시대의 최후의 심판에서도 여전히 그로테스크한 괴물로 나타난다.

이와는 다른 주제가 15세기에 시작되어 16세기에는 완전히 개화하게 된다. 반란천사라는 주제가 바로 그것이다. 이제 악마는 점점 더 인간적이 되어 나중에는 적대자인 미카엘과 구별하기 힘들 정도가 된다. 고질라 같은 악마의 이미지 — 축복받은 자와 저주받은 자를 갈라놓는 역할을 하는 악마로 대개 완화되는데 — 는 17세기에 들어가서도 여전히 존속한다(특히 마법이라는 이미지로). 루시퍼 대 미카엘이라는 또 다른 주제는 낭만주의 시대에도 이어지며, 영웅적인 사탄을 그린 블레이크의 수채화와 판화 및 괴테의 『파우스트』에 삽화로 실린 들라크루아의 석판화가 그런 사례에 포함된다.

악마를 어디서 찾을 수 있는가?

우리는 악마를 아홉 가지 모티프를 통해 찾을 수 있다. 첫 두 개가 가장 중요하며, 나머지는 그의 소소한 부하들에 관련된다. 1) 묵시록(그 일부분이 반란천사 모티프가 된다). 2) 최후의 심판(리바이어던[Leviathan] 같이 생긴 지옥 입구). 3) 예수의 유혹. 4) 지옥의 정복. 5) 테오필루스의 이야기. 6) 욥에 대한 유혹. 7) 에덴동산. 8) 안토니우스 대수도원장에 대한 악귀들의 공격과 유혹. 9) 언제 어디서나 대기 상태에 있는 악귀들의 유혹.

13세기 초반 리샬름(Richalm)이라는 어느 시토회 수도원장은 중세학자인 쿨턴이 "가장 완벽한 중세 악령학의 교본"이라고 부른 것, 즉 미생물 악마에 대한 표준 설명서를 썼다. 리샬름은 이렇게 불평했다. "악귀는 내가 일할 때 숨을 가쁘게 한다. 기분을 심하게 고조시켜 웃음을 터뜨리게 만드는 것도 악귀이다. 또 합창에 열중할 때 심한 콧소리나 기침이 나게 만들고 재채기하고 침을 튀게 만드는 것도 그들의 소행이다." 악귀들은 심지어 리샬름이 독서하는 것도 방해했다. 그를 졸리게 만들고, 손을 차게 식혀 졸음을 쫓으려고 하면 악귀들은 그의 손을 도로 따뜻하게 만들었다. 리샬름이 어떤 고통을 겪든 모든 것은 악귀 탓이었다.

보라, 나는 지금 기침과 복부팽만으로 고생하고 있다. 이것은 그들의 소행이다. 최근에 나는 포도주를 약간 마셨는데, 우연히도 그 이후로 이 복부팽만과 급작스런 통증이 발생했다. 그들은 내가 포도주를 그만 마시게 하려는 모양이다. 하지만 포도주가 내 몸에 좋다는데……. 악귀들은 땅콩을 싫어하게 만들려고 소동을 부리곤 한다. 거친 내 목소리가 땅콩 때문이라고 믿도록 말이다. …… "정말로 (리샬름의 제자가 말한다 – 인용자) 원장님의 배인지 목구멍인지 어딘가가 불편하여 나는 것 같은 괴상한 소리가 들립니다." (리샬름이 설명한다 – 인용자) 그게 아니다. 이건 악귀의 소리다. 네가 생각하는 것과는 다르다." "하지만 (제자가 대답한다 – 인용자) 그 소리의 성질을 고려하건대 원장님 말씀은 믿기가 어렵군요."[47]

수도승은 다른 사람의 악령을, 마치 감기를 낫게 하듯이, 잡을 수가 있다. "병원에 함께 있을 때 나 자신이 윌리엄 수도사에게서 그것들을 잡아냈다. 그들은 그를 떠나서 내게 달라붙었다. 내 귀에 그것들 소리가 들린다."라고 리샬름은 주장했다. "새 소리에서, 그리고 수도원 회랑의 웅덩이로 '첨벙' 하고 떨어지는 소리에서도 들린다." 악마는 단지 사회집단에 있는 미생물일 뿐만이 아니라 리샬름 수도사의 소화 기관에 있으면서 가스를 통제하기도 한다. 15세기 중반까지는 미생물의 특징을 갖는 악마가 압도적으로 많았다. 나는 이 그룹을 대체로 무시하려 한다. 왜냐하면 이들은 워낙 하찮은 존재이며, 복부팽만을 일으키는 데 몰두하는 자가 신의 적대자라고 상상하기는 힘들기 때문이다. 에덴(모티프 7) 역시 별 중요한 내용이 없는데, 그 이유는 설령 어쩌다가 인간의 머리(대개 여자의 머리일 가능성이 크지만)를 갖게 되었다 하더라도 뱀은 어쨌든 뱀이기 때문이다.

성 안토니우스의 이야기와 관련해서는 몇몇 흉측한 괴물이 만들어졌지만 이런 악귀들은 악마의 부하이고 그 어느 것도 악마 그 자체와 동일시될 수 없다. 욥에 대한 유혹(모티프 6)에서 악마는 전형적으로 아주 작고, 신에게 위협이 되기에는 너무나 하찮은 존재여서 파리가 인간에게 미치는 위험 정도밖에는 되지 못한다(그림 33). 조각에는 몇 가지 예외가 있는데, 그 가운데 가장 강력한 것은 사악함을 다룬 13세기의 걸작인 샤르트르 성당 북쪽 현관에 있는 악마 조각이다. 여기에서 이 강적은 보기 드물 정도로 큰 승리감을 느끼고 있다. 이 장면을 보면 악마가 신의 통제 아래에 놓였다는 느낌은 거의 받을 수 없다. 특히 그가 천국을 향해 위로, 마치 도전하듯이 쳐다보고 있으니 더욱 그러하다(그림 25). 자기가 불공정하게 대접받고 있다는 생각 때문에 악마와 계약을 맺은 수도사인 테오필루스(모티프 5)의 이야기는 파우스트 이야기의 선배인 것 같다. 하지

그림 25 "욥과 악마", 1200~1230년경. 샤르트르의 노트르담 성당 북쪽 현관의 오른쪽 기둥 사이 부분.

만 이것은 사실 동정녀 마리아를 찬미하기 위한 이야기이다. 마리아의 자비심이 불쌍한 수도사를 구원했으니 말이다. 원래는 6세기 말엽 그리스어로 씌어진 이 이야기는 라틴어본으로 널리 알려졌으며, 1100년 이후에는 유럽 전역에 퍼졌다. 이 이야기는 연극으로 상연되기도 했는데, 파리의 노트르담에 만들어진 조각은 아마 이 연극의 한 장면에서 따온 것으로 보인다.

신파조의 이야기인 지옥의 정복(모티프 4)은 널리 삽화로 그려졌고, 여러 세기 동안 신비극에서 인기 있는 주제로 채택되었다. 하지만 성서에는 그런 이야기가 없다. 3세기의 니코데무스(Nicodemus)가 제시한 원래 설명에서 지옥은 인격화되어 지배자가 되어 있고, 사탄은 예수와 싸우기 위해 지옥 밖으로 파견된 영주이다. 예상할 수 있는 일이지만 사탄은 임무를 달성하지 못한다. 예수는 죽음을 딛고 서며 사탄을 족쇄에 채우고, 지옥의 왕국을 정복하고 죄수를 풀어준다. 이해할 수 있는 일이지만, 지옥은 예수를 죽게 한 사탄을 꾸짖고 그 벌로 아담과 그 자녀들 대신에 지옥의 지배에 영원토록 놓이도록 했다. (마치 사탄이 아담을 대신해 갇히고 그를 구원한 것 같기도 하다. 일종의 블랙유머식 보속인 셈이다.) 승자인 예수는 지옥의 문을 쳐부수거나, 입구의 턱을 벌려 죄수를 풀어준다. 이 드라마에서 사탄은 족쇄에 묶인다. 그는 단지 거기 누워 사슬에 묶인 사나운 개처럼 울부짖고 몸을 비틀 뿐이다.

역시 「묵시록」(모티프 1)에서 발견되는 지옥의 입과 최후의 심판(모티프 2)은 강력한 상징이며, 시각적이고 문학적인 근거에서 유래한다. 회화 분야에서 찾을 수 있는 주된 근거는 저주받은 자를 삼키는 자로서 악어 같은 턱을 가진 이집트의 아미트(Ammit), 고전에 등장하는 하데스의 문, 고르곤의 입 등인데, 아마 마지막 것의 영향력이 셋 중에서 가장 컸을 것이다. 주요 문학적 근거로는 「욥기」에 나오는 리바이어던*에 대한 묘사, 열쇠를 들고 악마를 바닥없는 구덩이에 가두는 「요한 계시록」에 나오는 천사에 대한 설명, 하데스를 지칭하는 것으로 해석된 수많은 성서 참조문들이 있다. 반란천사를 지옥으로 내던지고 심판의 날이 올 때까지 그들을 영원한 사슬과 어둠 속에 가두는 신의 묘사(「유다서」와 「베드로 2서」에 있는 에녹의 이야기에서 도출된 것) 역시 지옥의 입과 함께 그려진다. 이것은 자체의 의지를 가지고 있으며 악마와는 별개인 어떤 힘, 혹은 그저 신이 악마를 넣어 두는 그릇이거나 악마의 도구일 수도 있다. 지옥의 입이 가진 신학적 의미는 하나뿐일지도 모르지만, 그것의 변형태 세 가지에는 회화적인 차이가 있다. 첫 번째 변형태는 지옥의 정복에서, 두 번째는 묵시록에서, 세 번째는 최후의 심판에서 찾을 수 있다. 지옥의 정복에서, 지옥은 사탄이 말썽의 근원이라고 여긴다. 사탄은 지옥을 통제하지 못하며, 그리스도가 덫에 걸린 영혼들을 내놓으라고 지옥의 입에 강요할 때 이 사실이 강조된다. 지옥이 의식을 갖고 있다는 바로 그 점 때문에 신비극의 저자들은 이 변형태를 더 좋아했다. 지옥은 말을 하고 사탄과 논쟁을 벌이고 그리스도가 나타난 것에 대해 사탄을 꾸짖는다. "네가 무슨 짓을 했는지 보란 말이야. 이 바보 천치야!" 첫 번째와 세 번째 변형태가 그저 큰 턱에 불과하거나, 악마와 별개적인 힘인 데 비해 두 번째 변형태는 고대의 상징적 형태에서 도출된 것이다. 만약 삼차원의 가면을 뒤쪽으로부터 둘로 쪼개면(앞면에는 피부만 남기고) 그리고 뒤로부터 앞쪽을 향해 열려 평평해진다면 추상적인 기하학적 디자인이 만들어진다(중국 주 왕조의 청동 그릇에 그려져 있는 도철[饕餮] 가면이 그런 예이다). 이 독특한 패턴은 또 사자머리를 한 인도의 악령 키르티무카(Kirttimukha: 영광의 얼굴)에서도 발견되는데, 알렉산드리아를 통해

---

* 거대한 바다 괴물.

그림 26 "한 천사가 지옥문을 잠그다", *Winchester Psalter*, 1150년. 대영도서관(Cotton Nero MS C iv, fol. 39r), 런던. 대칭적인 지옥입구는 지옥문을 잠그는 천사라는 전형적인 모티프의 가면으로 되어 있다. 이 시편은 아마 성 스위딘의 소 수도원이나 하이드 소 수도원에 있던 윈체스터의 주교 블루아의 헨리(Henry of Blois)를 위해 만들어졌을 것이다.

전파된 것일 수 있다. 그러나 몇몇 학자들은 고르곤이 이 변이형의 주된 근거라고 주장한다.[48] 지옥의 정복에서는 지옥의 입이 열리고 사람들이 떠나지만, 「묵시록」에 나오는 지옥의 입은 죄인들과 털북숭이 악귀들을 안에 가두어 두는 천사에 의해 영원히 닫혀 있다(그림 26). 이 입에는 본질적으로 갈등이 없다. 그 악마는 우스운 모습으로 그려질 때가 많은데, 신학적으로 볼 때 궁정의 광대 같은 존재라 할 수 있으며 뒤러의 목판화에서도 절대로 우스갯거리 수준 이상이 되지 못한다. 이 악마도 지옥의 정복에 나오는 사탄만큼이나 구제불능이고 쓸모없는 존재라서, 신의 적대자가 되는 것은 애당초 불가능한 일이다.

세 번째 변형태 — 악마의 도구 — 인 최후의 심판에 나오는 리바이어던 같은 지옥의 입은 사탄이 내던지는 것을 받아들이는 강력하고 원초적인 힘을 가진 깊은 심연의 거주자이다. 가마솥더러 악하다고 할 수 없는 것처럼 이 지옥의 입도 악하다고 할 수 없다. 그것은 사탄이 사용하는 도구이며 최후의 심판 장면이라는 맥락에서 이해되어야 가장 타당하다. 아직 모티프 셋이 더 남아 있다. 묵시록(1), 최후의 심판(2), 예수의 유혹(3)이 그것이다. 유혹은 예수와 적대자를 대비시키기에 딱 알맞은 모티프일 것 같다. 이것이 다루어진 사례가 별로 많지는 않지만 우리는 오텡 성당의 주두부와 「윈체스터 시편」을 꼼꼼하게 살펴보려 한다. 예수와 악마의 개인적인 갈등이라면 드라마틱한 장면처럼 보이겠지만, 화가들에게는 거의 영감을 주지 못했던 모양이다. 처음에는, 그러니까 9세기에는 악마가 가끔 인간의 모습을 하고 나타났다. 그러다가 곧 날개와 짐승의 발톱을 가진 그로테스크한 털북숭이의 모습으로 대체되었는데, 15세기에는 악마가 다시 가끔씩 인간의 모습으로 나타난다.[49] 악마를 그린 최초의 작품 가운데 하나는 9세기 초반에 그려진 것으로 「슈투트가르트 시편」에 나오는 유혹 장면이다(그림 14). 검은 날개가 달리고 벌거벗은 악귀 둘(어쩌면 동일한 사탄의 행동을 단계적으로 표현한 것인지도 모른다. 즉, 처음에는 예수를 유혹했다가 거부당하자 그로부터 달아나는 것일 수도 있다)이 왼쪽에서 그리스도를 유혹하며, 두 명의 천사는 그리스도가 구원해 주도록 운명지어진 세계를 들어올리고 있다. 이 책의 삽화 솜씨는 형편없는 수준인데, 가장 특이한 유혹 장면 가운데 하나를 묘사하고 있는 독일에서 만들어진 상아제 책표지(그림 27)와는 (고작 몇십 년 뒤에 만들어진 것이지만) 천양지차이다. 중앙부의 상아판은 첫 번째 유혹을 나타내는데, 사막에서 벌어져야 하는 사건인데도 무성한 나무가 중간에 보인다. 그리스도와 사탄은 그 모습과 키, 의상, 자세 등이 비슷하다. 외형적 차이로는 사탄은 맨발이며 예수는 샌들을 신고 있다는 것과, 사탄은 로마 군인의 짧은 겉옷을 입고 있는 데 반해 예수는 그리스도 교도가 입는 양털 겉옷을 입고 있다는 점이 있다. 갈등은 심리적인 차원에서 일어난다. "이 돌을 빵이 되게 하시오"라는 말(신약에서 사탄이 하는 유일한 말)은 악마가 강력하고 위협적이기 때문에 극적인 분위기를

그림 27 "그리스도의 유혹", 830~850년경. MS Barth를 위해 만들어진 상아제 책표지에 있는 것. 180, Ausst. 68. Stadts-und-Universitatsbibliothek, Frankfurt.

2장 악마는 어떤 모습인가? 127

띠며, 예수는 그에게 응수해야 한다. 그리고 그는 확신에 찬 몸짓으로 거절한다. 이 유혹 장면에는 고전주의의 영향이 나타나는데, 이런 재질로 만들어진 작품에서는 흔히 있는 일이다. 상아는 소소한 전례용 도구(pyxides)에서 막시밀리안 황제의 옥좌에 이르기까지 여러 가지 물건의 재료로 쓰였지만 가장 흔한 용도는 전례용 도구와 책표지였다. 두 폭 제단화(경첩 달린 한 쌍의 상아판)는 로마에서 집정관직이 폐지되는 6세기 중반까지는 집정관이 황제와 원로원에게 주던 전통적 선물이었다. 그리스도교 황제 치하에서 궁정 화가들은 이러한 집정관용 전례 도구를 계속 만들어냈으므로(비록 그리스도가 황제를 대체하는 경우가 많았지만) 다른 재질의 물건에서보다 상아제 작품에서 고전주의 영향이 더 강하게 나타나는 것도 의외의 일은 아니다. 그렇기는 하지만 지금 거론되는 작품이 포괄하는 정신적 범위는 흔히 볼 수 있는 것이 아니다. 대개 이러한 적대자들이 대면하는 장면이라면 회화적 수준에서의 상호작용이 티끌만큼도 없이 서로가 마주보기만 하므로 대부분 딱딱한 분위기이기가 쉽다(그림 50). 그들은 그저 상징일 뿐이다. 이것은 예수이고 저것은 사탄이다. 사탄은 예수를 유혹하고 있다. 악마를 예수에 대한 진지한 유혹자로 묘사한다는 것은 15세기까지 대부분의 화가들의 능력이나 상상력, 취향을 넘어서는 어떤 힘을 악마에게 부여해야 함을 의미했다.

묵시록과 최후의 심판이라는 거대한 주제에서 악마는 그저 털북숭이 장난꾼 이상의 존재가 되어야 했다. 이레나에우스(Irenaeus)는 마르키온(Marcion) 같은 영지주의자들을 공격하면서, 그들의 종교적 의례가 "사탄의 부추김을 받아 (신도들을 - 인용자) 신에게로 이끌어 다시 태어나게 하는 세례를 포기하고, 실제로 신앙 전체를 부정하도록 만드는 형식"이라고 비난했다.[50] 테르툴리아누스는 이단을 비난하면서 수사학적인 질문을 던졌다. "이단을 만드는 이런 구절들의 의미를 누가 해석하는가?

물론 악마이다. 그의 업무는 진리를 왜곡하는 것이며, 우상을 숭배하면서 신성한 성찬 형식까지도 모방한다."[51] 악마는 이단의 근원이며, (최소한 부분적으로는) 이에 대해 대응하는 것이 묵시록과 최후의 심판이 하는 공적인 기능이었다.

3장
이단과 지옥

악마

악마의 이중성과 모순성

저 혼자서 이단이 될 수는 없다. 이단이란 무엇이 정통인지를 규정하는 권위가 있어야 성립한다. 이런 사실을 염두에 둔다면 교회의 정통성이 자연스레 생긴 것이 아니라 대개 대안적 해석에 대한 대응으로부터 나왔다는 것이 그렇게 아이로니컬하게 생각되지는 않을 것이다. 물론 이 때의 대응이라는 것은 다른 해석을 이단이라고 불리게 하려는 것이었다. 이탈리아 역사학자인 모밀리아노(Momigliano)는 이교도 역사가와 그리스도교의 역사가를 비교하면서 우리가 다루는 주제 하나를 다음과 같이 예리하게 정리한 바 있다.

> 교회 조직의 역사는 일반적 역사와 다를 수밖에 없다. 왜냐하면 그것은 사도의 계승에 의해 보장되는 그리스도교 교회의 순수성을 더럽히려 애쓰는 악마에 대항하여 전개한 투쟁의 역사였기 때문이다.[1]

그리스도교가 이단을 만들어 낸 것은 아닐지도 모르지만 이들에 의해 이단이 인류 역사상 그 어느 때보다도 더 중요하게 된 것은 사실이다. 이단을 뜻하는 그리스어 'hairesein'은 상이한 철학들 중에서 무언가를 선택하는 행위를 가리키는 말이었고 그리스인, 유대인, 로마인들은 이 단어에 그 어떤 도덕적 함의도 부여하지 않았다. 그러나 신약에서 이 단어는 경멸적인 뉘앙스를 띠고 호전적인 자세를 갖추게 되었으며, 6세기가

그림 28 토르첼로의 산타마리아아순타에 있는 〈최후의 심판〉의 세부(그림 42 참조).

되면 '이단'은 위험스럽게도 악마에서 유래하여 그리스도교의 가르침과 어긋나게 된 교리를 뜻하게 된다. 이단에는 대략 두 종류가 있으니, 내적인 이단과 외적 이단이 그것이다. 역사적으로 교회는 1000년경까지는 내적 이단에 치중했고 그 이후에는 외적 이단에 치중했다.[2] 악마는 **외적** 이단(카타르파[Cathars]*의 교리 같은 것)에 대항하는 투쟁의 정점에 있는 최후의 심판을 표현하는 그리스도교적 우주에 조화롭게 포함되는 한 부분이다. 하지만 악마의 힘과 영역, 그리고 본성에 대한 정의가 내려진 것은 **내적** 이단(그리스도 양자론[養子論] 같은 것)에 대항하는 투쟁 과정에서였다. 수도사 베아투스가 묵시록의 도상학을 세울 터전을 닦은 것은 이 맥락에서였다. 아래의 '베아투스와 오염' 항목에서 기술되는 맥락이 그것이다.

어떤 발상이 이단이라고 불리려면 그전에 무엇이 정통인지가 명백하게 정의되어야 하는데, 라틴 교회가 그 일을 하기까지는 500년 이상이 걸렸다. 2세기에 마르키온이 구약을 버리고 바울이 쓴 10편의 서간과 축약된 누가의 복음서가 진정한 정전이라고 주장했을 때, 이에 대한 단죄는 현존하는 것 중 가장 오래된 신약성서 정전인 무라토리 정전(Muratorian Canon)**을 통해 정결성의 정의를 내린 185년 **이후에야** 가능했다. 삼위일체 역시 이집트 출신의 사제 아리우스(Arius)가 성자가 성부에게 종속된다는 견해를 설교를 통해 밝히기 전에는 절대로 규정될 수 없었던 교리였다. 비난은 받았지만 아리우스는 설교를 계속했으며, 321년에는

---

* 카타르파: 영지주의의 영향을 받았으며 마니교와도 관련이 있는 일파. 12세기 초반 이후 왕성한 활동을 벌였으며 발칸 반도, 불가리아 등지가 중심지이나 남프랑스와 북이탈리아에서도 다른 이름으로 활동했다. 엄격한 금욕주의를 실행하여 순결파라고도 불린다.

** 단편들로 전해오다가 편집된 것으로, 밀라노의 루도비코 안토니오 무라토리(Ludovico Antonio Muratori)라는 이가 발견하여 이런 이름이 붙었다.

파문을 당했고, 결국 이집트에서 쫓겨나 비티니아(Bithynia)로 가야만 했다. 그곳에서 그의 사상이 워낙 널리 퍼져 논쟁이 벌어질 정도였으므로, 콘스탄티누스 황제는 격노하여 1차 공의회를 소집하게 되었다. 공의회는 나중에 니케아 신조라 불리는 것을 공식화했다. 그 뒤 4세기에는 아노모이아파(Anomoeans: 성자가 성부와 다른 존재라고 보는 일파), 호모이아파(Homoeans: 그 둘이 같다고 보는 일파), 호모이우스파(Homo-iousians: 성자와 성부의 본성이 비슷하다고 보는 일파) 등이 성자와 성부의 관계에 대한 해석을 수없이 늘어놓았다. 올해는 어떤 이견이 안티오크에서 비난받고 내년에는 로마에서 또 다른 이견이 비난받는 식이었다. 비난받았다고 해서 그 분파가 사라지는 일은 거의 없었고, 대개 아무도 자기 주장을 취소하지 않았다. 하지만 통상적으로 내적 이단끼리의 투쟁에서는 아무도 처형되지 않았는데, 부분적으로는 처형할 장치가 없었기 때문이기도 했다. 이런 문제점은 교황 루키우스(Lucius) 3세와 신성로마 황제 프리드리히 1세가 대상자 명단을 작성한 1184년과, 교황의 지시에 의한 종교재판이 강력력을 갖게 된 1231년에는 시정되었다. 카타르파는 당국이 분쇄한 외적 이단의 한 사례였다. 13세기 초반에는 이단이 황제에 대한 범죄로 규정되었다. 이단자는 법에 따라 화형에 처해졌고, 교황 인노켄티우스(Innocentius)는 카타르파와 그들의 교회에 대항하는 십자군을 출범시켰다. 이론상으로는 내적·외적인 이단이 중복될지 몰라도 사망자 수에서는 큰 차이가 났다.

그리스도교는 눈에 보이든 보이지 않든 모든 산에서 내려오는 지하수로 보급되는 신선하고 깨끗한 물의 흐름으로 간주되었다. 정결성의 유일하고도 진정한 수호자인 교회가 판 우물에서 길어 올린 물은 모든 이에게 제공되었다. 다른 우물은 기생충처럼 정결성을 빨아먹었고, 유대인은 우물에 독을 넣는 자였다. 또한 다른 우물을 파는 자들은 진정한 소유자에게서 물을 빼돌리는 강도였다. 테르툴리아누스는 마르키온이나 발렌티누스(Valentinus, 135~165년경 활동)* 같은 이단을 공격하는 과정에서 법률 용어를 들먹여 가며 이와 같은 행위를 재산권 침해에 비유했다. 그는 이렇게 말했다.

이단자는 그리스도교 문학에 대한 권리를 얻을 수 없다. 우리는 그들에게 이렇게 말할 충분한 권리가 있다. "당신은 누구인가? 당신은 언제, 어디서 왔는가? 당신들은 우리 종족이 아니다. 내 땅에서 무슨 일을 하고 있는가? 무슨 권리로 내 나무를 베어 넘기는가, 마르키온? 누구의 허락을 받고 내 물길을 돌리는가, 발렌티누스? 이 소유권은 내 것이다. …… 나는 토지의 원래 소유자에게서 권리 증서를 받은 사람이다. 나는 사도들의 계승자이다."[3]

교리의 경계선이 엄정하게 그어질수록 갈등은 더 악화되었다. 알렉산드리아의 그리스도교 영지주의자 가운데 가장 유명한 사람인 발렌티누스는 바울의 직계 제자에게서 배웠다. 그는 제례가 아니라 그리스도의 복음에 대한 지식을 통해 구원되고, 예수를 통해 계몽된다고 믿었다. 이렇게 예수를 '착복' 하는 행위 때문에 테르툴리아누스는 **자기**는 사도로부터 권리 증서를 받았다고 주장하게 되었다. 테르툴리아누스는 올바른 사도 계승권을 놓고 싸운 것이다. 그것만이 교회의 정결성을 보장할 수 있었으니 말이다. 마르키온이나 발렌티누스 같은 종교 지도자들은 그 정결성을 오염시키려고 애쓰고 있으며, 그들 뒤에는 악마가 있었다.

영지주의에 대해 지금 당장 우리가 관심을 가지는 부분은 그것을 규정하는 한 가지 면모, 즉 이원성에 대해서이다. 대부분의 영지주의 학파

---

* 이집트 출신의 영지주의자.

들은 우주가 정신과 물질, 빛과 어둠으로 구성되었다고 가르쳤다. 신은 지고(至高)의 존재이지만 그가 설령 우주를 만들었다 하더라도 그것을 전부 감독하지는 않는다. 물질과 어둠의 우주는 뭔가 다른, 대개 사악한 존재에 의해 지배된다. "유대인의 신, 그러니까 구제불능의 질병에 의해 뿌리에서부터 위협받고 있는 우주의 창조자는 더 높은 권능의 소유자에 의해 눈에 보이지 않는 끈으로 조종되는 의식 없는 꼭두각시에 불과하다."[4] 그리스도는 인간이 자신의 진정한 본성을 깨달아 빛의 세계로 돌아가도록 도와줄 수 있다. 이 귀환이 구원이다. 창조라는 시작점과 심판의 날이라는 종착점을 상정하는 직선적 시간관의 그리스도교도와는 달리 영지주의자들은 시간을 자신들이 벗어나고 싶어하는 세계의 한 양식으로 보았다. 물질과 시간은 인간의 정신이 무시간적인 빛의 영역으로 들어가기 위해 스스로를 해방시켜야 하는 더러움이다. 영지주의의 계보가 그리스와 칼데아** 사상의 영향을 모두 받은 유대 신비주의로 이어지기는 하지만 그 이원성은 사실 페르시아의 종교적 사고에서 유래한다. 그러나 정통 그리스도교도가 보기에 영지주의는 단지 악마가 세계를 지배한다는 믿음일 뿐이었다. 실제로 보고밀파***의 사제이다가 변절한 불가리아 출신의 나자리우스(Nazarius) 주교는 마니교식으로 해석한 복음서「요한의 서」(Book of John)를 종교재판에 제출했는데, 여기에는 악마가 세계를 만들었다는 말이 나온다.[5]

그러나 3세기 이후로 이단에 관해 교회에게는 좀더 심각한 걱정거리가 생겼다. 인도 여행중에 샤푸르(Shapur) 1세의 총애를 받았던 페르시아인 마니(Mani)는 샤푸르의 계승자인 바흐람(Bahram) 1세로부터는 신

** BC 612~BC 539년에 페르시아 만 연안에 존재했던 고대 왕국.
*** 카타르파와 비슷한 발칸 반도의 영지주의 종파.

임을 얻지 못했고 결국 277년에 감옥에서 죽었다. (그의 추종자 가운데 가장 유명한 인물은 선한 교부로 개종하기 전의 아우구스티누스였다.) 마니교는 영지주의에 뿌리를 두고 있으며 조로아스터, 예수, 부처와도 연관을 가진다. 여기서 지적하려는 점은 빛과 어둠의 원리가 언제 어디서나 똑같이 강력하고 영원하다는, 영지주의가 가진 페르시아식 이원성을 마니교가 강화시켰다는 것이다. 내적 이단과의 갈등이 영지주의 및 마니교와의 갈등과 겹쳐졌던 500년은 교회의 사고방식에 큰 흔적을 남겼다. 이원성이라면 어떤 것도 용납될 수 없게 된 것이다. 그것은 삼위일체로부터 교회의 기능 그 자체에 이르기까지, 교회의 결정적인 원리를 위험에 빠뜨렸다. 악마를 신의 적대자로 규정하는 것이 까다로운 문제가 된 것은 이 때문이다. 이는 악마의 모순성으로 이어진다. 신이 만약 악마를 창조하셨다면 이 이원성은 해소된다. 하지만 그러한 이원성에서 다음의 질문이 제기된다. 신은 왜 악의 창시자를 창조하셨는가? 예루살렘의 키릴은 AD 350년에 행한 강의에서 이 문제를 명백하게 부각시켰다. "(악마가 – 인용자) 죄를 범하는 것은 그가 본성적으로 죄를 범하는 성향이 있어서가 아니다. 만약 그렇다면 그 죄의 원인이 바로 신이 되어 버리기 때문이다."[6]

1000년도 더 지난 뒤, 셸리는 동일한 난제를 이와는 다른 어조로 지적했다.

>(악마는 – 인용자) 자신의 창조주에 의해 원래 심어져 있지 않은 것의 씨앗을 키울 성향도, 의사도 가질 수 없다. …… 악마가 나쁜 짓을 한다고 불평하는 것은 시계가 잘 맞지 않는다고 시계에 불평하는 것처럼 공정하지 못한 처사이다. 시계의 경우에 잘못이 시계 제작자에게 있는 것처럼 악마의 경우에도 신에게 잘못을 추궁해야 하기 때문이다.[7]

만약 악마의 행동이 신의 허락이 있어야만 실행 가능한 것이라면, 아마 사탄은 별로 대단치 않은 적대자라 할 것이다. 악마가 미생물에 불과하다면 교회의 기능도 줄어들고, 예수의 임무도 축소된다. 하지만 악마를 독립적 힘을 가진 진정한 적대자, **진정한** 위협으로 만들어, 그림자를 던지고 사건을 통제할 수 있는 실질적인 몸뚱이를 그에게 부여한다면 예수에게서 발산되는 빛이 제약된다. 이는 마치 아무도 끝까지 캐고 싶어 하지 않는 악몽을 인정하는 것과도 같다. 그렇게 하다 보면 그 악몽으로 인해 꿈꾼 자의 어떤 부분이 드러날지도 모르고, 누가 그런 꿈을 꾸게 만들었는지 예상할 수도 없는 일이기 때문이다. 이를 피하기 위한 노력은 (하나의 모순으로 보일 수도 있는) 복잡 미묘한 균형잡기였으니, 이는 묵시록과 최후의 심판에서 사용되는 악마 모티프의 예술적 관례를 만들어 냈다.

최후의 심판과 묵시록: 차이점

묵시록이라는 중세적 개념은 「요한 계시록」에서 유래하는 것으로 다양한 매체에서 다루어졌으며, 풍부하고 복잡한 내용을 지닌다. 이 중에서 우리가 가지는 관심은 한 가지 사건으로 한정된다. 즉, 천국에서의 악마의 추방이다. 묵시록의 원리는 두 세력을 대표하는 적대자, 다시 말해서 성 미카엘과 용 사이의 갈등이다. 그것은 전쟁이며 패자는 축출된다. 이렇게 해서 순수성이 달성되었다. 모든 신도는 구원될 것이다. 따라서 마음 놓고 경외하면 된다. 미카엘이 승리했으므로 이기는 편에 붙는 편이 현명하다. 묵시록의 장면은 두 가지 중요한 의문을 제기할 수 있다. 미카엘이 누구인가? 또 용은 누구인가?

최후의 심판의 원리는 갈등이 아니라 심판과 격리를 통한 조화이다. 이 과정에서 벗어날 수 있는 자는 아무도 없다. 최후의 심판은 심판의 기계이다. 조정은 있겠지만 실질적인 투쟁은 없다. 영혼의 무게를 재는 저울은 올라가거나 내려간다. 모든 것이 분류된다. 영혼은 천국으로 가거나 지옥으로 간다. 때로 마리아나 요한이 개입하기도 하지만 최후의 나팔소리가 울리고 죽은 자가 다시 살아나면 최후의 조정이 영원히 내려진다. 그 결과 세계는 공포스러워진다. 죄 있는 자는 누구도 빠져나갈 수 없다. 왕이건 주교이건 예수와 그 교회를 속일 수 없다. 정의는 확실하고도 절대적이다. 하지만 누가 심판하며 어떻게 심판하는가? 누가 심판당하며 무엇 때문에 당하는가? 묵시록은 오염을 제거하는 것이다. 시스템을 정화하기 위해 더러운 존재가 축출된다. 최후의 심판은 시스템 내에서 인간들을 정리하고 재배치하는 일이다.

묵시록은 특히 8세기에서 10세기 사이, 즉 내적 이단을 규정하고 적출해 내는 그리스도교 교리가 성문화된 기간에 대중화되었다. 묵시록은 **내부의** 적들을 향한 것이다. 오염은 축출되어야 한다. 하지만 최후의 심판은 교회의 **외부의** 적, 바깥으로부터의 오염을 향한 것이다. 최후의 심판이 고딕 시대의 수많은 성당 현관 팀파눔의 주제가 되었던 데에 비해 묵시록은 그 어떤 곳에서도 주제로 사용되지 않은 것은 이 때문이다.

이레나에우스, 테르툴리아누스, 아우구스티누스는 내적 이단에 대해, 또 경전을 다르게 해석하는 사람이라면 누구에게라도 오염이라는 이미지를 사용하였다. 테르툴리아누스는 이렇게 경고했다. 그런 이단자들의 목적은 "이교도를 개종시키는 것이 아니라 우리 신도들을 변절시키는 것이다. …… 그들은 자기네 집을 짓기 위해 우리의 집을 훼손한다. (영지주의자와 마르키온의 추종자가 끼친 결과는 — 인용자) 왕이 좋은 씨앗을 먼저 심은 뒤, 적인 악마가 쭉정이 씨앗을 뿌려 작물의 질을 떨어뜨

그림 29 "천사들이 더러워진 귀신들을 쫓아내다", 970~980년경의 *Benevento Benedictio Fontis*에 실린 것. Bibliothecca Casanatense(Cod. 724, Bl 13, Ⅱ), Rome.

린다는 우화에서 쉽게 알 수 있다." 에우세비우스(Eusebius)*는 다음과 같이 썼다. 마니교의 창시자인 마니는 "사라진 지 얼마나 오래되었는지 알 수도 없는 종교적 망설을 그러모아 거짓된 무신론적 교리로 꿰맞추었으며, 우리 제국을 페르시아 땅에서 건너온 치명적인 독으로 중독시켰다."[8] 디오클레티아누스(Diocletianus) 황제는 동일한 이미지를 사용하여 마니교도가 "페르시아의 사악한 도덕과 야만적인 법을 통해 …… 온화하고 평화로운 종족 로마인들을 사악한 뱀의 독으로 감염시키려고 애쓸 것"이라며 우려를 표명했다.[9] 이 독, 이 수확물의 품질 저하, 이 오염은 당연히 사회 집단에서 축출되어야 할 것들이며, 악마가 천국에서 내던져지고 반란천사가 노골적으로 오염된 천사로 그려지는 것(그림 29)도 이 때문이다. 이 그림에서 이들 사악한 존재들은 천사의 날개와 후광을 지니고 있지만, 불타는 머리칼과 완전히 벌거벗은 모습을 제외하면 악귀적

---

* 324년에 최초의 교회사를 쓴 학자.

3장 이단과 지옥　**141**

인 속성은 없다. 중간에 있는 반란천사는 원망스러움을 약간 내비치고 있으며, 그의 동료들은 서글프게 체념한 모습이다. 한 시스템에서 더러운 오염자들을 축출한다는 주제를 이러한 리듬과 분위기로, 이렇게 완벽하게 전달하는 작품은 달리 없다.

아우구스티누스가 보기에는 내부의 적이 최악이었다. 아우구스티누스는 말한다. 그러한 이단자는 "그리스도의 교회 안에서의 불건전하고 왜곡된 사상으로 재미를 느낀다." 미카엘이 싸우는 대상은 교회 **내에 있는** 그러한 집단이다. "이단자들을 부추겨 그리스도의 이름으로 위장하고 그리스도의 가르침을 반대하게 한" 것이 악마라고 아우구스티누스는 주장했다. 외부에서 오는 적도 얼마든지 나쁘지만 "이단이 진정한 그리스도교도의 경전과 신조와 이름과 성례를 사용하는 것을 보는 또 다른 가슴의 고통"도 있다.[10] 복음서에 최초로 주석을 쓴 것은 영지주의자들인데,[11] 아우구스티누스의 동시대인인 수도사 페레기누스(Pereginus), 즉 레렝의 뱅상(Vincent of Lérins)이 한 말의 배후에는 그런 사실이 놓여 있다. 그는 아우구스티누스와 똑같이 느낀 심적 고통을 그보다 더 화려한 문체로 묘사했다. "잽싼 이단자들"(고정된 주석보다는 성서의 말을 연구한 그리스도교도)은 재빨리 추적하여 추방해야 하는 두려운 존재이다. 페레기누스는 사회적 오염이 가진 위험을 다음과 같이 훌륭하게 표현했다.

여기서 어떤 사람은 아마 신성한 경전에서 가져온 증언을 이단자들이 활용하는지 아닌지를 물을 것이다. 그들은 틀림없이 그 증언들을 사용하며 그것도 아주 열심히 활용한다. 신성한 법률의 책이라면 무엇이든, 그러니까 그게 모세서든 열왕기든, 혹은 시편이나 사도행전, 복음서, 예언자서든 가리지 않고 샅샅이 훑어보는 모습을 볼 테니까 말이다. 그들 혼자서든 아니면 다른 사람들과 함께이든, 개인적으로든 공적으로든, 대화할 때이든 글을 쓸 때이든, 잔치에서든 길거리에서든 그들은 자기들 주장을 근거로 거의 항상 경전의 말씀을 들먹이는 까닭에 신성한 말씀이 오히려 더럽혀진다. …… 증거로 제시된 텍스트는 산처럼 쌓일 것이며, 어느 페이지를 보든 신약과 구약의 말씀에서 끌어온 핑계거리들이 쓰여져 있을 것이다. 그러나 그럴수록 그들은 더욱 기피되어야 하며 두려워해야 할 대상이다. 왜냐하면 그들은 신성한 법의 그림자 속에 더 비밀스럽게 웅크리고 있으니 말이다.[12]

악마가 어떤 식으로 등장하는지 관찰하려면 중세의 회화와 조각과 장식무늬가 대부분 경전이 아니라 그에 대한 주석서들에서 따온 것임을 기억해야 한다. 성자를 그린 그림은 성서에 근거한 것보다 13세기의 재미있고 교훈적인 이야기 모음집인 『황금 전설』에 근거한 것이 더 많다. 화가라면 누구나 마리아와 요셉이 이집트로 달아나는 이야기를 그리게 마련이다. 하지만 성서에는 그저 한 천사가 요셉에게 달아나라고 경고했고, 그가 어린 아기와 어머니를 데리고 이집트로 갔다는 말만 있다. 그것이 전부이다. 또한 도상학적으로 정형화된 동방박사의 그림들을 한번 살펴보라. 세 명 중에 하나는 늙은이고 하나는 젊은이로 그려져 있다. 하지만 성서에는 동방박사가 몇 명 있었는지조차 구체적으로 나오지 않는다.

이집트로의 탈출에 관련된 도상학은 신학적이거나 이데올로기적으로 특정한 함의를 갖고 있지 않다. 하지만 존엄한 그리스도는 조금 다르다. 동정녀가 황제에게 왕관을 씌우는 것은 금화에 자주 나오는 인기 있는 주제였다. 그리스도가 주화의 한쪽 면에, 콘스탄티누스 황제가 다른 쪽 면에 등장하자, 사실은 상징으로 바뀌었다. 어쨌든 황제는 지상의 그리스도였으니까. 다음의 글은 그리스도교 역사서지학의 창시자인 에우세비우스가 1차 공의회 때의 콘스탄티누스의 모습을 묘사한 내용이다.

드디어 그가 회중 한가운데에서, 자줏빛 외투의 찬란한 광채를 반사하면서 빛살로 뒤덮인 듯 반짝이는 의상을 입고, 황금과 보석의 찬란한 광채로 치장한 채 신이 보낸 천국의 전령처럼 앞으로 걸어 나왔다.

교회의 진정한 교리를 결정하는 것은 단 한 사람, 황제뿐이었다. 성직자들은 토론은 할 수 있었지만 말 그대로 집행할 수 있는 것은 황제뿐이었다. 테오도시우스(Theodosius) 1세 황제는 이렇게 선언했다.

380년에 확정된 그리스도교 교리를 따르지 않는 자들은 터무니없는 미치광이이다. 우리는 그들에게 이단자라는 수치스러운 이름을 붙인다. ⋯⋯ 신의 정의에 의한 선고 외에도 그들은 우리 당국자가 천상의 지혜에 의지해 적절하게 내린 엄중한 처벌을 받으리라고 예상해야 할 것이다.[13]

452년에 발렌티니아누스(Valentinianus) 3세 황제와 마르키안은 천상의 지혜가 이끄는 대로 칼케돈 종교회의의 결론을 내리고 "공공 토론과 논박은 이단적 광기의 근원이며 내용이다. 우리가 믿는 것처럼 이 죄악은 신의 심판에 의해 처벌되겠지만 사법적 당국에 의해서도 통제될 것"이라고 공표했다.[14] 천상의 지혜에 기대어 12세기의 황제와 교황은 함께 위험인물(브레시아의 아르날도[Arnoldo of Brecia] 같은 이)을 처형했다. 그 다음 세기에는 종교재판이 등장한다. 악마가 신의 적대자라면, 그리고 지상에서의 신의 대리인이 황제와 그의 교회라면, 황제와 그의 교회에 대한 그 **어떤** 적대자도 악마였다.

거짓 예언자에게 황제와 교회가 승리했다는 표상이 중요해지자 묵시록의 도상학이 등장했다. 이집트 탈출의 경우처럼 묵시록이 형성된 근원 역시 경전이 아니라 주석서들이었는데, 이 경우에는 베아투스(Beatus)의 주석서가 그 역할을 했다.

베아투스와 오염

베아투스는 775년에 스페인의 리에바나(Liebana)에서 「요한 계시록」의 주해서를 쓴 아스투리아스(Asturias) 출신의 수도승이었다. 그는 서로 연관되는 두 가지 열정을 가지고 있었으니, 하나는 주해서이고 다른 하나는 톨레도의 대주교 엘리판두스(Elipandus)와의 논쟁이었다. 이 이야기는 교회의 내적 갈등을 보여주는 하나의 전범이며, 이단적 오염원을 축출하는 것이 묵시록에 담긴 내용의 숨겨진 자극제이자 그것이 지향하는 바였음을 보여준다.[15]

스페인에서는 8세기 이후 무슬림이 대부분 지역을 다스렸고, 샤를마뉴가 할 수 있는 일이라고는 기껏해야 무슬림에 대한 저항운동이 가장 거센 곳이던 아스투리아스 동쪽에 완충지대를 만드는 일뿐이었다. 스페인인들과 모자라브 그리스도교도(Mozarabian)*는 충분히 만족하며 살고 있었다(그리고 1100년대 초반 이후 톨레도가 중세의 알렉산드리아 같은 곳이 될 만한 문화적 기반을 마련했다). 콘비벤치아(convivencia)란 그리스도교도와 무슬림, 그리고 유대인들의 "공생"이라는 의미였다. 하지만 스페인과 로마의 교회 조직상의 연대를 강화할 임무를 띠고 있던 미게티우스(Migetius)는 그리스도교도가 무슬림과 식사만 함께 해도 이를 비난했다. 이 미게티우스가 삼위일체 교리를 너무나 완강하게 고집했기 때

---

* 무슬림 통치하에 있던 스페인의 그리스도교도. 아랍화된 자라는 의미. 별도의 공동체를 형성하고 별도의 세금을 내면서 별도의 지도자와 정치 체제를 유지하며 살았다. 서고트식의 관례와 법률을 채택했고 톨레도, 세비야가 그 중심지였다.

문에 엘리판두스는 785년에 이 문제의 결론을 세비야의 집회에서 내리도록 조처함으로써 성가신 골칫거리 하나를 해결하기로 마음먹었다. 이 집회에서 엘리판두스는 예수가 신의 양자라는 주장*을 폈다. 무슬림들은 예수의 인간적 면모와 신적인 면모가 첨예하게 대립할 때 특히 이를 이해하기 어려워했는데, 엘리판두스는 로마에서 점수를 따기보다는 설령 그것이 무슬림의 것이라 할지라도 영혼을 구제하는 편에 더 관심이 많았기 때문에 이 이론으로 그들을 이해시키려 했던 것이다. 통상적으로라면 이 모든 사건은 미게티우스가 물러나는 것으로 끝났을 것이다. 그러나 엘리판두스에게는 불행한 일이지만 이 사건이 정치적인 문제로 비화되었다. 알폰소(Alfonso) 2세를 지지하는 아스투리아스인들은 대주교의 '양자론'을 문제삼았는데, 알폰소의 지지자 가운데 가장 시끄러운 두 명이 베아투스 대수도원장과 그의 추종자인 에테리우스(Etherius)였다. 그들은 그리스도의 신성을 부정했다는 죄목으로 엘리판두스를 고발했고, 이에 대응하여 엘리판두스는 그들을 파문했다. 그러자 베아투스와 에테리우스는 786년에 엘리판두스에게 대항하는 파벌을 결성하고 교황을 설득하여 엘리판두스를 네스토리우스(Nestorius: 키릴 대주교가 황제의 자문관들을 매수하는 바람에 파문당했던 5세기의 대주교로 마리아가 신의 어머니라는 것을 부정했다고 알려졌다)의 추종자라 부르게 만들었다.

베아투스에게는 안된 일이었지만 스페인에서는 이 네스토리우스파라는 빨간 낙인에 속아 넘어가는 사람이 거의 없었고 대부분의 성직자들은 엘리판두스를 지지했다. 베아투스와 그의 동지들은 이에 굴하지 않고

---

* 곧 '양자론'. 그리스도는 신성에 따르면 하느님의 아들이지만 인성에 따르면 아들로 입양되었을 뿐이라는 가르침.

엘리판두스의 지지자인 우르겔(Urgel)의 주교 펠릭스(Felix)를 공격하는 영악함을 보였다. 우르겔이 샤를마뉴가 통치하는 지역이었다는 점을 생각하면 이는 제법 영리한 행동이었다. 그리고 그리스도의 인간적인 면모가 아니라 신적인 측면을 강력히 강조했던 프랑크인들이 자연히 이 논쟁에 끌려들었다. 얼마 가지 않아 펠릭스는 압력을 받아 레겐스부르크(Regensburg)에서, 그 다음에는 로마에서 참회했다. 하지만 그는 무슬림 스페인에 돌아오자마자 참회를 철회하고 다시 한 번 엘리판두스를 지지했다. 이제 엘리판두스는 펠릭스에 대한 대우 문제를 들어 샤를마뉴에게 항의함으로써 반격을 할 거리가 생겼다. 황제와 교황은 이 갈등이 마음에 들지 않아 개입하게 되었고, 794년에 프랑크푸르트에서 대종교회의를 열어 공식적으로 엘리판두스의 양자론을 부정했다. 용은 축출되었다. 베아투스와 에테리우스는 명백한 승자였고, 이들이 지지한 알폰소 2세도 왕좌를 차지했다. 798년에 샤를마뉴는 타협에 굴복한 교황 레오 3세를 부추겨 양자론을 이단으로 비난하도록 했다. 펠릭스는 압력을 받고 다시 한 번 참회해야 했다. 엘리판두스는 계속 세력이 줄어들고 있던 외딴 지역으로 밀려났다. 베아투스는 샤를마뉴가 가장 총애하는 신학자인 앨퀸(Alcuin)과 가까운 친구가 되었고 아스투리아스 왕국은 더 이상 톨레도의 지시를 받지 않았다. 이 끈질긴 투사가 묵시록의 도상학에 남긴 유산은 상당한 영향력을 행사했다.

최근의 연구에 의하면 9세기에서 12세기 사이에 그려진 묵시록의 채식은 네 개의 주요 그룹으로 나뉠 수 있다고 한다. 그 가운데 셋은 6세기의 고대 로마식 원형과 5세기의 로마 바실리카의 모자이크에서 유래한다.[16] 네 번째 그룹은 예술적 기법과 정신 면에서 이질적이다. 그리고 조각과 회화에 특히 지옥의 지배자로서 가장 큰 영향을 미치게 되는 것은 이 네 번째 그룹의 악마였다. 그 네 번째 그룹 가운데 9세기에서 15세기 사이에 그려진 24개도 넘는 채식사본들은 베아투스가 쓴 주해서를 근거로 삼고 있다. 피터 클라인(Peter Klein)은 베아투스의 영향력이 과대평가되었다고 주장하는데, 설령 그 말이 옳다고 하더라도, 그로 인해 만들어진 지옥의 지배자라는 이미지가 미친 영향은 엄청나다.[17] 남아 있는 베아투스 사본 가운데 가장 먼저 그려졌고 가장 영향력이 큰 것은 10세기의 마기우스(Magius)가 그린 것, 즉 모건 베아투스*이다. 바빌로니아의 창녀는 성서 텍스트에서처럼 개울 위의 옥좌에 앉은 모습으로 나타나는 것이 아니라, 초승달이 그려진 무슬림식 왕관을 쓰고 무슬림식의 긴 의자에 앉아 있다. 벨샤자르(Belshazzar)는 코르도바의 모스크를 본뜬 장소에 있는 것으로 나온다. 이슬람교도는 용이며, 머리 일곱 달린 야수이고 악의 화신이다. 어떤 사람은 마호메트가 666년에 죽었다고 주장하는데, 그 숫자는 적그리스도의 숫자였다.[18] 이것이 스페인 독자들에게 준 의미는 명백했다. 용은 하늘이 아니라 바로 여기, 스페인에 있는 것이다. 하지만 묵시록의 숨은 의미가 내부의 적에 대한 공격이라 하지 않았던가? 그렇다면 이슬람에 대한 공격은 외부의 적에 대한 전쟁이 아니란 말인가? 외부와의 싸움이라 해야 하겠지만, 두 가지 이유 때문에 그렇게 볼 수가 없다. 우선 무슬림이 있는 스페인은 교회의 영토였다. 더욱 중요한 것은 아랍에 대한 무지 때문에 기본적인 사실이 왜곡되었다는 사실인데, 즉 이슬람은 다른 종교가 아니라 그리스도교의 이단 중 하나로 간주된 것이다. 이슬람은 베아투스가 주해서를 쓰기 시작하기 몇 년 전에 다마스쿠스(Damascus)의 요한에 의해 이단 명단에 올랐고, 그 이후 수백 년 동안 그 범주에서 벗어나지 못했다.[19]

사라센인들은 적그리스도, 부도덕한 마호메트의 악귀적이고 야만적

---

* 뉴욕의 피어폰트 모건 도서관에 소장된 베아투스 채식사본.

이고 잔인하고 추악하고 도착적인 추종자들이었다.[20] 필립 세낙(Philippe Sénac)은 몇 가지 증거를 들어 베아투스에게 반무슬림적 태도가 있었다고 주장하지만 존 윌리엄스(John Williams)는 그 당시 베아투스가 반이슬람 발언을 했다는 주장에 의구심을 표한다. 그럼에도 불구하고 윌리엄스는 "묵시록은 본질적으로 — 그리고 티콘의 성향이 우세한 주석과 그것을 만들어낸 역사적 상황에 따라 — 이단과 처형의 맥락에서 다시 써먹기에 아주 적절했다"는 점을 지적한다.[21] 묵시록이 본질적으로 반이단적 개념이었든 아니든 간에 결과적으로 그렇게 되어 버린 것은 틀림없다. 뻔한 이야기는 할 필요 없지만 언급할 만한 사례가 한 가지 있다. 1310년에 쓰여진 「독일 묵시록」은 튜튼 기사단의 구체적인 이데올로기를 반영하고 있는데, 여기에는 기사들이 이교도와 유대인들에게 세례를 주는 장면이 등장한다.[22]

모건 베아투스에서 우리는 사탄, 검고 크고 흉측한 사탄을 본다(그림 38). 그는 날개도 없고, 발톱도 없으며 옷도 걸치고 있지 않다. 이것은 벌거벗은 검은 고릴라 같은 모습이며, 어딘가 시커먼 허공으로 평평하게 떨어지고 있거나 죄인들 무리에 사슬로 묶여 있는 존재로 보인다. 이것이 마기우스와 베아투스의 사탄이다. 맨 아래 오른쪽에는 무기를 들지 않은 천사들이 반란천사와는 티끌만큼도 닮지 않은 인간의 형체를 한 오염물을 밖으로 내던지고 있다. 이것들은 사탄과 함께 추락하고 있다. 사탄은 거대하고 검고 형태도 일정하지 않은 더러움 덩어리이다.

사탄은 또 헤로나(Gerona)**의 베아투스 사본에서는 지옥의 왕으로도 나타난다. 다리에는 뱀이 감겨 있고 악귀들에게 둘러싸인 모습으로 앉아 있는데, 머리에 두르고 있는 바퀴살 같은 것은 왕관일 수도 있지만 아

** 스페인의 카탈루냐 지방에 있는 지역.

마 불타는 머리칼을 나타내는 듯하다(그림 59). 이 사탄은 크게 볼 만한 점은 없지만 지옥의 지배자가 취하는 기본적 유형을 나타내고 있는데, 이러한 형태는 르네상스 시대를 통틀어 근본적인 면에서는 변함이 없다. 그는 죄인 한두 명을 발밑에 거느리고 왕좌에 앉아 있는데, 이는 승리자 그리스도가 전능한 창조자로서 왕좌에 앉아 이교도 거인을 짓밟고 있는 장면(그림 7)을 뒤집어 놓은 형태이다. 왕좌에 앉아 있는 그리스도와 이를 뒤집어 놓은 사탄 사이에는 뚜렷한 차이가 있다. 먼저 사탄은 죄인들을 집어삼킨다. 집어삼키는 사탄의 모습은 토르첼로(Torcello)의 〈최후의 심판〉(그림 28, 39)에 나오는 사탄이 앉는 왕좌의 팔걸이에 새겨진 용머리에서 처음 나타난다. 이 이미지는 두 번째 단계, 즉 죄인의 정화 단계가 추가된 어떤 유명한 사례(13세기 중반, 피렌체, 세례당)가 만들어지게 된 연원인 것 같다. 조토는 그 세례당의 모자이크를 거의 바꾸지 않은 채 그대로 가져와서 자신의 〈최후의 심판〉에 활용했다. 집어삼키는 동시에 정화한다는 행동의 심리적 기원은 아마 사탄이 깔아뭉개고 있는 더러운 왕좌에 관한 추론에서 비롯되었을 것이다. 프라 안젤리코의 사탄(그림 1) 배후에 있는 개념은 이러한 원초적 사례와 다르지 않다. 조각가들 역시 이 헤로나 베아투스의 사탄을 모델로 활용했다. 죄인을 먹어 치우는 악귀 그림을 특징으로 하는 콩크의 〈최후의 심판〉에 등장하는 지옥의 사탄 역시 이와 동일하다(그림 30).

베아투스 사본을 근거로 하는 사탄들은 뿔을 갖고 있을 때도 있지만 보통은 날개도, 발톱도, 갈라진 발굽도, 구부러진 발톱도, 꼬리도, 삼지창도 없다. 그들은 언제나 벌거벗고 있고, 대개 커다란 귀와 튀어나온 입과 송곳니를 갖고 있다. 항상 뚱뚱하고 시커멓고 혐오스러운 모습이지만 아주 가끔 위협적일 때도 있다. 천사들에게 패배한 지옥의 지배자는 장래에 축출될 모든 더러움을 받아들이는 수동적 장치이다. 필립 아리

그림 30 사탄이 지옥의 왕으로 왕좌에 앉아 있는 〈최후의 심판〉, 1130년경. 아베이롱의 콩크, 생뜨프와 소재.

에스(Philippe Ariès)는 콩크의 그리스도가 묵시록의 그리스도라고 보았는데 이는 옳은 판단이다.[23] 콩크에서 보이는 도상학은 「요한 계시록」과 최후의 심판(마태의 복음서)에서 따온 모티프들이 중첩된 것이다. 영혼의 무게를 계량하는 문제를 놓고 심술궂게 보이는 존재 ─ 단독으로 있었더라면 악마라고 알아보기 힘들었을 만한 ─ 가 미카엘과 언쟁을 벌이고 있다. 이 업무는 베아투스의 악마가 처리할 수 있는 성질의 것이 아닌데, 통상적으로 같은 작품에서 이 두 상이한 기능을 하는 악마(지옥의 왕이자 미카엘의 상대자, 또는 영혼의 무게를 계량하는 사탄)가 절대 등장하지 않는 것도 그 때문이다. 이 짓궂고 매력적이기까지 하며, 자기가 좋아하는 쪽으로 저울추가 기울어지게 만들려고 애쓰는 이 악마는 실제 세계와 약간의 관련을 가지다. 즉 하나의 캐릭터, 적어도 신비극과 결부된 맥락에서 나오는 그런 캐릭터인 것이다. 하지만 헤로나의 베아투스에서

3장 이단과 지옥

보이는 유형인 지옥의 고질라는 대개 그저 하나의 추상적이고 어설픈 도상학적 상징에 지나지 않는다.

초기 르네상스가 시작하기 전, 악마의 가장 전형적인 형태는, 특히 미카엘과 맞서 싸우고 있을 때의 악마 모습은 용이며, 대개 머리가 일곱 개나 달려 있다. 조형 예술에 등장하는 일곱 머리는 아마 「요한 계시록」에 나오는 머리 일곱 달린 거대한 붉은 용의 묘사에서 유래했을 것이다. 성 요한이 왜 애당초 머리 일곱 달린 용을 상상했는가 하는 것은 별개의 문제이다. 아마 그 용은 헤라클레스가 히드라를 처치하는 이야기와 그림에서 유래했는지도 모른다. 하지만 히드라는 머리가 아홉이다. 고대 근동 지방이 출처일 수도 있다. 시리아의 라스 샤므라(Ras Shamra)에서 발견된 도판에 적힌 구절을 시릴 고든(Cyril Gordon)의 번역으로 읽어보면 다음과 같다.

> 그대가 저 하늘을 나는 뱀, 로탄을 처치할 때,
> (그리고 ― 인용자) 그 끔찍한 뱀을 끝장 낼 때,
> 일곱 머리를 잘라 버릴 때 ……[24]

바빌로니아 홍수 설화가 「창세기」에 나오는 홍수 사건의 기반이기도 하므로, 이 구절은 흥미롭다. 또한 메소포타미아 바깥에서 발견된 그 설화의 유일한 판본이 라스 샤므라의 것이기도 하다. 텔 아스마르(Tell Asmar: 바그다드 근처)에서 BC 2000년 이전에 만들어진 아카드 왕조의 원통형 인장이 발견되었는데, 거기에는 머리 일곱 달린 용을 공격하는 두 명의 신이 그려져 있다.[25] 아마 아카드 모티프가 계속 사용된 것 같은데, 성 요한의 용 개념과 또 그림에 채택된 그 용의 형태가 여기서 유래했을 수도 있다. 이 발상은 그럴 듯하지만, 머리 일곱 달린 용이 그려진

인장이 이것 외에는 전혀 발견되지 않았다는 사실 때문에 설득력이 약해진다. 그보다는 머리 일곱 달린 용이 그려진 어떤 그림이 요한의 상상력을 촉발했고, 그 문학적 이미지가 중세의 회화적 이미지에 영감을 주었을 가능성이 더 크다.

용과 싸우고, 거짓 예언자와 악마를 추방하는 것은 묵시록에 나오는 여러 일화 가운데 하나일 뿐이다. 그러나 최후의 심판에서는 악마가 핵심적 역할을 한다. 그 역할을 맡기려면 악마를 지옥의 한 구석에 그저 앉혀두기만 하는 도상학으로는 부족할 것이다. 원래 아우구스티누스는 인간은 두려움 때문이 아니라 배움에 의해 신을 숭배하게 되어야 한다고 주장했다. 하지만 나중에 아프리카에서 번성한 종파분리론적 집단인 도나투스 추종자*들이 신앙과 불신앙이 모두 인간의 자유라고 주장하자 아우구스티누스는 생각을 바꾸었다. 도나투스 추종자들은 이렇게 물었다. 어쨌든 그리스도가 폭력을 사용한 상대가 누구인가? 아우구스티누스는 대답했다.

> 어떤 양이 무리에서 이탈했다. …… 겨우 찾기는 했지만 그 양이 말을 듣지 않고 따라오려 하지 않는다면, 채찍의 아픔을 맛보이든 겁을 주든 간에 주인의 울타리 안으로 도로 들어오게 만드는 것이 목자가 할 일이지 않은가?[26]

1000년쯤이 되면 교회는 사람들을 축출하는 것이 아니라 지키는 데 관심을 갖게 되었다. 엘리판두스가 추방되고 떠돌아다녀도 괜찮았던 때는 지났다. 이제 엘리판두스 같은 사람이 있으면 채찍질을 당하고 울타

---

* 3, 4세기에 등장한 분파. 교회의 신성성을 교회 집단이 아니라 성직자와 신도 개인의 거룩함에 근거하는 것으로 보는 집단. 세례 및 성찬식 집행 자격을 보다 엄격하게 규정하여 로마 교회와 반목하게 됨. 주교 도나투스(Donatus)가 중심인물.

리로 되돌아오든가, 아니면 불태워졌다.

이단, 악마의 새 역할: 1184년

최후의 심판에서 세계는 종말을 고하고, 죽은 자들이 살아난다. 조이스(Joyce)의 『젊은 예술가의 초상』에서 스티븐 디달러스는 세계의 종말에 대한 설명에 귀를 기울이던 일을 기억한다. 시간이 현재 있고, 과거에 있었지만 앞으로는 더 이상의 시간이 없을 것이다.

그 최고의 날에 모든 것들이 모여들었다. 그리고 저기에, 최고 심판관이 오신다! 더 이상 신의 비천한 양이 아니고, 온순한 나사렛 예수가 아니며, 더 이상 슬픔의 인간이 아니고, 선한 목자가 아니다. 그는 이제 구름 위에서 오시는 모습이며, 엄청난 권능과 위엄을 갖추고 있다. …… 그는 말씀하신다. 그의 목소리는 공간의 가장 먼 끝에서도, 끝도 없는 심연에서도 들린다. 최고 심판관이 선고를 내리면 항의는 없을 것이고 있을 수도 없다. 그는 정의로운 자를 옆으로 부르시며, 그들을 위해 마련된 영원한 축복의 땅인 천국에 들게 하신다. 부정한 자들을 그는 내치시며, 분노한 위엄의 외침을 내지르신다. 내게서 물러나라, 너희 저주받은 자들이여, 악귀와 그 천사들을 위해 마련된 영원히 꺼지지 않는 불길로 들어가라.

12세기 초반에 이루어진 한 가지 가장 중요한 변화는 권력이 교황과 황제의 손에 집중되었다는 것이었다. 그로 인해 조직화와 통제가 더 심해졌으며 황제와 교황권력이 갈등하게 되었다는 두 가지 결정적인 결과가 초래되었다. 둘 다 질서를 유지하고 싶어했지만 누구의 질서인가 하는 것이 문제였다. 그러나 1184년에는 쌍방의 의견 불일치를 잠시 제쳐두고 유럽 주민을 축복받은 자와 저주받은 자로 심판하고 분리하는 데 협력했다. 12세기와 13세기의 대수도원 교회와 성당의 팀파눔에 새겨진 최후의 심판에서 악마는 새 역할을 얻었다. 새 역할이 하나 생기면 새 가면도 하나 생긴다. 용으로는 악마의 새로운 인격을 표현할 수 없었고, 지옥의 왕좌에서 고릴라처럼 뭉개고 있는 베아투스 사탄도 적당치 않기는 만찬가지였다. 새로운 악마는 최후의 심판에서 맡은 역할에 따라 형태를 부여받았고, 이 주제가 가진 감정적 내용과 심리적 기능은 12세기의 사회적 조직망이 가진 동력에 의해 형성되었다.

황제가 지상에 존재하는 신의 대리자였으므로 모든 이단에는 정치적 함의가 들어 있다. 예를 들면 대(大) 레오의 편지는 제4차 공의회가 언제, 어디에서 열릴 것인지를 결정하는 것이 황제임을 명백히 했다. 정말로 중요한 교리를 결정할 때 최종 결정권은 황제의 몫이었다. 카롤링거 왕조의 채식성서의 특징을 규정하는 것은 미니어처로 그려진 왕실 헌정 장면이다. 9세기의 『비비안 성서』에 있는 한 예는 성직자가 성서를 교황이 아니라 왕에게 바치는 장면을 묘사한다. 신성 로마 황제는 기름부음을 받았고, 성당의 참사회 회원(canon)이었으며, 교황을 임명하기도 했다. 교황은 11세기 중반이 되기까지는 그저 황제가 거느린 주교 가운데 가장 중요한 인물일 뿐이었다.[27] 주교와 대수도원장은 상당한 정도의 세속적 권력을 가지므로 황제는 그들의 임명권을 장악하고 있기를 원했다. 이단 문제는 1070년대의 서임 분쟁 같은, 황제와 교황 사이에서 누가 주교를 임명할 것인지에 대한 갈등에 불씨를 던졌다. 이단 집단은 유럽에서 수시로 등장했지만 1070년대까지는 지식인 사회 속의 고립된 섬 같은 존재이거나 그저 대중적인 지역 집단에 불과했다. 그들은 마니교도, 조로아스터교도 따르지 않았다. 이들의 이단성은 그들이 사적이고 경건한 생활의 가치를 전례와 성유물(聖遺物)보다 더 우월한 것으로 본다는 점뿐이었다. 경건왕 로베르는 오를레앙에서 1022년에 최초로 이단자를 화형에 처한 사람이었다. 교수형을 당하거나 고문을 받은 이단자들이 있기는 했지만 당국에게 심각한 걱정거리가 되었던 경우는 하나도 없었다. 전혀 예상치 못한 일이었지만 1077년에 이단들은 교황에게 자신들을 화형에 처하려 하는 캄브레 주교로부터 보호해 달라고 요청했다. 교황에게 올린 이 호소는 사회적 세력의 새로운 배치도를 반영하는 작은 사례이다. 이단자들의 대규모 움직임은 황제와 교황 사이의 분쟁에 영향을 미치는 한 가지 요인이 되었다.[28]

밀라노의 대주교가 1071년에 사망했는데, 어떤 계승자가 임명되어야 하는지를 지시하는 하늘의 신호가 나타나지 않았다. 황제 하인리히(Heinrich) 4세는 자기가 지지하는 사람을 추대하려고 했지만 작센에서 일어난 반란을 진압하느라 바쁜 나머지 교황 그레고리우스 7세가 개혁자 아토(Atto)를 임명하는 것을 막지 못했다. 아토는 교황이 선호한 사람은 아니었다. 그는 대중적인 혁신파이며, 밀라노 빈민 지구의 이름을 딴 파타리네파(Patarines)가 선출한 사람이었다. 교황은 파타리네파의 대주교가 황제에 대한 강력한 쐐기 역할을 하리라고 생각하고 약빠르게 그를 지지했던 것이다. 유럽을 여러 세기 동안 분열시키게 되는 균열이 이 사건에서 시작되었다. 황제와 교황 사이에서 벌어지는 분쟁에서 밀라노 대주교를 누가 통제하는가 하는 것이 결정적인 요인이 되었고, 저울을 기울어지게 만든 것은 교황 쪽의 저울접시에 실린 파타리네파라는 무게추였다. 그레고리우스는 교황 니콜라스 2세와 알렉산데르 2세를 지지하기 위해 이 파타리네파와 손을 잡았지만, 사실 이들에게 공감하는 바가 전혀 없었다. 몇십 년 지나지 않아 파타리네파는 이단이라는 말과 동의어가 되었다. 교황 인노켄티우스 3세는 일체의 이단자, "특히 파타리네파는 즉시 처벌하고 모든 재산을 압수하도록" 한다는 포고령을 발표했다. 황제 프리드리히(Friedrich) 2세는 파타리네파가 "사람들이 보는 앞에서 산 채로 화형되어야 한다"고 지시했다.[29] 교황과 황제의 이 공통된 감정은 그들 사이의 갈등이 끈질기게 계속된 뒤 새로 얻어진 평형 상태, 즉 몇 년 전, 정확하게 말하면 1184년에 시작된 지옥의 왕국을 위한 노동 분업이 반영된 것이었다. 그 해 11월 4일에 교황 루키우스(Lucius) 3세와 신성 로마 황제 프리드리히 1세는 베로나 종교회의를 개최했다. 루키우스는 정직하지만 줏대가 없는 사람이었고, 경력 면에서는 예전에 브레시아의 아르날도(Arnoldo of Brecia)의 처형자인 성 베르나르(St. Bernard)와 하드리아누스(Hadrianus) 4세의 지원을 누린 적이 있었다. 붉은 수염을 기른 프리드리히*는 로마 황제에 '신성'이라는 글자를 덧붙인 장본인이었다. 그날 교황 루키우스는 「제거되어야 할 자에 관하여」(Ad abolendam)를 칙령으로 발표했다. 이것은 교황과 황제에 의해 결정된 이단자들의 첫 블랙리스트였다. 이 명단에는 카타르, 파타리네, 후밀리아티(Humiliati),** 리용의 빈민들, 브레시아의 아르날도 일파들이 특별히 지목되어 있었다. 절차 및 법률적인 요건들이 결정적으로 바뀌었기 때문에 이단자를 처형하려면 고발이 필요하다는 조항도 전부 사라졌다. 주교들은 그냥 그들을 추적하라는 지시만 받았다. 교회는 절차와 심판을 제도화했고, 집행은 세속적 무기에 의해 이루어졌다. 황제가 칙령을 내려 교황 루키우스가 권장한 종교재판이 가진 톱니와 맞물리는 기계를 확립했던 것이다. 교황은 이단자의 딱지를 붙인다. 황제는 그를 처형한다. 교황은 그를 지옥불에 건네준다. 황제는 장작단에 불을 붙인다.

---

* 바르바로사(Barbarosa)라는 별명의 독일 왕. 재위 1152~1190.
** 11세기에 결성된 로마 가톨릭의 민간인 연합. 종교적 서원은 했지만 평복을 입고 민간인과 섞여 활동했다. 처음에는 이단으로 지목되지 않았음.

1184년이라는 해는 우리가 그 앞뒤를 돌아볼 수 있는 시간상의 분기점이 되는 해이다. 50년 전의 상황을 돌아보면 우리는 완전한 로마네스크식의 최후의 심판으로서는 최초의 사례들이 토르첼로(모자이크), 오텡과 콩크(조각), 「윈체스터 시편」(장식무늬) 등의 다양한 매체를 통해 나타나는 것을 볼 수 있다. 50년 후를 바라보면 고딕식의 위대한 최후의 심판이 샤르트르와 파리와 부르주에서 나타난다는 것을 알게 된다. 최후의 심판 배후에 놓인 도상학, 그리고 그 호소력과 감성은 교회가 외적 이단에게 가장 강력한 공격을 가하던 이 100년 동안 나타난다. 이러한 공격은 한 이단자 그룹의 성장에 대한 반응이었는데, 이 그룹에 대해서는 12세기 중반 쾰른 부근을 근거지로 활동하던 연대기 작가 수도사 에베르빈(Prior Eberwin)이 묘사한 기록이 있다. 이 수도사는 교회가 부패했다는 것을 믿는 사도시대의 이상주의자와 조직적인 대안 종교를 제시한 '새로운 이단자'를 구별했다.[30] 새로운 이단자는 발칸 지방 출신의 보고밀파였다가 이탈리아와 프랑스에서는 카타르파(프랑스에서는 알비파라고도 불렸다)로 편입된 이들이었다. 이단이 주요한 두 유형의 대규모 움직임이라는 이 수도사의 분류법은 타당했다.[31] 하나는 개혁 운동을 하다가 추방된 자들이었고, 다른 하나는 애당초 외부에서 시작된(그리고 자기들이 거부한 대상을 개혁하는 데는 관심이 없었던) 움직임이었다. 과거에 대수도원장이던 브레시아의 아르날도는 사도시대와 같은 청빈을 요구하는 전형적인 개혁가였다. 당대인인 솔즈베리의 존(John of Salisbury)은 "그는 지적으로 예민하고, 불변의 신념으로 경전을 연구하며, 언변이 유창하고 현세에 대한 경멸을 생생하게 설파하는 사람"이라고 지적했다. "그의 가르침은 그리스도교도의 법칙과는 완벽히 합치하지만, 그리스도교도의 삶과는 동떨어진 것이었다." 성 베르나르는 다음과 같이 말했다. "아르날도는 영혼의 피에 대한 갈증과 허기를 느끼는 악마와도 같다." 하지만 아벨라르 같은 인물에 대해 베르나르는 공격하는 입장이었고 아르날도는 옹호하는 입장이었다. 사실상 혁명적 조직가였던 아르날도는 교황과 왕들에 의해 차례로 국외 추방을 당하다가, 마침내 지배계급간에 이루어지는 결탁의 새로운 차원을 보여준 교황과 신성 로마 황제의 합의에 의해 교수형에 처해졌다.[32]

더욱 정통적인 개혁 운동을 벌인 이들은 '리옹의 빈민들'이라 불린 발도파(Waldensians)*였다. 성서를 지방어로 번역하여 일반인들도 혼자서 경전을 읽을 수 있게 하는 등 발도파는 사람들의 욕구불만을 크게 해소해 주었기 때문에, 3차 라테란 공의회(1179)는 (카타르파는 유죄로 판결했지만) 이들을 꾸짖는 정도에서 끝냈다. 교황 알렉산데르 3세는 그때까지도 영혼들을 세속 세계로 다시 불러오기를 원했던 것이다. 교황을 알현하기 위해 로마에 온 발도파의 대표단을 살펴본 부승정 월터 맵(Walter Map)은 자기가 받은 인상을 아래와 같이 썼다.

이 사람들은 고정된 주거가 없으며, 두 명씩 짝을 지어 돌아다닌다. 맨발에 리넨 속옷도 입지 않았으며, 가진 것도 없고, 사도들이 그랬듯이 소유물을 모두 몸에 지니고 다니며, 벌거벗은 그리스도의 발자국을 따라 벌거벗고 돌아다닌다.

5년 뒤 발도파는 파문당했다.

'빈민' 운동은 교회 개혁을 요구했고, 그들의 요구가 교회가 통제할 수 있는 범위를 벗어났기 때문에 유죄판결을 받았다. 발도파와 다른 이

---

* 리옹의 상인 발두스가 시작한, 빈곤의 정신을 이상으로 삼고 금욕을 실천하는 평민 중심의 운동.

3장 이단과 지옥 **159**

단들은 성적인 난교 파티를 열고 영아살해를 일삼는다고 비난받았는데 이는 1, 2세기에 그리스도교도가 받았던 것과 동일한 비난이었다. 모든 초기 그리스도교 변증론자들 — 유스티니아누스(Justinianus), 타티아누스(Tatianus), 테르툴리아누스(Tertullianus) — 은 또 다른 변증론자인 아테나고라스(Athenagoras)가 언급한 바 있는 비난*을 반박한다. "우리에 대한 세 가지 비난이 제기 되었다. 무신론, 티에스테아식 잔치(Thyestean feast),** 오이디푸스적인 근친상간이 그것이다."[33] 테르툴리아누스는 그리스도교도가 듣는 소문 가운데 몇 가지를 경멸하는 어조로 설명했다.[34] 한밤중, 촛불이 켜진 방에 그리스도교도들이 모여든다. 그 촛불 밑에 고기 조각을 놓아두어 개를 끌어들이고 고기를 먹으려는 개들이 촛불을 넘어뜨려 꺼지게 만든다. 이윽고 불경스럽고 근친상간적인 성적 난교 파티며 갓난아이를 살해하는 파티가 이어진다. 이것이 그리스도교도에게 가해지던 비난이다. 그러나 4세기가 되면 성직자들은 **똑같은** 특징들을 영지주의자와 이단자들의 집회에 가져다 붙인다. 오리게네스와 그 추종자들을 괴롭힌 대표적 인물인 키프로스의 에피파니우스(Epiphanius of Kypros) 주교는 어디서 주워들은 환상을 자신이 겪은 실제 경험담이라면서 묘사할 정도로 뻔뻔스러웠다.[35] 이런 이야기의 원래 메뉴에는 이단적 제례에서 정액을 그리스도의 몸이라고 신에게 공양하며, 어린 아기를 가루로 만들어 양념과 꿀로 반죽한다는 내용이 들어 있다. 11세기와 12

---

* 아테나고라스가 그리스도교도를 변호하기 위해 로마 황제 마르쿠스 아우렐리우스에게 올린 변호문에 당시 그리스도교도가 받던 세 가지 주된 비난이 위의 인용문처럼 열거되어 있다.
** 티에스테스라는 사람이 동생에게 초대되어 자기 아들의 살로 만든 음식을 대접받았다는 데서 나온 말로 식인주의를 가리킨다. 당시 성찬식이 종종 인육 먹는 행사로 오인되는 경우가 있었기에 받은 비난.

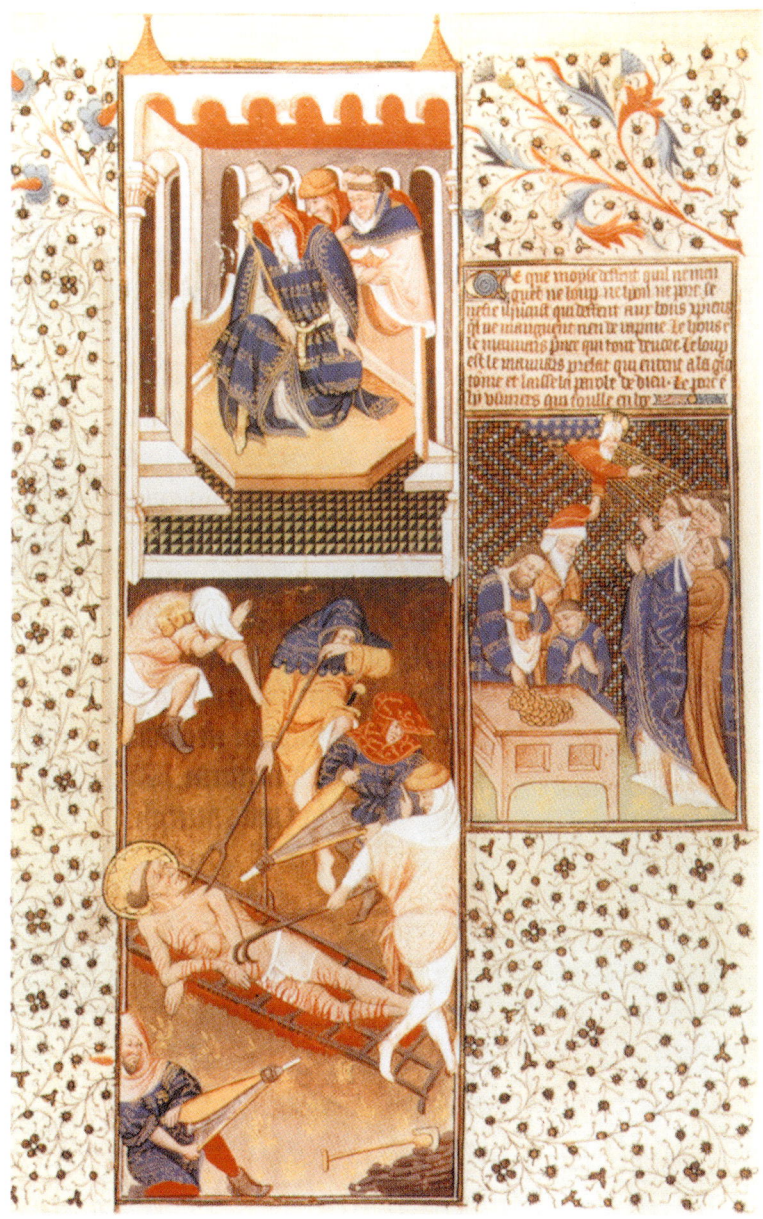

그림 31 "성 로렌스의 순교", *Rohan Book of Hours*, 1425년경. 국립도서관(MS Latin 9471, fol. 219), Paris. 갈라진 갈고리, 특히 휘어진 갈고리창(범죄자와 이단자를 고문하는 데 사용된 것)은 악마가 가장 흔히 사용하는 도구이다(죄인들을 고문하는 데 사용됨).

그림 32 프라 안젤리코, 〈최후의 심판〉, 1431~1435년경. 목판 위에 템페라. Museo di S. Marco, Florence.

그림 33 12세기 후반에 편집된 『수비니 성서』(Bible de Souvigny)에 실린 「욥기」에 있는 표지(원시인 같은 짧은 옷을 입은 악마가 갈고리창을 휘두르는 모습이 보인다). Bibliotheque Municipale(MS fol. 204), Moulins.

그림 34 "영혼의 계량". 고대 이집트식 센티를 입은 악마가 나온다. 소리 게롤라 제단화의 일부. 13세기. 템페라. Museu Nacional d'Art de Catalunya, Barcelona.

그림 35 아폴로-헬리오스 모습을 한 그리스도. AD 350년 이전. 로마의 성 베드로 성당 지하의 카타콤(17세기에 발굴되었음)에 있는 율리우스 씨족 영묘의 모자이크에서.

그림 36 벨벨로 다 파비아(Belbello da Pavia), "The Plague of the First-born", 한 천사가 악마에게 역병을 어디로 퍼뜨릴지 지시한다. 1412년의 *Visconti Hours*에서. Bibliotecca Nazionale Centrale(MS LF 95), Florence.

그림 37 "Office of the Dead", *Rohan Book of Hours*, 1425년경. Bibliotheque Nationale (MS Latin 9471, fol. 159r), Paris. 영혼이 신의 은총을 받아들이거나 거부하는 죽음 앞의 순간의 구체적 판정이 영혼의 미래를 결정한다. 로앙의 대가들은 미카엘의 힘으로 영혼이 악마로부터 구원되는 장면을 묘사한다.

그림 38 사탄과 반란천사들이 불타는 구덩이로 내던져지는 「묵시록」, 940년경의 *Morgan Beatus*에서. Pierpont Morgan Library(Ms M. 644 fol. 153), New York.

그림 39 토르첼로의 산타마리아 아순타에 있는 〈최후의 심판〉 모자이크(그림 42)의 세부. 여기서 천사들이 저주받은 자를 고문하는데, 이 기능은 곧 악마의 독점 영역이 된다.

167

그림 40 신비극에 등장하는 지옥 입구가 그려진 Jean Fouquet의 「성 아폴리나의 순교」(Martyrdom of St. Apollina), *Book of Hours of Etienne Chevalier*, 1445. Musée Condé(MS 45), Chantilly.

세기에는 개가 촛불을 넘어뜨려 끈다는 따위의 이단에 대한 거짓말이 흔했다. 발도파에서 카타르파에 이르기까지 이단자들은 끔찍할 정도로 타락한 악마의 대리인으로 여겨졌다. 따라서 그들을 처형하는 일이 정당화되었다. 프란체스코회의 엄격파와 수많은 논쟁을 거친 끝에 교황 요한 22세는 두 가지 요점을 명백하게 공식화하여, 재산 소유권은 아담과 이브가 에덴에서 쫓겨나기 전부터 존재했으며 이를 의심하는 자는 파문될 것이라는 규정을 제정했다.

영지주의와 마니교에 침투한 페르시아의 이원론을 받아들이고 그것을 활용한 보고밀파와 카타르파의 관점에서 보면 교회가 곧 악마였다. 교회는 사악한 신에 의해 창조되고 통제되는 가시적 세계의 일부인 사탄이었다. '새로운 이단'은 라틴 교회에 대한 거부, 순수한 삶에 바친 헌신적 태도, 평민들 가운데서 유래한 점 등으로 인해 많은 추종자를 얻었다. 1204년에 교황은 카타르파 주교인 베르나르 시모레(Bernard Simorre)와 논쟁을 벌일 대리인을 파견하는 편이 현명하겠다고 생각했다. 하지만 카타르파의 교세가 계속 증가한 것을 보면 교황의 대리인은 논쟁에 별로 유능하지 못했던 모양이다. 4년 뒤 말싸움에 지친 인노켄티우스 3세는 그들을 쓸어 버리기 위한 십자군을 출범시켰다. 어쨌든 종교재판관인 피에르 드 카스텔나우(Pierre de Castelnau)를 1208년에 살해한 것이 카타르파가 아니었던가? 약 50년 뒤 증오의 대상이던 또 한 명의 종교재판관 피에트로 디 베로나(Pietro di Verona)가 암살되었는데, 그는 성인으로 시성되었다. 16세기에 이 성인은 그림의 주제가 되었는데, 사실 포르데노네(Pordenone), 팔마 베키오(Palma Vecchio), 티치아노(Tiziano)는 그런 작품의 계약을 따내려고 치열한 경합을 벌이고 있었다. 티치아노가 이겼지만, 그가 그린 베네치아의 산조반니에 산파올로(SS. Giovanni e Paolo)의 제단화는 지금으로부터 1세기도 더 전에 화재로 소실되었다. 그러나 훌륭한 복제본과 판각이 남아 있는데, 그걸 보고 나면 바사리가 무슨 생각으로 이 그림의 원화인 〈순교자 성 베드로의 죽음〉이 "가장 완벽하고 가장 유명하며 위대한 작품"이라고 말했는지 의아해진다.

13세기로 접어들면서 교황은 이단이 황제의 명을 거역하는 중죄라고 선언했다. 카타르파를 무찌르는 십자군이 시작되었으며, 제4차 라테란 공의회(1215)는 성찬식을 거부하는 카타르파와는 반대로 그 제례를 인정했다. "성체변화"(Transubstantiation: 빵과 포도주가 예수의 피와 살로 변하는 것)라는 것이 최초로 공식 용어가 되었다.

> 모든 이단은 비난받았을 뿐만 아니라 심지어는 이단이라는 의심만 받아도 파문의 칼 아래에 쓰러졌고 모든 사람의 기피대상이 되었다. …… 어떤 직책에 있든 상관없이 세속 권력은 모든 이단을 절멸시키는 데 충심으로 매진하기 위해 교회에 의해 검열받고 자문을 구해야 하고 설득되어야 하며, 필요하다면 강제 조치를 당해야 한다. …… 어떤 세속 군주가 자기 땅에서 이 이단적 사악함을 숙청하라는 요구를 받고, 그렇게 하라는 경고를 받고도 실천하지 못한다면 그는 파문의 족쇄에 채일 것이다. …… 36

공의회는 유대인과 무슬림에게 식별용 배지를 달도록 요구했다. 약 10년 뒤, 이단자의 화형이 제국 전역에서 합법화되었다. 교황 그레고리우스 9세는 프리드리히 2세를 파문했지만, 프리드리히 2세가 제정한 1224년 법률을 사용하여 1231년에 교황 종교재판소를 설립하면서도 조금도 가책을 느끼지 않았다. 그는 직업적인 전문가들(도미니쿠스파와 프란체스코파)로 그 기관을 채웠고, 그들은 오직 교황 본인에게만 보고를 올렸다. 베로나 종교회의는 종교재판의 작동기제를 위한 이데올로기적 근거를 작성했다. 4차 라테란 공의회는 그 근거를 강화하고 확장했으며, 그레고리우스가 칙령을 내리자 이제 종교재판은 유럽 전역에서 실질적으로 작동중인 현실이 되었다. 교황에 따르면 종교재판의 원인은 악마에게 있었다. 우리는 이단을 추적해 내야만 한다고 교황은 힘주어 말했다. 우리는 그들에게 맞서 일어나야 하며, 그들을 논파해야 하고, 모든 사람들을 그들에게, 그리고 사탄의 추종자들을 비난하지 않는 모든 사람들에게 반대하게 만들어야 한다. 우리를 도와줄 당국에게는 "신앙의 적에게 칼을 휘두를 무제한의 자격을 양도한다." 이 교황 칙령의 예리한 칼날을 정당화해 주는 것은 악마였다.

> 인류의 고질적인 적이자 모든 악의 창시자 …… 그는 그 사악한 속임수로써 인류를 전락하게 만들고 비참한 노동에서 헤어날 수 없게 만들었다. 그는 치명적인 그물로 인류를 교묘하게 잡아들이려 한다. 최근 들어 그는 치명적인 독약을 풀었다. …… 이단이 이제 교회에 맞서 공공연하게 일어서려 한다. 우리는 이 해로운 짐승과 기꺼이 싸울 것이다.[37]

1232년에 그레고리우스 9세는 자신이 내린 칙령 서한 「라마의 음성」(Vox in Rama)에서 마녀와 악귀와 이단자에 대해 두서없는 이야기를 늘어놓았다. 독일 왕 하인리히 7세에게 보낸 그 편지에서 그레고리우스는 무경험자들이 처음 이단 집단에 들어가면 두꺼비의 엉덩이와 입에 입을 맞춘 다음 두꺼비의 혀와 침을 빤다고 설명한다. 그는 계속해서 이단의 제례에 대한 환상을 읊어 나가는데, 제례가 끝나면 불을 끄고 성적 난교 파티가 벌어진다고 설명한다. "이 지독하게 운 나쁜 사람들은 루시퍼를 믿고 그가 천체를 창조했으며, 주께서 권좌에서 추락할 때 궁극적으로 다시 영광의 지위로 돌아갈 것이라고 믿는다."[38] 그레고리우스가 처리해야 할 문제가 두꺼비의 혀를 빼는 이단자만은 아니었다. 교회와 국가는 모두 '빈민' 운동이 지니는 사회적 함의뿐만이 아니라 자유로운 사고를 가진 학자와, 12세기 말엽 이후 유럽의 지적 중심지가 된 파리에서 퍼져 나오는 신사고에 의해서도 위협받고 있었다.

파리를 자극한 것은 톨레도에서 전해진 번역서들이었다. 대주교 라이문도(Raimundo)는 유대인과 그리스도교도, 모자라비아교도와 무슬림 등을 모아 여러 분야에 걸친 번역학파(1130~1300)를 최초로 조직했다. 하이메 빈센스 비베스(Jaime Vincens Vives)에 따르면 "특히 알폰소 10세 치하의 톨레도에서 이루어진 대규모의 번역 작업을 서구 문화의 한 경로로 지칭하는 것이 통례"였지만, "지난 몇 년 동안 그것은 더 이상 통상적인 일이 아닌 것으로 밝혀졌고, 유대적이고 무슬림적인 사고방식이 그리스도교 사고방식의 가장 깊고 은밀한 내면에 어느 정도의 영향을 미쳤는지가 중요한 쟁점으로 부각되었고 이에 따라 그에 대한 연구가 활발해졌다."[39] 이슬람 지배하의 스페인에 대한 최근의 연구 결과는 의학과 수학, 천문학뿐만이 아니라 과학 분야에서도 그리스 로마 시대의 고전 텍스트가 무어인들의 창의적 노력으로 보완되었고 이것이 유럽에 전달되었다는 사실을 보여주는데, 이는 앞서 언급한 비베스의 판단을 뒷받침하는 것이다.[40] 12세기 전반기에 유럽에서 가장 중요한 학자는 아마 유대인 번역가이자 편집자이며 작가인 톨레도의 요하네스 아벤드훗(Johannes Avendehut)이었을 것이다. 하지만 그 학파와(그리고 악마와) 관련된 가장 매력적인 인물은 마이클 스콧(Scot 혹은 Scott, 또는 Escostus)*인데, 그의 삶은 복잡하게 얽혀 있는 13세기 초반의 정치와 철학과 인물들에 긴밀하게 연관되어 있다.

13세기의 새벽이 밝기 직전, 장차 교황에 오를 호노리우스(Honorius)

---

* 미켈레 스코토라고도 불린다.

3세는 미래의 신성 로마 황제 프리드리히 2세를 교육하기 시작했다(프리드리히는 나중에 호노리우스의 정치적 스승이 되어 교황의 입맛에는 맞지 않지만 삼키지 않을 수도 없는 몇 가지 교훈을 주게 된다). 이 기묘한 인연은 (단테의 책에 붙은 익명의 주석자의 말에 따르면) 프리드리히가 마이클 스콧에게서 배우게 되면서 더욱 복잡해졌다. 더 놀라운 일은 프리드리히 2세와 호노리우스 간의 갈등이나, 호노리우스의 계승자인 그레고리우스 9세와 프리드리히 간의 더욱 추악한 분쟁에도 불구하고, 마이클 스콧이 황제와 교황 모두의 보호를 받았다는 것이다. 스콧은 보카치오가 이야기한 것처럼 정말 마력을 가지고 있었던 모양이다. 그는 『데카메론』(제8일, 9번째 이야기)에서 피렌체를 방문하여 그 도시의 유명인사들과 술과 식사를 함께 한 흑마술의 대가로 그려지는 바람에 유명해졌던 것이다. 보카치오의 시대에서 약 500년이 지난 뒤, 월터 스콧 경(Sir Walter Scott)이 쓴 『최후의 음유시인 이야기』(*The Lay of the Last Minstrel*)에는 한 늙은 수도사가 달빛 속의 멜로즈 수도원에서 청중들에게 하프를 뜯으며 스페인과 그 너머로의 여행 이야기를 노래로 읊어주는 부분이 나온다(2부, 8절).

저 먼 지방에서 나는 운명처럼
저 놀라운 마이클 스콧을 만나게 되었지.
그토록 두려운 명성을 지닌 마법사,
살라망카의 동굴에서
그가 마법 봉을 기울여 휘두르면
노트르담의 종이 울리곤 했지.

월터 스콧 경은 이 시에 붙인 방대한 '주석'에서 스코틀랜드에서는

"까마득한 옛날의 엄청나게 위대한" 업적은 마이클 스콧이라든가 민족적 영웅인 윌리엄 윌리스 경(Sir William Wallace), 아니면 악마의 것으로 치부되곤 했다는 말도 한다. 레오나르도 피사노(Leonardo Pisano: 1170~1250)*는 1228년에 인도-아라비아 숫자를 서구에 처음으로 소개한 『주판서(珠板書)』(Liber abbaci)를 썼는데, 이 책의 개정증보판을 헌정받은 사람이 바로 스콧이었다. 하지만 이런 스콧의 명성은 그의 특이한 관심사 때문에 수난을 겪었다. '만물박사'였던 알베르투스 마그누스(Albertus Magnus)는 자연과 아리스토텔레스에 대한 스콧의 이해도가 상당히 낮았다고 평가했지만, (당대에는 그의 제자 아퀴나스보다 더 유명했던) 알베르투스가 스콧의 번역문을 자신의 저술에 그대로 가져다 썼다는 사실을 생각하면 이 평가에 대해서는 의문이 좀 생긴다.[41] 궁극적으로 스콧은 그리스도를 조롱한 자로 간주되었고(마이클 스콧의 죽음을 해석하면서 벤베누토[Benvenuto]는 스콧이 '우리 주'를 거의 믿지 않았다고 했다), 단테의 『신곡』에서는 지옥의 네 번째 구렁(bolgia)**에 배치되었지만, 그가 아주 특별한 수준의 지적 호기심을 가진 인물이었으며, 톨레도에 관심을 가지고 아랍어를 익혀 아리스토텔레스와 아베로에스(Averroës), 아비켄나(Avicenna)를 번역했던 극소수의 지식인 가운데 한 사람이었다는 점을 감안할 때 그의 영향력은 과소평가된 것 같다. 로저 베이컨(Roger Bacon)은 『오푸스 마이우스』(Opus maius)에서 스콧이 1230년에 아리스토텔레스의 저술을 옥스퍼드와 파리로 손수 가져왔다고 기록하고 있다.

아리스토텔레스의 저술이 정확하게 번역되어 나타나기 시작했을 때

---

* 보통 'Fibonacci'라고 알려진 수학자. 이탈리아 출신이지만 북아프리카에서 교육받고 다시 피사로 돌아와 집필했다.
** 지옥의 제8옥 중 제4구렁으로 마법사들이 빠져 있는 곳.

는 이에 대한 비난이 쏟아졌다. 하지만 1250년에 나온 토마스 아퀴나스의 꼼꼼하기 이를 데 없는 해석본에서는 동일한 저술들이 적법한 것으로 평가되었다. 아퀴나스가 해석들을 조립하기 전에는 저 주목할 만한 샤르트르학파의 클라렘발트(Clarembald)와 아마우리(Amaury)도 12세기의 아랍인 철학자 아베로에스를 통해 아리스토텔레스를 공부했다.⁴² 모든 것은, 심지어는 신까지도 인식의 대상이라고 가르치는 그들의 사상은 정통적인 죄와 구원 개념을 근본부터 흔들었다. 역사가 프리드리히 헤르는 "이후 지드, 사르트르, 카뮈에까지 내려오는 호전적이고 비그리스도교적인 인문학적 사고방식"의 기원이 이러한 사상에 있다고 본다.⁴³ 13세기의 당국은 헤르 교수 같은 시각을 갖고 있지 않았다. 1215년의 제4차 라테란 공의회는 요아킴(Joachim: ?~1201),*** 베네의 아마우리(Amaury of Bene), 디낭의 다비드(David of Dinant)의 교리를 비난했고, 그들의 책을 불태우라고 명했다. 아마우리는 아베로에스를 읽었다는 이유로 부관참시되었다. 아마우리 같은 인물은 큰 영향력을 지닌 신비주의자 요아킴의 특이하고 독창적인 전망에 함축된 사상을 명료하게 표명했으며, 단테는 『신곡』에서 요아킴을 "진정한 예언자적 정신으로 빛나는 인물"로 묘사했다. 마이클 스콧과 동시대인인 로저 베이컨(스콧처럼 연금술사이던) 역시 요아킴에게 매력을 느꼈는데, 이것이 아마 베이컨 수사가 1270년대 후반에 수감된 이유 가운데 하나였을 것이다. 요아킴은 로마식 위계질서도 없고 성찬식도 따로 없는 새로운 시대를 제시했기 때문에 감옥에 갇힐 뻔했다. 하지만 그의 전망은 이단적 학자들의 사상과 대중적 이단 집단을 연결시켰다. 빈곤과 평화의 정신 및 산상수훈에서 설교된 이상으로 제도화된 교회를 대체하려는 것이었다. 요아킴과

*** 시토 수도회의 수도원장을 지낸 인물로, 묵시문학적이고 예언자적 흐름을 강화했다.

프라티첼리(Fraticelli)*는 세가렐리(Segarelli)가 이끄는 사도분파(Apostolics)**에게 영향을 주었는데, 세가렐리는 수감되었다가 1300년에 파르마의 화형주에서 불타 죽었다. 그 다음에는 노바라의 프라 돌치노(Fra Dolcino)가 지도자가 되어 수천 명의 지지자를 얻었다. 종교재판관에게 추적을 당한 사도분파는 산지로 달아나서 천사 교황(Angel Pope), 즉 13세기 후반의 사도분파가 기대했던 꿈의 인물을 기다렸다. 불행하게도 지상의 교황은 템플 기사단의 의례가 불경스럽다는 거짓말을 날조하여 기사단이 가진 부를 약탈한 필립(Philip) 4세 앞에서 비굴하게 처신한 클레멘스 5세였다. 하지만 교황 클레멘스는 '세상을 오염시키는 악귀들'인 사도분파를 섬멸할 정도의 줏대는 있었다. 「지옥」(28칸토)에서 마호메트는 단테에게 이렇게 말한다.

> 그리고 그대는 아마 태양을 곧 보게 되겠지, 그러면
> 프라 돌치노에게 여기에서
> 나와 조속히 만나고 싶은 것이 아니라면
> 식량을 비축해 두는 편이 좋을 거라고 말해 두게.
> 그렇지 않으면 앞이 보이지 않게 휘날리는 눈이
> 그의 적들에게 승리를 안겨줄 것이네
> 눈이 아니라면 그들이 쉽게 이기지는 못하겠지만 말일세.

---

* 13세기에서 15세기 사이에 이탈리아에서 번성했던 종교 집단. 주로 프란체스코 수도회의 한 갈래로 시작되었다. 원래는 어떤 특정한 분파를 가리키는 의미는 아니었으나, 나중에는 아래에 나오는 사도분파와 뒤섞이게 된다. 청빈과 탁발의 이념을 더욱 강력하게 추구하여 광범위한 지지를 얻었고, 정통으로 인정받을 기회도 여러 번 있었으나 결국은 박해받아 소멸했다.
** 초기 교회 사도들의 삶을 재현하겠다는 의도에서 나온 이름.

"눈이 아니라면 그들이 쉽게 이기지는 못하겠지만"이라는 구절에서 확인할 수 있듯, 단테는 그리스도의 빈민들이 계속 강력한 지지를 얻고 있다는 사실을 이해했다. 그리고 단테는 기꺼운 마음으로 돌치노의 박해자인 클레멘스 5세의 자리를 지옥에 마련해 두었다. 돌치노의 공동체는 겨울이 되어 눈이 오고 기근 때문에 쓰러질 때까지 교황군에게 저항했다. 1307년에 돌치노는 (지옥에서 당하는 고통과 똑같이) 시뻘겋게 달군 꼬챙이로 온 몸이 찢어 발겨졌고, 그의 추종자 140명은 화형당했다.

교회가 이단과 가장 격렬하게 투쟁을 벌이고 있는 동안 최후의 심판은 수도원 교회와 성당 현관의 주제로 인기를 얻었다. 로마네스크 조각을 재평가하여 얻은 최근의 결론은 기념비적인 조각은 정치적·사회적인 사안에 관해 교회가 수도원 참사회와 일반 대중에게 메시지를 전달하는 수단으로 처음 등장했다는 것이다.[44] 이것이 바로 팀파눔에 새겨진 최후의 심판이 놓인 맥락이다. 그 가장 훌륭한 사례는 오텡에 있는 것인데, 그곳에서 우리는 악마의 용모를 보게 된다.

최후의 심판이라는 발상이 처음 나오는 것은 라벤나의 산아폴리나레누오보(S. Apollinare Nuovo)에 있는 6세기의 모자이크이다. 그것은 (「마태복음」 25:32~33에 따라) 양과 염소를 분리하는 장면을 보여준다(그림 41). 그리스도는 붉은 천사와 푸른 천사 사이에 서 있는데, 어떤 학자들은 여기에 그려진 '푸른 천사'가 최초의 악마 그림이라고 한다(그리하여 이 모자이크는 널리 보급된 수많은 해설서에 인용된다).[45] 그러나 이 견해는 옳지 못한 것 같다. 그리스도는 앉아 있고 그 옆에 천사 둘이 서 있는데, 하나는 붉고 다른 하나는 푸르다. 또 오른쪽에는 양 세 마리, 왼쪽에는 염소 세 마리가 있다. 그러나 산아폴리나레누오보를 직접 찾아가더라도 볼 수 있는 것은 별로 많지 않을 것이다. 왜냐하면 이 모자이크

그림 41 「양과 염소의 분리」Seperation of the Sheep from the Goats, 아마 최초의 〈최후의 심판〉이겠지만 최초의 악마는 아니다. 500년경의 모자이크. 라벤나의 산아폴리나레누오보.

는 천장 바로 아래, 높은 곳에 띠 모양으로 배열된 그리스도의 기적을 묘사하는 커다란 시리즈 가운데 하나일 뿐이기 때문이다. 눈에 띄지 않는 위치에 있는 이 기적의 장면은 주제 면에서나 솜씨 면에서나 모두 관습적인 그림이다. 만약 푸른 천사가 악마라면 그것은 악마 그림으로서 최초일 뿐만 아니라 최후의 심판이 내려지는 동안 악마가 예수의 왼쪽에 서 있는 유일한 사례이지만, 이 시리즈 전체가 준수하고 있는 정통적 입장의 맥락을 볼 때 그러한 혁신적인 배치가 이루어졌을 법하지 않다. 그러나 몇몇 사람들은 푸른 천사가 반란천사의 모티프라고 믿고, 또 다른 일부 사람들은 말도 안 되는 소리라고 생각한다. 사실 푸른색은 동정녀 마리아의 색깔이다. 기적 장면 아래에 있는, 그 큰 규모만큼이나 중요한 모자이크에는 푸른색 후광을 가진 천사 네 명에 에워싸여 있는 마돈나가 있다. 색깔로 말하자면 악마에게 더 어울리는 것은 지옥의 붉은 색일 듯하다. 한참 후대에는 푸른 천사가 여러 가지 방식으로 해석될 수 있는 사례들이 몇 개 나오기는 한다. 하지만 푸른 천사는 거의 모든 경우에 확실하게 신성한 존재이다. 베네치아의 산마르코 사원 세례당의 한쪽 벽에 있는 15세기 중반의 모자이크가 그 명백한 사례이다. 거기에서 예수는 세 명의 천사가 지켜보고 있는 가운데 세례를 받는데, 셋 중의 두 명이 푸른색이다. 혹은 이보다 더 이르게,『하인리히 2세 황제의 복음서 발췌본』(*Book of Pericopes*, 1000~1010년)*에 그려진 부활의 천사도 푸른색이다. 맥락을 벗어난 것은 별 의미가 없다. 라벤나 모자이크를 보라. 이 그림 안에 있는 어떤 것이 **본질적으로** 악마를 지칭하는가? 모든 사항은 그 반대 견해를 지지한다. 예를 들어, 푸른 천사는 양을 바라보고 있는 눈 — 예수의 눈처럼 — 을 제외한 모든 점이 붉은 천사와 똑같다. 특히 푸른 천사의 발 자세가 붉은 천사의 것과 똑같다는 점을 주목하라. 이것은 중요한 사항이다. 왜냐하면 중세의 화가들은 발 자세를 통해 사기꾼이나 악귀를 표현하곤 했기 때문이다.[46] 푸른 천사 앞에는 양이 아니라 염소가 있다는 사실 이외에 그것이 악마임을 가리킨다고 볼 요인이 하나라도 있는가? 그렇다면 염소는 어디에 놓였어야 할까? 아마 화가는 그리스도의 왼쪽을 빈 곳으로 남겨두었어야 했는지도 모른다.

11세기 이후 최후의 심판은 세 가지 주요 부분으로 확장되었다. 파루시아(Parousia: 심판하기 위해 오시는 그리스도의 재림), 축복받은 자와 저주받은 자의 선별, 죽은 자의 부활이 그것이다. 베네치아의 석호에 있

---

* 페리코프란 성경에서 장, 절에 구애받지 않고 문맥이 이어지는 전체 모두를 가리키는 단위의 이름, 또는 특정 전례 행사에서 낭독하기 위해 복음서의 해당 부분을 모은 것을 뜻한다. 이 책은 그리스도가 하인리히 황제와 황후에게 왕관을 씌워 주는 장면을 중심 삽화로 하는 채식사본이다.

는 섬인 토르첼로에는 639년에 세워진 거대한 바실리카가 있다. 짐작이지만, 이 성당에 현존하는 모자이크(그림 42)는 11세기의 것을 정확하게 재현한 것이다. 이 작품은 규모는 거대하지만 예술적 통일성은 부족하다. 오늘날의 방문객은 어디부터 먼저 보아야 할지, 어떤 순서로 보아야 할지를 알 수가 없다. 이것은 하나의 배치도를 복제한 것으로는 보이지 않는 최후의 심판이며, 이 그림의 도상학의 연원은 알려져 있지 않다. 여기에는 그 이후의 여러 세기 동안 발전하게 되는 복합적 내용, 즉 아나스타시스(Anastasis: 지옥 정복), 파루시아(재림), 데에시스(Deësis: 중재와 자비), 헤티마시아(Hetimasia: 옥좌), 영혼의 계량 등의 주제가 채택되어 있다. 토르첼로 모자이크에는 최후의 심판에 선택되는 요소들 중 도상학적으로 특히 영향력이 큰 것들이 포함되어 있기 때문에 연구할 만한 가치가 있다.

첫 번째 층에는 아나스타시스, 즉 부활 및 지옥으로의 하강이 표현되어 있다. 그리스도는 지옥의 문을 부수어 열고 열쇠뭉치를 흩어 버리며 의인(義人)을 구원한다. 그의 옆에는 몸집이 거대하고 멋진 옷을 차려입은 천사 두 명이 교회를 위해 제국의 보주를 들고 시립하고 있다. 두 번째 층은 파루시아, 즉 재림이다. '재림'은 왕족의 방문에 사용하는 공식 용어이기 때문에 신약성서의 초기 저자들은 이 말을 기피했다. 그리스도는 왕족 같은 영광 속에서가 아니라 굴욕을 당하면서 오셨으니 말이다. 그러나 후대의 교회는 이 용어를 쓰는 데 조금도 주저하지 않았다. 이 파루시아에서 그리스도는 이제 1/3 정도의 크기로 줄어들어 만도를라 안에 들어가 있다. 타원형의 신성한 틀인 만도를라는 5세기경 로마 산타마리아마조레(S. Maria Maggiore) 성당에 그려진 모자이크의 '신성

그림 42 The Last Judgement, 12세기 모자이크. 베네치아 근처의 토르첼로 섬에 있는 산타마리아아순타 소재, 복원된 이후.

한' 구름에서 발전해 나온 것으로 일종의 보호용 자궁 같은 것인데, 6세기의 영향력 있던 「라불라 복음서」에 실린 유명한 승천도에도 나온다 (아마 그보다 더 먼저 만들어진 모자이크를 베꼈을 테지만). 만도를라는 로마네스크 미술에서는 꽤 널리 퍼진 형태이며, 고딕 예술에도 많이 나오지만 르네상스 시대에는 구태의연한 장치로 간주되어 폐기되었다. (이 모티프는 만도를라 집착증이 있었던 것 같은 난니 디 방코[Nanni di Banco]가 1414~1421년에 피렌체의 두오모[Duomo]에 있는 포르타 델라 만도를라[Porta della Mandorla]의 박공에 〈성모승천〉을 새김으로써 예술적으로 완결되었다고 할 수 있다.) 토르첼로 모자이크에서 동정녀와 요한은 예수의 양 옆에서 중재자 역할을 한다. 이것이 데에시스이다. 세 번째 층은 빈 옥좌를 신성한 상징으로 꾸미는 헤티마시아(시편 9:7)이다. (텅 빈 옥좌는 2세기 이후 불교 도상학의 표준 특징이었다.) 네 번째 층의 중앙에는 동정녀가 있다. 그녀 오른편에는 축복받은 자가 있고 저주받은 자는 그녀의 왼편에 있다. 네 번째 층의 동정녀 바로 위에는 미카엘과 악마가 등장하는 장면이 있는데, 아마 이것이 영혼의 계량이 그림에 나타난 최초의 사례일 것이다. 이 장면이 널리 그려지게 된 한 가지 이유는 축복받은 자와 저주받은 자, 정통과 이단의 분리를 반영하는 것으로서 효용이 있기 때문이다.

마지막 구역에는 성자들이 그려진 화폭 하나와 지옥이 그려진 여섯 개의 작은 화폭이 있다. 이상하게 보이는 곳이 몇 군데 있지만 그 중에서도 가장 눈에 띄는 부분은 탯줄 같은 붉은 불길이 만도를라에 들어 있는 예수로부터 나와 확대되어 지옥불이 되는 장면이다(그림 39). 거기서는 덩치 큰 천사 두 명이 긴 장대로 저주받은 자들을 찌르고 있다(후대에는 이 일을 악귀들이 갈고리창으로 수행하게 된다). 이 불꽃 속에서 마치 공이 물 위에서 떠다니듯이 저주받은 자들의 머리가 넘실댄다. 푸른 날개를 단 깨알만한 천사들이 이단자들의 수염과 머리칼과 터번을 잡아당긴다. 저주받은 자를 고문하는 천사들은 초기 외경 묵시록의 특징인데, 천국과 지옥에 대한 환상을 담고 있던 이런 묵시록들은 아주 인기가 높았다. 「지옥」(2칸토, 28~30행)에서 순례자 단테는 이미 천국과 지하 세계를 다 여행한, '선택된 그릇' 성 바울과 비교된다. 주석자들은 거의 대부분 여기에서 천국에 대한 언급만 보지만 실제로는 지옥까지도 포함된 것으로 보아야 할 것이다. 단테는 「바울의 묵시록」에 나오는 인기 있고 대중적인 4세기의 지옥 설명에 영향을 받았으니 말이다. 그 설명은 또 2세기에 만들어진 「베드로의 묵시록」에 크게 의존하고 있다. 광범위하게 유통되던 「베드로의 묵시록」은 2세기와 3세기에 아주 널리 알려져 있었다. 지옥에 대한 이러한 시각적 묘사는 신학보다는 문학에 더 가까운데, 대개 천사가 저주받은 자들을 처벌하는 내용이다. 바울은 "무자비한 천사들, 연민도 없고 분노로 가득 찬 표정의 천사들"을 본다(11). 그는 "타르타루스(지옥)의 지킴이인 천사들에게 목이 졸리고 세발 달린 쇠 도구로 내장이 찍히는 노인"(34)을 보았다고 말하면서 세발 달린 갈고리에 대해 언급한다. 바울은 말한다. '나는 검은 옷을 입은 여자들과 손에 불타는 사슬을 들고 있는 무서운 천사 네 명을 본다. 그리고 그들은 (그 사슬을 ― 인용자) 여자들의 목에 감고 어둠 속으로 끌고 들어간다." 저주받은 자와 간택된 자들을 분리하고, 운명에 따라 정해진 고문 장소로 저주받은 자들을 끌고 들어가서 처벌하는 것은 나중에 악마와 그의 부하 천사들의 임무가 되었다. 초기의 그러한 대중적 묵시록을 반영하는 최후의 심판 가운데 중요한 것으로는 토르첼로 모자이크가 유일하다. 아마 이러한 작품들에 나온 잔인한 천사와 지옥의 개념이 그다지 많이 쓰이지 않은 이유 하나는 당국이 외경을 좋아하지 않았기 때문이었을 것이다. 예컨대 레오 교황은 "그러나 외경은 사도의 이름하에 여러 가지 도착된 내용을 담고 있는 책으로서, 금지되어야 할 뿐만 아니라 몽땅 제거되고 불에 태워져야 한다"고 공지했다. 레오의 말을 비웃기 전에 우리는 이러한 외경 복음서와 묵시록을 충실하게 영역한 최초의 학자인 M. R. 제임스(James)가 그러한 작품들이 "내적 가치와는 전혀 어울리지 않는 영향력을 행사했다"며 한탄했다는 것을 염두에 두어야 한다. 그의 번역은 1963년까지는 표준적 번역으로 여겨졌으며, 이는 올바른 평가이다. 그런데도 제임스 자신은 그렇게 많은 외경 저작이 상실된 것은 애석한 일이지만, 동시에 "그것들이 처음에는 잊혀졌다가 결국 없애라는 판결을 받은 데 대해서는 별 이견이 없다"고 말했다.[47]

기념비적인 토르첼로 모자이크 이후로는 그 어떤 천사도 더 이상 악에 대해 분노하거나 죄인을 처벌하지 않는다. 그 대신 11세기 말엽 이후에는 악마와 그의 부하들이 즐겁게 죄인을 고문한다. 두 명의 몸집 큰 천사 오른편으로 커다란 푸른 괴물이 왕좌(페르시아 수사[Susa] 지역의 유명한 아르타크세르크세스[Artaxerxes]의 왕궁에 있는 BC 5세기의 황소 모양 주두부를 본떠 만든)에 앉아 있다. 왕좌의 팔걸이는 벌거벗은 사람 둘을 집어삼키고 있는 뿔 달린 괴물의 머리 모양이다. 괴물의 무릎에 편안한 자세로 자그마한 사람이 앉아 있는데, 천사 같은 옷을 입고 있지만 날개도 없고 샌들도 신지 않고 있다. 이 괴물은 누구인가? 저 작은 사람이 적그리스도인가? 제프리 버튼 러셀은 그것이 유다라고 주장한다. 아마 이 괴물은 지옥의 정복 모티프에서 악마가 섬기는 지옥을 의인화한 것인지도 모른다. 악마는 때로는 작은 주인이라는 뜻의 '마지스테룰루스' (magisterulus)라고 불리기도 하는데, 이 장면은 그 호칭과 어울리는 것 같다.[48] 그리스도가 포로로 잡힌 자들을 해방시키려고 내려오면서 지옥을 짓밟는 장면을 묘사한 모자이크 가운데 적어도 두 작품(베네치아의 산마르코 사원과 다프니[Daphni]의 도르미티온[Dormition] 교회에 있는 12세기 초반의 작품)에서 바로 이 괴물이 발견된다. 어떻든간에 이 지옥에 있는 요소들이 복합된 장면은 재미있기도 하지만 대단히 혼란스러워, 전체 작품은 정말 온갖 것들의 잡탕이라 할 만하다. 온갖 잡동사니가 색채, 크기, 배열 순서 등을 결정하는 신학적 상징과 공식을 매개로 물리적으로 결합되었다. 각 상이한 단계들은 아마 지상에 사회적 질서를 더 엄격하게 부과하고, 교회의 공적 가르침을 따르는 자와 자기들 자체의 교설을 퍼트리는 것으로 간주된 자들 간의 확연한 분리를 반영할 것이다.

영혼의 계량

인간의 영혼을 계량하는 것과 같은 이야기는 성서에 나오지 않는다. 1100년 이전에는 어떤 필사본이나 교회에서도 이에 관한 묘사를 찾을 수 없다. 하지만 수많은 이집트 신왕조의 무덤과 『사자의 서』의 채식사본(그림 43)에는 그런 것이 있다. 이집트인들은 아마 틀림없이 한 인간이 죽은 뒤 그에 대해 도덕적 판단을 내린 최초의 종족이었을 것이다.[49] 죽은 자가 미래의 삶을 시작하기 전에 호루스(Horus)가 그를 오시리스(Osiris)의 심판장으로 데리고 간다. 그의 심장은 신성한 정의의 저울로 심판된다. 진실의 여신인 마아트(Maat)의 깃털보다 그것이 더 무겁다면 죽은 자는 괴물인 암미트(Ammit)에게 던져지고 암미트는 악어 같은 턱을 벌려 죽은 자를 집어삼킨다. 암미트는 악어 머리를 하고 있다. 그의 몸뚱이는 일부는 사자이고 일부는 하마이다. 재칼 머리를 한 장례의 신인 아누비스(Anubis)는 저울추의 눈금을 맞춘다(그림 44). 이비스 머리를 한 신들의 기록자 토트(Toth)는 암미트가 바라보고 기다리는 동안 기

그림 43[상] 아니(Ani)의 파피루스, BC 1300~1400년경. 여기에서 이비스 머리를 한 토트가 진실의 여신인 마아트의 깃털을 기준으로 하여 죽은 자의 심장의 무게를 단 결과를 기록하는 동안 악어-사자-하마 괴물인 암미트가 지켜보고 있다. 런던의 대영박물관.

그림 44[하] 재칼 머리를 한 아누비스가 "영혼 계량"을 위해 저울을 조정하고 있다. 아니의 파피루스에서 (그림 43 참조).

록을 한다. 열두 명의 신들이 증인이 되어 판결을 확정한다. 저울이 움직이지 않으면 죽은 자는 무죄가 되고, "암미트는 그에게 힘을 쓰지 못할 것이고, 오시리스가 있는 곳으로 들어갈 수 있게 허용된다." 그러면 호루스는 죽은 자를 이끌어 오시리스의 옥좌 앞으로 데리고 간다.

이 고전적인 표상은 BC 1300년경의 것이지만, 그 주제는 여러 세기 동안 지속되었다. BC 500년경에서 300년에 이르는 동안 파피루스에 나오는 내용은 많이 변했는데, 변한 것은 분위기만이 아니었다. 마치 의미의 일부가 상실되거나 오해된 것과도 같았다. 왜냐하면 나중에는 암미트가 토트를 지켜보고 있지 않고, 호루스와 아누비스가 저울을 만지작거리고 있으니 말이다. 한 주제의 도상학적 의미가 사라지는 까닭은 대개 원래의 신념이 희석되기 때문이다. 이제 그 신념은 직접 체험된 신념이 아니라 주입된 것이 되어 버린다. 이와 똑같은 변화 과정이 7세기에 영혼의 계량에 관한 서구의 태도에서 일어났다.

영혼의 계량이라는 이 이집트식 주제, 혹은 정신의 계량(psychostasia) 상태는 어떤 경로로 유럽의 성당에 도달했을까? 이집트 그리스도교도가 받아들인 이 주제를 아일랜드 수도사들이 전달했을 수도 있고, 어쩌면 아일랜드 수도사들이 오시리스를 그리스도로 대체하고 아누비스와 토트의 팀을 미카엘과 사탄이라는 두 적대자로 바꾸었을 가능성도 있다. 이집트와의 관련이 있는 것은 틀림없다. 성 패트릭(St. Patrick) 본인이 유명한 '이집트' 수도원이 있는 지중해의 레렝(Lérins) 섬을 방문한 바 있다고 알려져 있다. 아일랜드 수도사들은 이집트 및 시리아와 직접적인 접촉을 유지하고 있었다. 7세기 후반에 나온「린디스판 복음서」(Lindisfarne Gospels)에 그려진 복잡하게 엇갈린 교직 무늬는 콥트 미술에서 볼 수 있는 것과 비슷하다. 그리고 아일랜드 라우스(Louth)에 있는 수도원 유적 모나스테보이스(Monasterboice)의 석조 십자가 중에 제일 유명한 뮈레다흐(Muiredach, 10세기 초반)에서 우리는 현존하는 최고(最古)의 영혼 계량의 사례를 볼 수가 있다. 아일랜드를 방문한 이들이 이 주제를 전했을 것이며, 7세기에 프랑스와 이탈리아 전역에 수도원을 세운 것도 아마 박식하고 예술적인 아일랜드 출신 수도사들이었을 것이고, 최후의 심판에 영혼의 계량을 포함시킨 것도 그들이었을 가능성이 크다.

13세기에 만들어진 소리게롤라 제단화에서 미카엘과 싸우는 악마가 1,500년도 더 전의 의상인 이집트식 옷을 입고 있었다는 사실을 알아차린 사람은 아무도 없는 듯하다(그림 34). 최근의 한 연구에 의하면 고대의 성서 그림 두루마리가 이집트에서 온 것이며, 파피루스에 그려져 있는 이것이 그리스도교 미술에 강력한 영향을 미쳤다고 한다.⁵⁰ 소리게롤라의 화가들은 틀림없이 이집트의 종교 제례화의 복제본을 몇 장 갖고 있었을 것이다. 화가는 이집트식 셴티(shenti)*를 별 상상력도 발휘하지 않고 그대로 가져다 쓰기는 했지만 전통에 따라 꼭 필요한 수정 몇 가지를 가하기는 했다. 그리스도교 판본에서 인간의 선행은 악행과 대비하여 계량된다. 그리스도교도가 마아트를 쓰지는 않을 테니까 마아트의 깃털 대신에 악귀 도깨비를 데려다 놓았다. 악귀 도깨비가 저울의 한쪽 접시에 앉아 있고, 계량될 영혼이 다른 쪽 접시에 놓인다. 영혼 쪽이 내려간다면(선행의 무게로 인해 작은 악귀보다 더 무거워진다) 그 영혼은 구원되고 축복받은 자들과 합류한다. 악귀 도깨비의 접시가 내려가면 영혼은 위로 솟구치며, 그 영혼은 저주받는다. 물리학적으로는 이상한 현상이지만 계량은 대충 이런 식으로 작동한다고 되어 있었다. 그 때문에 악귀가 동료 도깨비의 접시를 내려가게 만들려고 잔꾀를 부리는 것을 볼 수 있고, 13세기가 되면 이런 요소로 인해 신비극이나 그림에서 코믹한 장면이 흔히 벌어지곤 한다(그림 13).

영혼 계량이라는 모티프는 1000년 이상 동안 언제나 손에 닿을 만큼 가까운 곳에 있었지만 12세기 이후에야 사용되기 시작했다. 그 이전에는 왜 사용되지 않았을까? 이 질문도 그럴 듯하게 보이지만 그보다 더 의미심장한 질문이 다음에 나온다. 애당초 그것은 왜 사용되었던 것일까? 이는 영혼의 계량은 사실 **절대로** 다루어지지 **말았어야** 하는 주제이기 때문에 더욱 흥미 있는 질문이다. 그것이 '특정인 판정'(Particular Judgment)이라는 교회의 핵심적인 교리와 상반되기 때문이다. 인간이 천국

---

* 고대 이집트에서 남녀 모두가 일반적으로 입던 허리 옷. 직사각형의 천을 절차에 따라 허리에 감아 입었다.

에 가는가, 지옥에 가는가에 대한 결정적인 판정은 어떻게 내려지는가? 선행이나 악행은 결정적인 요인이 아니다. 심지어 가장 사악한 인간도 만약 최후의 순간에 그리스도를 받아들이고 은총에 대한 믿음을 가진다면 구원**될 수 있다**. 단테가 지은 「연옥」편 첫부분의 칸토는 '죽음의 순간'(in articulo mortis), 즉 영혼이 육체를 떠나는 최후의 순간에 회개한 사람들에 관한 것이다.

크리스토퍼 말로(Christopher Marlowe)의 파우스트 박사는 최후의 순간에도 구원**받을 가능성**이 있었다. 물론 선한 사람은 곧 천국에 가고 악한 사람은 천국에 들어갈 수 있기까지 고통스러운 죄값을 치러야 한다(이것이 연옥의 기능이다). 하지만 어떻든간에 그는 천국에 **틀림없이** 간다. '특정인 판정'(천국인가 지옥인가에 대한)은 인간의 운명이 결정되는 것은 최후의 순간이며, 악마가 그의 영혼을 움켜쥘지도 모르는 순간도 바로 그때라는 것을 의미한다. 이 정통 교리 및 이에 따라 상상된 상황이 로앙의 대가(Rohan Masters)**들의 풍부한 표현력으로 묘사되어 있다(그림 37).

'특정인 판정'은 한 인간의 운명을 죽음의 침상에 가둔다. '영혼의 계량'은 한 인간의 운명을 오랜 세월 뒤인 심판의 날에 결정한다. 둘은 서로를 중복되는 불필요한 것으로, 심지어는 우스꽝스러운 것으로 만들어 버린다. 이 밖에도 죽은 자들의 부활이라는 골치 아플 정도로 복잡한 문제도 있다. 심판의 날에 일어나는 이 사건의 도상학은 축복받은 자와 저주받은 자를 보여줄 필요가 있다. 그들의 운명은 이미 결정되었다. 이 사실은 그들의 얼굴과 몸짓에서도 알려진다. 하지만 그들의 운명이 이미

** 1419년에 제작되어 현재 프랑스 국립도서관에 소장된 『로앙 성무일도서』를 그린 성명 미상의 화가들을 뜻함.

결정되어 버렸다면, 이 뒤이어 행해지는 계량의 목적은 무엇인가? 이것이 이상하다고 느낀 저자는 필립 아리에스뿐이다. 그는 오텡의 〈최후의 심판〉을 분석하면서 이렇게 말한다.

> 죽은 자의 운명은 여전히 그들의 부활 순간에 결정된다. 일부는 곧바로 낙원에 가고 일부는 지옥에 간다. 이 점에서 우리는 여기서 진행되고 있는 사법적 조처의 목적에 대해 의문을 품게 된다. …… 여기에서 우리는 두 개의 상이한 개념이 병치되어 있다는 인상을 받게 된다.[51]

미리 판정된 사람들(부활한 자들의 정신적 평형)을 또 다시 판단한다는 것도 이상하지만, 그것은 구체적 판정과 정신적 평형이 담고 있는 세속적이고 신학적인 모순점들에 비하면 사소한 문제에 불과하다. 아마 최후의 심판이 구체적으로 양 갈래 길을 가지는 고정된 도그마가 아니기 때문이었겠지만, 대부분의 스콜라 학자들은 그에 대해 신경을 쓰지 않았다. 중세 스콜라 학자들이 비교적(秘敎的)인 이슈들에 몰두하고 있었던 점을 감안한다면, 눈에 훤히 보이는 이 균열이 수정되지 않은 채 그대로 남아 있었다는 것은 이상하다. 아퀴나스는 그저 판정이 2중으로 행해진다고 단언하면서 이 이슈를 얼버무렸다. 첫 번째의 구체적인 판정은 영혼이 육체를 떠날 때이며, 두 번째 이루어지는 일반적 판정은 육체와 영혼이 다시 만날 때이다. 이것으로는 아무 것도 설명되지 않는다. 앞에서 우리는 그리스도를 낚시 바늘에 꿰인 미끼로 규정하는 보속 교리가 심리적으로 끈질기게 남아 있었는데, 그렇게 된 이유 가운데 하나는 그것이 상상력에 호소하는 힘이 크기 때문이라고 지적한 바 있다. 어떤 관념이 시각적으로 너무 복잡하면 보는 사람들은 그것을 무시하거나 그저 지루해한다. 영혼의 계량이 죽은 자들의 부활과 함께 나타나는 이유는 아마 그 드라마틱한 성질 때문일 것이다. 모든 이미지는 신학적인 함의가 무엇이든 상관없이 상상력에 의해 포착될 수 있다. 하지만 본질적으로 상상에 의거하는 호소력 하나만으로는 왜 주교들과 추기경과 교황들이 교회 독트린과 상충되는 도상학을 환영했는지를 설명하기가 쉽지 않다. 이와는 다른 설명이 있는데, 그것은 이 두 판단에 함축된 문제들이 연옥이라는 것이 없었던 오랜 세월 동안 잠복해 있었다는 것이다.

1274년 이전에는 연옥의 교리가 공식적으로 인정되지 않았다. 초기 교부들이 쓴 구절들이 나중에 연옥이라는 의미로 해석되기는 했지만, 프랑스 역사가인 르 고프(Le Goff)는 '연옥'에 해당하는 명사 'purgatorius'가 처음으로 사용된 것이 12세기 후반부였음을 밝혀냈다.[52] 대부분의 사람들에게 이중적인 구도(지옥과 낙원)에서 삼중적 구조(지옥, 연옥, 낙원)로의 변이가 실제로 받아들여진 것은 1150년에서 1250년 사이의 일이다. 그 무렵이면 최후의 심판을 묘사한 로마네스크와 고딕식 팀파눔 가운데 중요한 작품들은 이미 완성된 뒤였다.

가장 일찍 그려진 최후의 심판 가운데 하나인 토르첼로 모자이크에서 우리는 저주받은 자들을 고문하는 천사(그림 39)를 볼 수 있다. 실제 생활에서 이단에 대한 추적과 조사, 그리고 고문과 처형을 담당한 것이 교회(및 그들의 지침에 따르는 세속 권력들)였으므로, 이 그림 내용은 이치에 닿는다. 하지만 최후의 심판 도상학에서는 그 역할이 악마에게 넘어간다. 그 변화는 악마가 어떻게 해서 최후의 심판에서 신의 업무에 가담하는가라는 중요한 질문에 대한 답을 시사한다. 인간의 영혼을 두고 미카엘과 사탄 사이에서 벌어지는 갈등은 전통적 사고방식이 시각적으로 표현된 모티프이다. '객관적인 계량'이라는 것은 악한 영혼을 악마가 독점할 권리를 인정하는 데서 나온 개념이다. 하지만 악마는 서로 다른 두 가지 기능을 수행한다. 그는 미카엘을 도와 축복받은 자와 저주받은 자를 분리하며, 후자를 사슬에 묶어 지옥으로 끌고 간다. 또 그는 저주받은 자를 처벌한다. 그렇다면 결국 최후의 심판에서 악마는 대개 세 가지 임무를 수행하는 셈이다. 즉 심판 과정에, 또 분리 작업과 처벌 집행에 참여하는 것이다.

중세의 현실 세계에서 악마에 상응하는 것은 무엇인가? 길을 잃은 영혼들을 판단하고 분리하고 처벌하는 것은 누구인가? 그것은 바로 종교 재판이며, 황제와 교황의 권력이었다. 아리에스는 통찰력을 발휘하여 최후의 심판에서 "종말론보다는 사법 기재를 더 선호하는 편으로" 무게 중심이 이동했다는 점을 지적하면서도, 그러한 이동의 배후에 있는 추진력은 이단 사냥의 기계와 재판 활동보다는 중세 세계 전역에 만연한 사법주의의 고조된 의식이라고 보았다.[53] 이단자들은 악마의 도구라고 설명되었고, 타락 천사와 악귀들을 그린 초기 그림 가운데 일부는 이단자의 얼굴을 하고 있다. 하지만 이것은 최후의 심판에 나오는 악마에게는 해당될 수 **없는** 주장이다. 왜냐하면 그는 신의 도구이기 때문이다. 카타르파나 유대인들은 아무도 저주받은 자들을 처벌하지 않았다. 조토의 〈최후의 심판〉으로 눈길을 돌리면 우리는 그림 속에서 악마가 고통을 유발시키려고 사용하는 도구가 현실에서 이단자들을 처벌하는 데 쓰인 것과 **똑같다**는 사실을 알게 된다.

최후의 심판이 이단자 처형이라는 결과를 낳은 심리 기재를 반영하든 그렇지 않든 간에 정신 계량, 즉 영혼의 계량이라는 것이 1130년경부터는 최후의 심판에서 표현되는 분리 장면에 관한 도상학의 표준 항목에 속하게 된 것은 확실하다. 당시 부르고뉴의 한 도시 오텡에서 조각가 지슬베르에 의해 처음으로 최후의 심판이라는 광대한 주제와 이 모티프와의 예술적인 통합이 이루어졌기 때문이다.

4장

지슬베르, 조토, 그리고 지옥의 에로티시즘

그림 45 지슬베르, 〈최후의 심판〉, 사탄이 그 가운데 포함되어 있다. 1130년경. 오텡의 생라자르 성당의 팀파눔.

첫 번째 〈최후의 심판〉

"나만이 판단한다. 누가 지옥에 가고 누가 낙원에 갈지는 나만이 결정한다." 오텡의 생라자르 성당 팀파눔에 표현된 그리스도의 주위에는 이와 같은 명문이 새겨져 있다. 이 〈최후의 심판〉 팀파눔은 오텡의 주교인 에티엔 드 바주(Etienne de Bage)와 조각가 지슬베르의 창작이었다.[1] 주교는 아마 도상학의 종류를 결정했을 것이고 조각가는 자신의 상상력으로 그것을 구현했을 것이다. 이 가운데 다른 것들보다 훨씬 크게 표현된 그리스도는 혼자 힘으로 팀파눔의 반원과 그 안에 들어 있는 내용물 전체를 허공에 들어올리고 있다(그림 45).

지슬베르의 〈최후의 심판〉은 등장인물들의 기묘한 불안과 긴장감을 탁월하게 표현해 낸 점으로 인해 시스티나 성당에 있는 미켈란젤로의 천장화가 그려지기 이전의 작품 가운데서는 가장 기억에 남을 만한 것이라고 이야기된다. 그런 불안감과 긴장감은 낙원으로 올라가는 축복받은 자들에게서까지도 보일 정도이다. 그러나 지슬베르의 작품이 만장일치로 높이 평가된 것은 아니었다. 케네스 클라크(Kenneth Clark)는 TV에 출현해 자기는 그것이 혐오스럽다고 말했다. 또 "유혈이 낭자한 세부 사항"을 보여주기 위해 "아무렇게나 배열한" 것에 불과하다고 이야기하는 중세 미술사가가 적어도 한 명은 있었다.[2] 오텡의 팀파눔은 내가 비잔틴식 표현주의라고 부르는 양식을 비잔틴식 기법을 써서 표현한 진기한 사례이다. 낙원과 지옥의 입구는 터무니없이 작다. 그리스도의 하체는 배꼽에서 무릎으로 넓게 퍼져나갔다가 다시 발에서 모아지는 긴 마름모꼴이다. 이 특정한 자세와 발의 배치는 사산 왕조*의 표상에 기원을 두고 있는 것인데, 지슬베르 본인은 그러한 원래 이미지를 보지 못했을 수도 있다. 이 자세는 실제로는 있을 수 없는 자세이지만, 당대의 관객은 그리스도가 만도를라 속의 왕좌에 앉아 있다는 의미라고 이해했을 법한 그런 자세이다. 중심인물들은 비정상적으로 길쭉한 형태의 사도들과 악귀들인데, 엘 그레코(El Greco)나 모딜리아니(Modigliani)의 그림에서처럼 궁극적인 드라마, 즉 세계의 종말이라는 느낌을 강화하기 위한 것이다.

천사들이 간택된 자와 저주받은 자를 갈라놓는다. 축복받은 자들의 둥글둥글한 형태는 손발이 예각으로 꺾여 극도로 불편한 저주받은 자들의 모습과 대조된다. 맨 오른쪽에서 두 번째에 있는 저주받은 영혼은 칼을 들고 있다. 그는 공양 제물을 도살할 준비가 되어 있는 유대인인데, 성체를 더럽히고 있다. 정통파는 성체를 이용하여 양봉장의 꿀 생산을 늘리거나 양배추 잎사귀를 보호하고, 심지어 이성을 유혹하는 수도 있지만(어떤 사제는 여자와 입을 맞추면서 "성찬식의 힘을 빌려 상대를 자신의 뜻대로 끌어오려고"[3] 그녀의 입에 성체를 밀어 넣기도 했다), 그래도 유대인이 더 나쁜 적이라는 믿음은 여전했다. 사실 그들은 그라나다(Granada)의 무슬림 왕이 유대인을 매수하여 그리스도교도를 없애려는 음모를 꾸몄다고 믿고 있었다. 유대인들은 사탄의 도움을 받아 축성된 성체가루로 독약을 만들고, 그것을 나병환자들을 시켜 우물에 넣었다는 것이다.[4] 이 망상 때문에 프랑스에서만도 수천 명의 유대인이 살해되었다. 그러나 유대인들이 언제나 지옥에 보내진 것은 아니었다. 볼리외쉬르도르도뉴(Baulieu-sur-Dordogne)의 수도원 교회에 있는 최후의 심판 팀파눔(1130)에는 혼란에 빠져 몸부림치는 사람들이 보이는데, 헨리 크

---

* 파르티아 왕국을 멸망시키고 208년에서 224년 사이에 건국되어 651년까지 존속한 중기 페르시아의 왕조.

라우스(Henry Kraus)에 의하면 이들은 심판의 날에 살아 있는, 아직은 구원받을 수도 있는 유대인들이라는 것이다.[5] 그들이 이단자일 것이라는 설명을 선호하는 측은 이러한 주장을 거부했다.[6] 하지만 크라우스는 남자들이 자신의 성기를 가리키고 있는 것은 자신들이 아브라함의 자녀라고 주장하는 장면이라고 하는데, 이는 설득력이 있는 분석이다. 이단자나 유대인이 최후의 심판 팀파눔에 등장하는 사례가 이것 외에는 사실상 없는 것이나 마찬가지이므로 이와 같은 특징은 관심을 끄는 대목이 아닐 수 없다.

오텡의 팀파눔에서 벌거벗은 채 고문당하고 있는 저주받은 자들 위쪽에 비쩍 마르고 몸뚱이에 줄무늬가 그려진 잔인한 사탄이 있다. 그의 손에는 발톱 같은 손톱이 나 있으며, 머리칼은 부스스하고 입은 동굴처럼 뻥 뚫려 있는 데다가 뻐드렁니이다. 대천사 미카엘의 맞은 편에 있는 것으로 보아 이것이 사탄이다. 그들 사이에 신의 손이 영혼의 무게를 다는 저울을 들고 있다(그림 46). 좀더 크고 사나운 다른 악귀도 둘 보이고, 또 그들보다는 훨씬 작고 인간과 비슷한 몸뚱이를 한 악귀가 죄인들을 갈퀴와 사슬로 묶어 끌고 들어가려고 지옥 입구에서 몸을 내밀고 있는 모습도 보인다. 이러한 사나운 악귀들도 끔찍하지만, 길고 매끄러운 손톱이 난 거대한 손 둘이 어디서인지도 모르게 뻗어 나와서 버림받은 영혼의 목을 강철 덫처럼 꼼짝달싹 못하게 휘어잡을 때 돌처럼 굳어진 영혼의 얼굴에 나타나는 공포감을 따라갈 만한 것은 어디에도 없을 것이다(그림 47). 이것은 전무후무한 공포의 이미지이다. 그 공포는 악마가 어떤 짓을 할 수 있을지에 대한 것이 아니라 한 영혼이 저주받을 때 그러한 그리스도의 판정이 어떤 의미인지를 보여주는 공포이다. 최후의 심판 장면에서는 대개 보는 사람들에게 두려움을 야기시키는 것이 악마가 아니라 저주받은 자들의 불안감, 신에게서 버림받았다는 불안감인 경우가 많

그림 46[상] 그림 45의 세부. 사탄과 성 미카엘이 영혼의 계량에 참여하고 있다.

그림 47[하] 그림 45의 세부. 사탄의 발 바로 밑의, 벌거벗고 있는 저주받은 자들의 반열에서 사로잡힌 영혼 하나.

다. (지슬베르의 그림에서 그렇지만 미켈란젤로의 〈최후의 심판〉에서도 이는 마찬가지인데, 이것은 대부분의 악마 묘사가 왜 그렇게 단조로운지를 이해하는 힌트이기도 하다.)

지슬베르가 만든 악마의 몸뚱이 형태는 가장 오래전에 만들어진 악한 자(the Evil One)의 조각상들에서 따온 것이다. 근육 세포를 설명하기 위해 피부를 벗겨낸 인간의 얼굴 그림이 중세의 의학 교재에 실린 것이 있는데, 이런 것들은 비쩍 마르고 줄무늬진 이 악마와 어딘가 비슷하게 보인다. 특정한 사례를 들자면 11세기 중반에 만들어진 생브누아쉬르루아르에 있는 기둥 주두부가 있는데, 거기서는 미카엘과 악마가 다같이 동일한 사람의 영혼을 붙잡고 있다(그림 11). 콩크의 〈최후의 심판〉에서 지옥의 지배자로 등장한 악마도 메마른 몸뚱이를 갖고 있었고(그림 30), 12세기 초반 솔리외에 있는 생안도슈(St. Andoche) 바실리카에 조각된 주두부에도 이것과 똑같이 뼈대가 드러나는 몸뚱이를 한 악귀가 유다의 목을 매다는 모습이 나온다. 그림 쪽에서는 줄무늬진 악마를 찾아볼 수가 없다. 조각가들이 악마의 근육 세포를 보여주는 데 유달리 흥미를 느꼈던 것은 아닐 텐데, 이 관례는 어디서 유래한 것일까?

생라자르에 있는 지슬베르의 악마에게는 불타는 머리칼이나 갈고리창, 그리고 날개나 구부러진 발톱이 달린 발, 꼬리나 뿔 같은 전형적인 특징이 없다. 고전적 조각에서도, 그림이 들어간 시편이나 묵시록 연작에도 이런 식의 악마는 하나도 없다. 개연성이 크지는 않지만, 이런 형태의 모델이었을 법한 것은 길가메시(Gilgamesh)에게 패배한 악령 훔바바(Humbaba)의 형상이다. BC 7세기에 만들어진 테라코타제의 훔바바 두상 가운데 하나는 위의 악마와 똑같이 벌린 입, 튀어나온 이빨, 홈이 파인 얼굴을 보여준다(그림 48). 줄무늬진 몸뚱이의 가장 뚜렷한 보기 역시 메소포타미아 지역에서 발견되는데, 두려움의 대상인 악령 파주주

그림 48 훔바바 악령. 줄무늬진 악마를 닮았다. BC 7세기. 테라코타. 런던, 대영박물관.

(Pazuzu)의 형상이 바로 그것이다. 메소포타미아 악령 조각의 특징들이 어떻게 하여 1,000년도 더 지난 뒤까지도 여전히 쓰이고 있었는지는 설명하기 힘들다. 베스 신앙을 키프로스에 전파한 페니키아인들이 모종의 역할을 했을지도 모른다. 키프로스의 아마투스(Amathus)에 있는 6세기 무덤 하나에서 악령 두상이 베스의 두상과 함께 발견되었다. 그 테라코타 두상(현재 런던의 대영박물관 소장)은 훔바바와 파주주의 특징이 융합된 형태라는 점에서 상당한 관심을 끈다. 그러나 13세기 소리게롤라 제단화(그림 34)에 나오는 악마가 이집트식 센티를 입고 있는 만큼, 그 그림을 그린 화가가 고대 이집트 그림의 복제본을 조금이라도 볼 수 있었으리라는 데는 의심의 여지가 없다. 부르주에 영혼 계량의 주제를 아주 훌륭하게 표현한 작품이 있는데(그림 55), 이것을 만든 이 역시 이집트 그림을 보았을 것이다. 귀가 크고 특이하게 생긴 도깨비가 한쪽 접시에, 그리고 다른 쪽 접시에는 이상한 물건이 놓인 이 그림에 관한 의문점들이 주석자들 사이에서 계속 풀리지 않고 있는데, 둘 다 아마 이집트 그림에 그 기원을 두고 있는 것 같다. 한쪽 접시에는 보통 진리의 여신 마

아트의 깃털이 그려지지만 때로는 소형 마아트가 놓이기도 한다. 그리고 다른 쪽 접시에는 덮개 달린 항아리(여기에는 보존 처리된 심장이 들어 있다)가 놓인다. 십중팔구 이것은 아마 부르주의 조각가가 덮개 달린 항아리를 그리스도의 피를 담은 성배로 대체하고 깨알만한 마아트 대신에 계량되는 영혼의 추악한 머리로 바꿔놓은 복합 이미지일 것 같다. 메소포타미아의 각종 모티프는 중세 때도 이용 가능했다. 예를 들면 사산 왕조의 실크는 10세기 이전에도 수입되어 교회에서 사용된 바 있다. 이런 실크에 새겨진 무늬는 그 연원이 기원전 몇 세기까지 거슬러 올라가는 것도 있다(그림 49). 그렇다고는 하지만 훔바바의 두상이 그런 실크에 무늬로 나타났을 것 같지는 않으며 생브누아쉬르루아르의 조각가(그

그림 49 〈성 빅토르의 장막〉, 주인공이 사자와 싸워 이기는 모습을 보여주는 전통적인 메소포타미아식 디자인. 후대에는 이것이 사자굴에 들어간 다니엘을 묘사하는 것으로 여겨졌다. AD 8세기. 부하이드(페르시아제) 실크. 상스(Sens) 성당.

림 11)가 그런 두상을 보았으리라고 생각하기는 더욱 힘들 것이다. 그러나 메소포타미아의 악령 조각과 로마네스크의 줄무늬진 악마 간의 유사성은 우연의 일치라고 보기에는 너무 비슷하다. 지슬베르의 악마는 그가 디자인을 고안하기 반세기도 더 전에 이미 만들어져 있던 악귀 조각에서 유래한다.

클뤼니(Cluny) 수도원에 있는 조각상들은 그곳에서 작업한 바 있는 지슬베르에게 영향을 미친 것으로 추정된다. 하지만 클뤼니의 것은 남아 있는 게 거의 없다. 아마 오늘날 지슬베르에게 영향을 주었으리라고 생각되는 클뤼니의 주두부는 실제로는 지슬베르 본인이 조각한 것일 수도 있다. 자세한 내용이야 어떻든간에 오텡은 그 예술적 독창성과 석재로 된 조각들 거의 대부분이 - 다른 성당의 경우와는 달리 - 한 사람에 의해 만들어졌다는 사실 때문에 중요하다. 그렇다면 그 악마에게는 고정된 도상학이 존재하지 않는다는 사실이 명백해진다. 왜냐하면 팀파눔에 나온 악귀들은 유다의 죽음에 개입한 악귀들과 완전히 다르기 때문이다. 사실 유다 주두부에 있는 두 악귀는 서로 다르다. 하나는 불타는 모양의 머리타래를 하고 있고, 다른 악귀는 동글동글하게 말린 머리칼(전형적으로 부처의 두상에서 보이는 형태)을 하고 있다. 하나는 귀가 뾰족한데 다른 하나는 둥근 귀를 하고 있다. 둘 가운데 어느 하나도 팀파눔에서 발견되는 유형인 비쩍 마른 악귀가 아니다.

악마가 여러 모양으로 나타나는 이유에 대한 공통적인 설명은 바로 그 점이 악마의 본성이라는 것이다. 그는 여러 모습으로 등장한다. 셰익스피어의 햄릿은 이 사실을 알고 있었다. 그리하여 죽은 아버지의 유령이 나타나서 자신이 어떻게 죽임을 당했는지 설명할 때, 햄릿은 처음에는 그를 믿었지만 냉정하고 차분하게 생각한 후 이렇게 독백한다(2막 2장).

······ 내가 본 유령이
악귀일 수도 있어, 그 악귀는
자기 마음대로 모습을 바꿀 수 있는 힘을 가졌지······.

하지만 머리 스타일의 차이는 이러한 악마 개념으로 거의 설명되지 않는다. 뿐만 아니라 문학적 연원들에서는 악마가 실제로 형태를 바꾸기도 하지만, 중세의 드라마에 나오는 악마는 대개 그저 다른 의상을 입어 위장할 뿐이다(그림 50).[7] 게다가 그림과 조각에서는 악마가 위장하는 경우가 거의 없고, 지슬베르가 새긴 수많은 작품들에서는 확실히 그런 예가 없다. 그리스도의 유혹을 보여주는 오텡 주두부에는 사탄의 모

그림 50 "그리스도에 대한 1차와 2차 유혹"(윗단)과 "3차 유혹"(아랫단), *Winchester Psalter*, 1150년. 대영도서관(Cotton Nero MS C iv, fol. 19r), 런던.

4장 지슬베르, 조토, 그리고 지옥의 에로티시즘 203

습과 강력한 힘, 그리고 불타는 머리칼을 가진 사나운 악귀가 하나 있다. 현대에 와서 그리스도교 도상학 관련 연구를 가장 철저히 한 독일 학자 게르트루데 쉴러(Gertrude Schiller)는 유혹자 사탄이 외관상 점점 더 괴물처럼 될수록 그의 역할은 유혹자에서 적대자로 바뀐다고 주장한다.[8] 그러한 표상에 관련된 쉴러의 지식 수준은 지극히 높지만 이 변화에 관한 주장은 좀 의심스럽다. 한두 가지 예외는 있지만 유혹을 다룬 중세 표현물은 대부분이「윈체스터 시편」정도의 발전 단계에 머무르고 있으며, 지슬베르 이후에 만들어진 작품도 당연히 그 부류에 포함된다. 오텡의 사탄은 다른 무언가에서 발전해 나온 형태가 아니다. 그것은 분명히 지슬베르 자신의 상상물이다. 관례에서 이탈한 점으로는 어떤 주두부의 탑 위에 서 있는 지슬베르의 사탄이 예수보다 더 높은 곳에 있다는 사실을 지적할 수 있다(그림 51). 악의 힘을 느낄 때 우리는 악마를 만났다고 생각하게 된다. 비슷한 이유에서 우리는 당대 사람들 가운데서 지슬베르 혼자만이 그리스도의 통제력하에 놓이지 **않는** – 즉 누구의 통제도 받지 않는 – 악귀를 만들어냈다는 점을 생각하게 되면 사탄을 마주보고 있다고 느끼게 되는 것이다.

오텡의 작품이 완성된 지 10년쯤 지난 뒤「윈체스터 시편」이 완결되었다.[9] 성당은 프랑스 것이고 시편은 영국 작품이지만, 그리고 시편의 채색된 종이와 팀파눔의 석재는 아주 판이한 매체이지만 그 두 작품 모두 이상하게도 통일된 악마의 도상학을 갖고 있지 않다는 점을 생각하면 양자를 비교하여 뭔가의 시사점을 얻을 수 있으리라고 예상하게 된다. 1150년경에 제작된「윈체스터 시편」에는 세 가지 유혹이 한쪽에 그려져 있다. 첫 번째와 두 번째 유혹이 위쪽에 있고 세 번째 유혹은 아래에 있다(그림 50). 악마는 첫 번째 유혹에서 혀를 내밀고 있고, 손과 발에는 손톱과 발톱이 있으며 점박이 짐승 같은 의상을 입고 있다. 또 허름한 짧은

그림 51 지슬베르, "그리스도의 세 번째 유혹", 1130년경. 오텡의 생라자르 성당 주두부.

옷을 그 의상 위에 입고 있다. 그는 커다랗기는 하지만 딱히 염소 같다고는 할 수 없는 귀와 큰 뿔을 가지고 있다. 예수의 곁에 서 있지만 그의 시선은 예수 쪽으로 가 있지도 않고, 왼손으로 가리키고 있는 듯한 돌멩이를 보고 있는 것도 아니다. 서로 가까이 서 있다는 점 외에 예수와 악마 간에는 감정적인 연계나 회화적 관계가 없다. 그러므로 이 악마는 어딘가 별나게는 보이지만 무서운 느낌은 전혀 주지 않는다. 장식용으로 그려진 나무 한 그루가 첫 번째와 두 번째 유혹을 구분하는데, 두 번째 유혹에서 예수는 도저히 가능할 것 같지 않은 이상한 자세로 신전 위에 서 있다. 예수는 악마보다 작게 그려졌는데, 이는 화가가 적절치 못하게도 배경과 전경을 구분하려고 했기 때문이다. 이 두 번째 악마의 모습은 첫 번째 유혹에서의 악마와 대체로 동일한데, 허름한 짧은 옷 외에 다른 옷은 입고 있지 않고 귀가 정상적인 크기라는 점만 다르다. 손톱이 난 한손은 예수를 향해 위협적으로 치켜들려져 있다. 이 장면 역시 딱딱한 분위기이다. 세 번째 유혹에는 이상한 옷차림을 한 악마가 나온다. 매부리코와 손톱, 꼬리, 뿔, 날개를 갖고 있는 그는 예수에게 이상한 상징물들을 허공에 띄워 보여주면서 세상을 주겠다고 제안한다. 그 상징물 중에는 왕관, 대접, 나팔 등이 있으며, 조로아스터교의 아후라 마즈다 신과 관련된 형상처럼 생긴 팔찌 같은 물건도 있다. 악마가 입은 옷의 소매와 아랫단은 아주 길고 끝 부분이 묶여 있는데, 이는 당시 귀족 계급들이 즐겨한 패션이다. 의상이 양쪽으로 갈라져 있는 것은 이 악마의 신체가 첫 번째 유혹에 나오는 악마와 동일함을 드러내기 위해서다. 악마가 가진 두루마리에는 다음과 같이 쓰여져 있다. "나를 숭배하면 세상의 모든 것이 네 것이 될 것이다." 이에 반박하여 예수의 두루마리는 다음과 같이 말한다. "너는 신을 시험하지 말라." 매부리코, 상어 같은 이빨, 날개, 그리고 그 의상 때문에 이 사악한 인상의 악마는 다른 두 악마와 달라 보인다.

바로 이 「시편」에 실린 〈최후의 심판〉에서 악귀들은 이보다 더 심하게 달라진다(그림 52). 위쪽 칸에서는 저주받은 자들이 악귀 셋으로부터 고문을 당하고 있다. 뿔이 달린 것이 둘이고, 날개가 달린 것도 둘이다. 또 그 중 둘은 남루한 치마를 입고 있으며 셋 모두 늑대 가면을 쓰고 있다. 하나는 발굽이 달렸지만 다른 둘은 발톱이 나 있다. 셋 모두 첫 번째 유혹에 나온 악마가 입고 있던 것 같은 점박이 털북숭이 겉옷을 입고 있지만, 아무도 배신 장면에 나오는 야만적인 군중이나 채찍질 장면에서의 고문자들이 보이는 것 같은 악의를 가지고 있지는 않다. 악마가 그리스도를 유혹하는 장면(그림 50)과, 동일한 화가(혹은 동일한 팀)가 똑같은 기법과 관례를 사용하여 그린 그리스도를 고문하는 사람들(그림 53)을 비교해 보라. 어느 편이 더 바보 같고 딱딱하게 보이는가? 어느 편이 잔

그림 52 "저주받은 자의 고문", *Winchester Psalter*, 1150년. 대영도서관(Cotton Nero MS C iv, fol. 38r), 런던.

그림 53 "그리스도의 책형", *Winchester Psalter*, 1150년. 대영도서관(Cotton Nero MS C iv, fol. 21r), 런던.

인성과 증오, 그리고 악을 구현하고 있는가? 이렇게 나란히 비교해 보면 정말 신기하다. 미술에서 악마는 악을 구현하는 존재가 **아니다**. 악이 가장 강렬하게 표현되는 것은 인간의 형체를 통해서이다. 이 상황은 「윈체스터 시편」에만 해당되는 것이 아니다. 조토의 악마, 아마도 미술에서 악마의 가장 기묘한 측면이 제일 명백하게 나타난 사례일 이 그림에서도 문제는 동일하다. 악마는 온갖 장소에 나타나기는 하지만 그래도 주변적인 존재이다. 그는 그림이나 조각에서 추상적인 스타일이나 상징적 스타일이 아니라 언제나 특정적이고 구체적인 상황이나 행동으로 표현된다. 하지만 그 행동은 대개 주변적이다. 예를 들면 빌라도를 강권하는 것 같은 경우가 그러하다. 앞에서(2장의 첫 단락에서) 나는 중세 미술에 나오는 형상들이 도상학에 따라 각각의 전형적인 '인물형'(figura)으로 처리되었다고 말한 바 있다. 특정한 인물은 뒤얽힌 일련의 상호관계를 통해 이해된다. 그러므로 예를 들면 구약의 어떤 예언자는 신약의 어떤 사도를 상징하고 예고하게 되는 것이다.[10] 인물형에 관한 사실주의는 초기 그리스도교 미술을 규정하는 특징이다. 악마의 추락은 아담의 추락을 예고하고 상징하며 그것을 담지하고 있다.

    그러나 신기한 사실은 악마의 표상은 대부분 그것 자체로서는 인물형에 대한 해석의 대상이 되지 **않는다**는 점이다. 그 한 가지 이유는 악마에게도 여러 상이한 단계를 거치는 일생이 있지만 그런 것들이 흔히 묘사되지 않는다는 것이다. 삼손은 대단한 위업을 달성하고 데릴라를 만나러 왔다가 머리가 깎이고 사로잡히지만, 마침내 자기를 괴롭힌 자들에게 복수를 한다. 그는 하나의 역사를 가지며 그의 표상은 그가 거쳐 온 삶의 여러 가지 특정한 단계를 보여주기 때문에 표상들은 그의 역사를 구현하고 있는 것이다. 그러나 악마의 가장 흔한 표상은 미생물 악마, 이브를 유혹하는 악마, 지옥에 앉아 있거나 영혼 계량이 진행되는 동안의 미카엘과의 싸움 등에 엄격하게 한정된다. 베드로(2세기의 「베드로 행전」 8장에서)는 그림으로 그려지게 될 악마의 소소한 악행을 하나씩 꼽아 나간다. "그대는 유다로 하여금 …… 사악하게 행동하여 우리 주 예수 그리스도를 배신하게 만들었고 …… 그대는 헤롯을 냉혹하게 만들고 파라오를 부추겨 모세와 싸우게 했으며, 그대는 가야바(Caiaphs)에게 뻔뻔스러움을 주어 우리 주 예수 그리스도를 저 잔인한 무리들에게 넘겨주게 했으며……." 베드로는 「사도행전」의 어디에서도 루시퍼나 악마가 신과 예수의 적대자라고 말하지 않았다. 결정적인 일화들 — 악마의 창조, 신 곁에 앉아 있는 악마, 신 및 그 천사들이 (용이 아니라) 악마와 벌이는 분쟁, 예수에 대한 유혹 — 역시 거의 보이지 않는다. 그 결과 조잡하기 짝이 없고 한없이 인위적인 비잔틴 회화 가운데서도 악마는 가장 설득력이 약한 존재가 된 것이다. 악마는 무섭지도 않고 두려운 존재도 아니며, 신의 진정한 적대자가 아니라 그저 하나의 재앙으로 보일 뿐이다(그림 33, 54).

「윈체스터 시편」 전체에서(심지어는 같은 페이지 내에서도), 또 생라자르 주두부에서도 이상하게 악마의 통일된 도상학이 부재한다는 것을 보면 그러한 상황의 특징을 알 수 있다. 혼란스러운 악마의 도상학은 합성이 아니라 잡탕이며, 해결이 아니라 유보이다. 이는 악마가 누구인지, 그가 애초부터 죄를 범했는지 아닌지, 악령들이 사탄인지 아닌지, 사탄이 추락 천사인지 아니면 거대한 남근을 가지고 마니교도 처녀들에게 달려드는 목신(牧神)인지에 대해 아무도 확신하지 못하는 것 같은 상황 때문이다. 혹 6세기의 비잔틴 역사가인 프로코피우스(Procopius)가 기술한 것처럼 제멋대로 규정한 정통성을 강제로 부과한 로마 황제에 대항하는 싸움에서 수십만 명이 죽어나간 것이 악마 때문인지 아닌지에 대해서도 확신하지 못하는 상황이 악마의 혼란스러운 도상학을 발생케 했는지도

그림 54 그림 72의 세부. 역병이 된 악마, 앙제 묵시록 태피스트리 (Angers Apocalypse Tapestry) 에서.

모른다.

고딕식 최후의 심판 가운데 중요한 세 가지는 파리의 노트르담 대성당과 샤르트르 및 부르주의 대성당에 있다. 이 셋 모두 1250년 이전에 완성되었는데, 어느 것도 그리스도를 「묵시록」의 잔재인 만도를라 자궁 안에다 그리지 않았다. 셋 모두 대략 비슷한 모습이며, 파루시아와 데에시스(및 분리와 정신 계량), 그리고 부활이 순서대로 각각 별개의 띠에 그려져 있다. 노트르담에 그려진 〈최후의 심판〉이 가진 가장 특이한 요소는 죽은 자가 옷을 제대로 갖춰 입은 채 부활한다는 점이다. 이는 파리의 대주교인 모리스 드 쉴리(Maurice de Sully)의 생각이었다. 천국과 지옥은 팀파눔 바깥 홍옛돌(voussoirs)에 표현되어 있다. 지옥으로 끌려가는 죄인들의 오른쪽에는 그로테스크한 악귀 괴물들이 있다. 괴물 둘이 죄인들이 고문당하는 끓는 가마솥 주위에 둘러서 있다. 하나는 독수리 같은 부리를, 다른 하나는 뒤러의 1510년 목판화인 〈지옥의 정복〉에 나오는 것과 아주 비슷한 돼지주둥이를 하고 있다. 노트르담의 〈최후의 심판〉은 세 작품 가운데 흥미로운 점이 가장 적다. 천국의 기쁨과 지옥의 고통이 홍옛돌에서 표현되는 바람에 여기서는 극적 성격이 약해졌다. 오늘날 우리가 보는 것은 복원된 것이기 때문에 원래 작품의 수준이 어떤지 판단하기는 힘들다. 원 작품의 단편들을 보면 스타일이 상당히 달랐음을 짐작할 수 있다. 예술적으로 가장 성공적인 부분은 죽은 자들의 부활이지만, 천사와 왼쪽에 있는 인물은 표현력이 놀랄 정도로 탁월하고 생생한 반면 오른쪽에 있는 인물들은 분위기도 딱딱하고 '기법상'으로도 100년은 더 전의 것이다.

　샤르트르에서는 동정녀와 요한이 그리스도만큼 크게 그려져 있다. 감정과 구조 면에서 이 최후의 심판은 데에시스, 즉 그리스도의 어머니와 요한의 동정적인 중재 역할을 강조한다. 구름 띠를 두른 천사들이 저주받은 자들 위에서 맴돌고 있는데, 저주받은 자들은 부르주의 작품에 나오는 인물들과 달리 완전히 성장을 한 왕과 왕비와 주교들이며, 마치 무엇에 홀린 듯이 지옥 입구로 움직이고 있다. 악귀들은 뿔이나 날개, 꼬리 같은 것은 없다. 그러나 크고 그로테스크하며 뻐드렁니가 나고 탐욕스럽게 생긴 입이 위협적이다. 몇몇은 털북숭이인 데 비해 다른 것들은 그저 벌거벗고 있다. 저주받은 자들은 겁에 질려 있고 한 남자는 자기 위에 있는 천사를 어리둥절하면서도 걱정스런 눈으로 쳐다본다. 하지만 거기에는 공포감이나 고뇌가 없으며, 심지어는 한 악귀에게 휘어잡혀 지옥 입구로 막 끌려들어가는 벌거벗은 창녀에게서도 그런 느낌은 전혀 나타나지 않는다.

 복원된 부르주의 〈최후의 심판〉(그림 55)에는 섬세하게 처리된 누드가 있으며 악귀들은 콩크나 오텡에 있는 것들과 전혀 닮은 점이 없다. 사탄과 그의 조력자들 역시 누드이다. 대부분은 인간의 신체를 하고 있고 날개와 굽은 발톱, 털 등은 없지만 남근이 있어야 할 곳에 남근 모양의 뱀이 있다. 그들의 정체는 저주받은 자들을 지옥 입구의 불길로 달아오른 끓는 가마솥으로 밀어넣을 때 보이는 짐승 같은 머리와 불쑥 튀어나온 열린 입과 꼬챙이 등으로 확인된다. 수염을 무성하게 기른 사탄은 끝이 갈라진 막대기를 들고, 확신에 찬 표정의 미카엘이 든 저울을 보고 있다. 미카엘은 보호적이고 인간적이며 악마는 짐승 같지만, 이 장면에서 이 한 쌍은 협동하고 있다. 최후의 심판이라는 기계는 매끄럽게 작동하고 있다.

그림 55 "영혼의 계량", 부르주의 생떼띠엔 성당의 서쪽 정면 팀파눔에 있는 〈최후의 심판〉 세부에서 (1250년에 제작, 19세기에 복원).

조토는 왜 악마를 그릴 수 없었던가?

단테의 「지옥」편 가운데 일곱 번째 구렁에서 시인은 고리대금업자들이 떨어지는 불길과 달구어진 모래로부터 몸을 보호하려고 애쓰는 것을 보고, 여름날 성가시게 구는 벼룩을 떨쳐 버리려고 애쓰는 개를 연상한다. 단테는 얼굴은 하나도 알아볼 수 없었지만 그들의 돈지갑에 붙어 있는 문장(紋章)은 알아볼 수 있었다.

> 그들에게로 가면서 주위를 둘러보다가
> 나는 노란색 지갑에 그려진
> 푸른색 사자의 머리와 몸뚱이를 보았다.
>
> 계속 둘러보다가 눈길이 멈춘 곳은
> 버터보다도 흰 거위가 그려져 있는
> 피보다도 붉은 지갑
>
> 또 새끼 밴 푸른 암퇘지를 그려 넣은
> 하얀색 돈 자루를 가진 인물이
> 나에게 묻는다. '당신은 이 구덩이에서 뭐 하고 있는 거요?'

물음을 던진 것은 파도바에서 가장 부유한 대금업자 가운데 한 명인 리날도 스크로베니(Rinaldo Scrovegni)였다. 그리고 14세기의 가장 중요한 최후의 심판 그림은 지옥에서 단테에게 물음을 던진 사람의 아들인 엔리코 스크로베니(Enrico Scrovegni)가 아니었다면 존재하지 않았을 것이다. 파도바 최고의 부자이던 엔리코 스크로베니는 조토에게 자기가

그림 56 그림 61의 세부. 조토의 〈최후의 심판〉, 1304~1313년에 제작된 프레스코화, 파도바의 아레나 예배당.

동정녀를 기리기 위해 지은 화려한 아레나 예배당(그림 61)을 장식해 달라고 부탁했다. 이것은 아마 이탈리아에서 일개 시민이 중요한 예술가의 개인적인 후원자가 된 최초의 사례였을 것이다. 또 최후의 심판을 주제로 한 그림에서 유명한 대금업자의 값비싼 선물을 동정녀 마리아가 은혜롭게 받아들이는 최초의 사례임에 틀림없다. 조토의 이 〈최후의 심판〉에는 눈에 잘 띄는 곳에 스크로베니가 예배당의 모형을 동정녀에게 선물하고 있는 모습이 그려져 있다(그림 56). 이 작품의 많은 부분은 조토의 조수들이 그렸지만 스크로베니의 얼굴은 거장 본인이 그렸다. 마치 여기 있는 사람이 저주받은 이들과 함께 지옥에 갈 일은 절대 없을 것이라는 듯한 분위기이다. 조토 역시 재정적으로 성공한 사람이었다. 그는 피렌

그림 57 그림 61의 세부. 조토의 〈최후의 심판〉.

체와 로마에 집을 갖고 있었고, 농장을 구입했으며, 동력직기(動力織機) 임대업으로 높은 수익을 얻었다. 프란체스코 성인을 그렸던 조토였지만 그의 행적을 따르지는 않았다.

완전히 고립된 지옥에서 사탄이라면 으레 그렇게 할 법한 방식으로 저주받은 자들을 잡아먹고 있는 사탄은 비현실적으로 그로테스크한 괴물이라는 관례적 방법으로 그려져 있다(그림 57). 중요한 부분과 그렇지 않은 부분 모두 진부하게 그려진 이 지옥의 지배자는 아마 조토가 알고 있던 피렌체의 세례당(일부는 조토의 스승인 치마부에[Cimabue]가 만든 것)에 있는 유명한 모자이크(14세기 초반)를 베낀 것일 터인데, 그 솜씨 또한 신통치가 않다. 희생자들을 잡아먹고 있는 악마는 토르첼로의 〈최후의 심판〉에 처음 등장했으며, 조토 이후 여러 세기 동안 계속 그려졌다. 아마 교황 레오가 말한 시궁창과 더러움을 지배하는 악마의 앉은 자세가 죄인들의 정화, 즉 12세기 말엽에 처음 시작되었으며 보스(Bosch)에게 강력한 호소력을 가졌던 주제로 이어졌을 것이다. 조토의 악귀는 털북숭이이며 발톱과 꼬리가 달리고 수염이 난 노인들인데, 그런 모습은 아마 신비극의 의상에서 유래하는 것으로 보인다. 그들은 벌거벗은 저주받은 자들을 괴롭히느라 바쁘다. 내장이 없어진 사람들이 나무에 매달려 있고 한 여자는 자기 머리칼로, 한 남자는 자기 성기로 묶여 있다.

지옥의 고문이 그려질 수 있었던 배경에는 (「윈체스터 시편」에서 조토에 이르기까지) 단지 신학이나 사악한 상상만이 아니라 실제로 고안되고 사용된 그대로의 합법적인 고문 도구가 있다. 「시편」의 삽화에는 뼈를 으스러뜨리는 기구가 나오는데, 이는 그런 용도로 사용된 실제의 기구를 정확하게 묘사한 것이다(그림 52). 땅바닥에 놓여 있는 잘려진 손은 실제로 일어난 일의 또 다른 세부 묘사이다. 조토는 그림에서 물고문과 롤러로 등뼈 누르는 광경을 보여주고 있다(그림 56, 57). 악귀들이 여러 세기 동안 계속 사용한 갈고리는 고문할 때 사용된 것과 동일한 도구이며, 벌거벗은 죄인들을 길거리에서 채찍질하는 것은 화가들이 실제로 보고 들은 사건이었다. 현실과 비현실의 이 기묘한 혼합, 상상된 장면에다 실제 고문 방법을 혼합한 것이 지옥에 대한 수많은 묘사의 특징이다. 지옥에서의 고문 장면들이 당대의 관행을 거의 그대로 표현한 것이라는 사실을 깨달은 사람은 거의 없었다. 악귀는 비사실적으로 보이는 경우에도 왜 처벌과 고통은 사실적으로 보이는가 하는 의문은 이로써 해명된다.

아레나 예배당에 그려진 조토의 〈최후의 심판〉(1304~1313)이 다른 것과 구별되고 영향력도 발휘할 수 있었던 것은 단순화하는 특성 때문이었

그림 58 라파엘 데스토렌츠(Rafael Destorrents), 〈최후의 심판〉, 『성 에우랄리아 미사전례서』(Missal of S. Eulalia), 1403년. 성당 문서고(MS S. XV fol. 9r), 바르셀로나.

그림 59 Emerterius & Ende, 〈지옥으로의 하강〉의 세부. 『게로나』(*Gerona Beatus*), 975, Gerona 성당(MS 7, fol. 16v), Catalunya.

그림 60 조토, 〈그리스도를 배신한 대가를 받는 유다〉, 1304~1313년. 파도바의 아레나 예배당 동쪽 벽에 그린 프레스코화.

그림 61 조토, 〈최후의 심판〉, 1304~1313년. 파도바의 아레나 예배당 서쪽 벽에 그린 프레스코화.

그림 62 Luca Signorelli, "저주받은 자", 〈최후의 심판〉을 묘사하는 연작물 가운데 하나. 1503년경. 프레스코화. Cappella della Madonna dii S. Brizio, Orvieto Cathedral.

그림 63 Paul, Jean & Herman Limbourg, "지옥", *Les Très Riches Heures du Duc de Berri*, 1415년. Musée Condé(MS 65/1284, fol. 108r), Chantilly.

그림 64 Paul, Jean & Herman Limbourg, "루시퍼와 반란천사들의 추락", 이것은 아마 루시퍼를 아름답게 그린 최초의 그림일 것. *Les Très Riches Heures du Duc de Berri*, 1415. Musée Condé(MS 65/1284, fol. 64v), Chantilly.

그림 65 Lorenzo Lotto, *Michael and Lucifer*, 1550년, 캔버스에 유화. Museum of the Palazzo Apostolico, S. Casa, Loreto.

그림 66 Hans Baldung, *Two Witches*, 1523년. 목판에 유화. Städelsches Kunstinstut, Frankfurt.

다. 조토의 위대성은 한 장면을 기념할 만한 본질로 환원시킨다는 점에서 찾을 수 있다. 그에게 환원은 통상적으로 풍부하게 만드는 효과를 갖는다. 비록 자신의 능력을 쏟아부을 만한 주제라고는 생각지 않았던 것으로 보이는 〈최후의 심판〉에서는 그렇지 않았지만 말이다. 여기에서 나타난 주요한 구조적 변화는 조토가 인간과 신의 관계를 단순화하기 위해 위계질서를 완화시킨 점이다. 도상학은 여전히 전통을 따르지만 그 어조는 새롭다. 단단하던 만도라는 이제 부드럽고 둥근 튜브가 되었고, 그 속에 있는 그리스도는 단호한 심판관이 아니라 진지하고 친절하고 인내심 있는 사람이 되었다. 옷을 전부 갖춰 입고 확고하고도 편안하게 앉아 있는 그리스도의 펼친 손바닥에는 상흔이 보이지만 아무도 그것으로 위협을 느끼지는 않는다. 영혼의 계량도 갈등도 없다. 스크로베니의 선물을 받아들이고 있는 마리아가 중재자가 될 수는 없다(또 조토가 그린 그리스도라면 그녀의 호소가 필요할 것 같지도 않다). 예수의 양편에는 사도들이 있다. 아래 오른편에는 성자들이 있고 그들 아래에는 간택된 자들이 있다(각 층의 크기가 점점 작아지게 그리는 것은 조토가 자신의 진정한 위력을 발휘한 다른 그림에서는 사용하지 않은 진부한 상징이다).

  죽었다가 부활한 자들은 갈라진 땅의 틈새에서 기어 나온다. 그들은 마치 조토 자신은 이런 고정적인 등장인물을 그리고 싶지 않았지만 어쩔 수 없이 억지로 끼워준 것처럼 프레스코에 간신히 비집고 들어와 있다. 축복받은 자와 저주받은 자의 분리는 없다. 저주받은 자들은 지옥으로 이동하지 않는다. 그들은 이미 그 속에 들어가 있다. 축복받은 자들도 움직이지 않기는 마찬가지다. 격리하는 결정적인 행동이 나타나 있지 않기 때문이다. 비본질적인 것들을 폐기해 버리고 층위들보다는 사람들 사이의 관계를 묘사하며, 격리 행동을 배제함으로써 층위 **사이의** 움직임을 제거한 조토의 혁신은 미켈란젤로의 작품이 나오기 전에 만들어진 두 개의 중요한 최후의 심판에 영향을 미치게 된다. 그 둘은 프라 안젤리코의 것과 메트로폴리탄 미술관에 있는 휘베르트 반 에이크(Hubert van Eyck)의 것으로 알려진 그림인데, 둘 다 1430년에 그려졌다. "자연을 연구하고 다른 화가들을 베끼지 말라. 이것이 진정한 화가가 되는 길이다. 조토는 당대의 모든 화가들을 능가했을 뿐만 아니라 여러 세기 전의 모든 화가들도 능가했다." 이것은 다른 사람을 별로 칭찬하는 법이 없던 화가 레오나르도 다빈치(Leonardo da Vinci)의 이야기이다.

조토는 자기가 그린 형체들의 견고한 부피를 통해, 또 그것을 위해 공간을 창조했다. 그들의 옷주름은 그 어떤 설명도 **필요 없이**(대부분의 로마네스크 예술과 일부 고딕 예술에는 그런 것이 필요하다) 팔다리의 실제 움직임을 반영하는 것이다. 조토 전문가인 C. 그누디(Gnudi)가 올바르게 지적했듯이, 바로 이런 이유 때문에 조토는 설령 외계인을 보았더라도 별다른 흥미를 느끼지 못했을 것이다. 그에게는 (악귀들처럼) 비현실적으로 보인 것은 진실하지 못하다고 느껴졌으니 말이다.[11] 조토의 자연주의적 환상 — 시각적 원리를 통해 묘사된 깊이와 공간 — 은 초기 중세 예술보다는 폼페이의 그림에 더 가깝다. 이러한 이유로 인해 조토의 악마 그림은 그가 악마를 다룬 솜씨에 **특별한 점이 없다**는 바로 그 점 때문에 특별한 관심을 끌게 되는 것이다.

〈유다의 배신〉은 〈최후의 심판〉처럼 아레나 예배당에 있는 그리스도의 생애 연작 가운데 한 장면이지만, 그 대작과는 달리 조토의 손으로만 그려졌다. 유다는 방금 받은 은화 주머니를 들고 있는데, 그의 뒤에서 갈고리 같은 손을 유다의 오른쪽 어깨에 얹고 있는 것이 악마이다. 프레스코(그림 60)를 보라. 하지만 도상학에 대해서는 잊어 버리고, 신학도 없애 버리고, 이야기 줄거리도 무시하라. 가장 놀라운 차이는 기법상의 차이이다. 유다를 포함한 네 사람 모두 조토의 특징인 자연주의적 스타일로 그려져 있다. 그들의 의상, 공간을 채우는 몸뚱이, 몸짓, 얼굴 표정, 심리적이고 신체적인 상호작용 모두가 그러하다. 그러나 악마는 비잔틴의 화가가 그렸다고 해도 곧이 들을 법하다. 그는 회화적·심리적으로 이차원적이다. 그는 진정으로 현존하지 않는다. 그는 그림 **속**에 있기는 하지만 그것**에 속하지는** 않는다. 악마를 그림에서 빼내더라도 예술적 손실이 없을 뿐 아니라 두 가지 이유에서 그림은 더 나아질 것이다. 첫째, 이 납작하고 시각적으로 비실재적인 악마는 환각적 현실이라는 동떨어진 차원, 결정적으로 낮은 차원을 보여주며 패널의 공간적 통일성을 해치고 있다. 둘째, 유다의 기만과 망설임, 악행은 조토의 기법이 가진 풍부한 표현력을 통해 이 심리적인 초상화에 충분히 나타나 있다. 악마는 "유다가 악마에 의해 부추김을 받고 이제 그의 소유물이 되었다"는 문장에 붙은 부수적 설명처럼 불필요한 존재이다. 검고 늙은 털북숭이인 이 비잔틴식 악귀는 조토가 그릴 수 있는 최선이었지만, 대단한 것은 아니다.

만약 조토가 악마를 그릴 수 없다면, 누가 그릴 수 있겠는가? 조토가 느끼기에 악은 본능적으로, 신체적으로, 심리적으로, 영적으로도 현실이었지만 악마는 그렇지 못했기 때문에 그는 악마를 그릴 수 없었다. 아우구스티누스는 『신국』(11장 9절)에서 빛을 거부한 천사는 순수성을 잃고 불결한 정신이 되었다고 설명한다. "악은 적극적인 본성을 갖지 않는다. 우리가 악이라고 부르는 것은 그저 선한 어떤 것이 결여된 상태일 뿐이다." 악이란 무언가의 부재일 뿐이라는 표준적인 신학 사상은 화가들로서는 해결할 길 없는 문제인데, 특히 조토 그림의 특징은 실제 공간을 차지하는 물체의 부피감이 실감나게 느껴지도록 그리는 스타일이었으므로 문제가 더 심각했다. 악과 악마가 그저 무언가의 부재일 뿐이라면 그런 **결여**는 어떻게 그려야 하는가?

르네상스 시대의 중요 화가 가운데 악마를 그린 사람은 조토뿐이었다. 또 악마를 조각한 중요 르네상스 조각가는 도나텔로(Donatello)뿐이다. 도나텔로의 최후기 작품 가운데는 피렌체의 산로렌초 성당의 이중 설교단(복음서 강론용과 사도서간 낭독자용)을 위해 만든 청동 부조가 있다. 복음서 설교단에 비교하면 1465년에 완성된 사도서간 설교단은 구성과 공간적 자유라는 측면에서 유달리 독창적이다. 공간이 설교단 **정면에** 만들어져 있어, 거기에 새겨진 장면들이 바깥으로 확장되는 것처럼 보이는데, 그 중 한 장면에는 고색창연한 림보(Limbo)로의 하강이 그려져 있다. 깨알만한 크기로 하찮게 그려진 악마를 찾으려면 한참 잘 들여다보아야 한다. 악마는 작은 박쥐 날개를 달고 하피 스타일의 발을 갖고 있으며, 다리에는 뱀이 감겨 있으며, 아무런 역할도 하지 않는다. 도나텔로의 악마는 조토의 프레스코에 그려진 악마만큼이나 불필요한 존재이다. 그는 전통적인 도상학 때문에 조건반사적으로 거기에 포함되었을 뿐이다. 비상할 정도로 폭넓고 강력한 표현력을 지닌 이 르네상스 조각가도 악마에게는 아무런 흥미를 느끼지 못했던 모양이다.

로렌스는 "화가를 절대로 믿지 말라. 이야기를 믿으라."고 했다. 조토는 인간의 행동 안에서 악을 추적할 수 있었지만 그 밖에서는 그럴 수가 없었다. 그의 그림에서 악을 구현하고 있는 것은 인간의 형체인데, 이 같은 인식은 조토에게만 해당되는 것이 아니었다. 19세기 이전 서구에서 화가들이 그린 것 중 기억에 남을 만한 악마의 모습이 거의 없다는 사정에는 이런 이유가 놓여 있다. "다른 화가를 모방하지 말고 자연을 연구하라. 진정한 화가가 되는 길은 그것이다."라는 것이 레오나르도의 주장이었지만 자연을 아무리 연구해도 악마를 그릴 수는 없다.

텅 빈 고속도로

바르셀로나의 성직자 라파엘 데스토렌츠(Rafael Destorrents)가 1403년에 『성녀 에우랄리아의 기도서』(the Missal of St. Eulalia)에 그린 〈최후의 심판〉은 조토의 정신과 형식에서 아무런 영향을 받지 않았다(그림 58). 등장인물이 많기는 하지만 보기 좋게 구성된 이 〈최후의 심판〉에는 미카엘과 저울(텍스트 때문에 그리스도의 오른쪽 특이한 위치에 억지로 끼워 넣어진)이 다시 등장하며, 천사들이 악귀로부터 축복받은 자들을 구원해 내고 저주받은 자를 고문하는 아주 활발한 부활 장면과 데에시스도 들어 있다. 몇몇 악귀들은 구부러진 발톱, 박쥐 날개, 뿔을 갖고 있지만, 그로테스크한 도마뱀, 환상적인 부리를 가진 새, 반 에이크의 그림에 나오는 유형이나 보스의 개인적 환상을 그린 그림에서 가장 강력하게 표현된 악령들의 모습이 대다수이다. 짐승 머리와 새부리를 달고 있는 이 데스토렌츠의 악령들은 어디에서 유래했는가? 말하기가 어렵다. 관례와 모티프 가운데 몇 가지는 여러 세기를 거슬러 올라가야 그 연원을 찾을 수 있다. 예컨대 그리스도의 왼쪽 무릎에 드리워진 옷 주름 같은 것이 그러하다. 그 주름은 그것이 덮고 있는 팔다리의 형태나 움직임과 아무 상관 없이 추상적인 주름 패턴들에서 볼 수 있는 여러 겹으로 겹쳐진 주름 방식을 구태의연하게 따르고 있다.

   데스토렌츠의 〈최후의 심판〉에서 아래쪽 중간에 왼쪽 옆모습을 보이며 서 있는 악귀는 눈여겨볼 만한 가치가 있다. 나는 그것을 살펴볼 때마다 어디 다른 곳에서 그 얼굴을 본 적이 있는 것처럼 뭔가 눈에 익은 느낌을 받았다. 그것이 어디인지 기억해 내기까지는 1년이 넘는 시간이 걸렸는데, 그것은 라가쉬(Lagarsh: 수메르의 큰 도시)에서 BC 2000년 이전에 만들어진 헌주(獻酒)잔에 그려져 있는 '신의 집행관'이었다. 그 얼굴은 커다란 뱀을 마주보며 서 있다. 그 얼굴도 왼쪽 옆모습이고 관상도 동일하며, 무엇보다도 놀라운 것은 데스토렌츠의 악귀와 똑같은 표정을 하고 있다. 그들 모습은 우연의 일치라고 보기에는 너무나 비슷하지만, 그 얼굴이 엄청난 시간과 거리를 뛰어넘어 어떻게 전달되었을지 도저히 알 수 없는 일이다. 십자군이 시칠리아로 가져온 상아와 흑단으로 상감된 성유물 상자 하나에 BC 2000년 이전의 것인 아카드 왕조의 원형 인장이 들어 있었던 것은 사실이다. 하지만 그것이 완전히 특별한 경우인지 아닌지는 말하기 어렵다. 하지만 십자군이 기원전 2000년대의 인장을 팔레르모로 가져올 수 있었다면 적어도 전파가 가능함을 짐작할 수는 있으며, 눈 앞에 있는 이 봉인은 그것이 사실이었다는 증거이다. 그러나 설령 전파 사실을 확인할 수 있다 하더라도 더 결정적인 문제는 그런 모델이 받아들여지고 인정받는 문제이다.

데스토렌츠는 아마 틀림없이 585년에 만들어진 저 유명한 「라불라 복음서」의 〈승천도〉(Ascension: 피렌체, 라우렌치아나 도서관, MS Plut. I, 56, fol. 13b)를 알고 있었을 것이다. 그것은 13세기에도 피렌체에서 필사되고 있던 책이다. 이 신약 약전을 쓴 사람은 메소포타미아의 자그바에 있는 성 요한 수도원의 수도사 라불라(Rabbula)였다. 그리스도는 천사들이 떠받치고 있는 만도를라 안에 들어 있는데, 이 패턴은 이교도의 승리 모티프를 그리스화된 유대인들의 방식으로 해석한 데서 유래한 것이다. 그 바로 아래에는 4형상물(tetramorph)*이 있는데, 그것의 날개는 세라핌(seraphim)과 케루빔(Cherubim)에서 전형적으로 나타나는 것이면서, 또한 기원전 2000년대의 아시리아 인장에 새겨진 날개 달린 원반형 태양

---

* 4복음사자의 상징 동물의 형체가 한 몸에 붙은 형상. 인간과 사자와 황소와 독수리의 얼굴이 달리고, 각각 4개의 날개와 날개 밑에 인간의 손 넷이 달려 있다. 아래쪽에는 바퀴가 달려 있고 눈이 온 전신에 붙어 있는 모습으로 에스겔서에 나온다.

과도 비슷하다. 로마네스크식 세라핌은 거의 대부분이 바로 그런 아시리아식 형태와 날개 달린 마신 따위가 후대에 변형된 것에서 유래한다. 라불라 〈승천도〉의 화가가 베껴 그릴 모양을 한두 가지 찾기 위해 채식 사본의 예술사를 뒤적거린 것은 아니었다. 이런 마신이 **어떻게** 전파되었는지는 알려지지 못할 수도 있지만, 라가쉬에서 유래한 그 형태처럼 그것들도 전파되었다는 것은 기정사실이다. 심지어 보스의 그림에 나오는 물고기 인간도 아시리아의 봉인과 종, 점토판에 나온다. 그것들은 주술을 부리고 질병을 발생시키는 악령들과 관련되어 있다.

아시리아의 동물 형상(과 태양 원반)은 아케메니드 왕궁의 거대한 부조, 그리고 수사와 페르세폴리스의 타일을 통해 알려지고 이용되었다(특히 날개가 달리고 얼굴은 인간의 형상을 한 황소 라마수(lamassu)와 페르세폴리스의 형상들은 토르첼로의 〈최후의 심판〉에 등장한다). 로마네스크 시기에 그토록 흔했던 페르시아 예술 형태의 주된 연원은 바빌로니아까지 거슬러 올라가는 메소포타미아 전통을 이어받은 사산 왕조였다. 특히 사산조 실크는 유럽 전역에 퍼져 페르시아의 괴물과 동물 형상 모디프를 회화적으로 활용할 수 있게 해 주었다. 8세기 이후 프랑스 성당에서 찾아볼 수 있는 사산조 실크의 모티프(그림 49) 몇 가지의 기원은 기원전 3000년대의 수메르식 모티프까지 거슬러 올라간다. 이집트 신들 역시 눈에 익은 모습이었다. 한 예로 이시스는 로마에서 숭배 대상으로 인기를 누렸다. 복음사가가 거느리는 네 가지 동물 형상은 아마 (적어도 부분적으로는) 이집트에서 유래했을 것이다. 호루스(Horus)는 요한의 독수리가 되었고, 세크메트(Sekhmet)는 마가의 사자가, 카(Ka: 영혼)는 마태의 천사 혹은 남자가 되었다. 그리고 그리스도교 도상학의 전문가인 루이 레오(Louis Réau)는 아누비스가 누가의 황소가 되었으리라고 주장했다(재칼이 어찌해서 황소가 되었는지는 불분명하지만). 페르시아의 동물 형상 역시 영향을 미쳤다.

한 화가가 독수리 머리를 가진 호루스를 불길한 인상으로 그리면 여기에서 곧 부리 달린 악귀가 만들어진다. 실제로 숱한 이집트 신들이 동물 머리를 가지고 있으며, 특히 토트(Toth)는 정상적으로는 이비스(Ibis)의 머리를 갖고 있지만 달의 신일 때는 개의 머리나 얼굴을 한 원숭이가 된다. 재칼 머리를 한 아누비스는 죽은 자를 저세상으로 데리고 가는 헤르메스(Hermes)와 연관되며, 때로는 검은 피부를 하고 있기도 하다. 몇 가지 특징만 바꾸면 그는 주둥이가 불쑥 튀어나온 악귀로 변한다. 알렉산드리아의 콤엘수카파(Kom el Shukafa)에는 기원후 2세기 초반에 만들어진 아누비스상이 있는데, 그 하체는 뱀 몸뚱이이다. 고려해 볼 만한 또 다른 출처는 야훼가 뱀 모습을 하고 있는, 그리스화한 유대인들의 부적(여기에는 수탉 머리를 하고 다리 대신에 뱀 두 마리가 달린 형체들도 포함된다)인데, 뱀 몸뚱이 뒤에 아누비스가 그려져 있다. 오시리스가 거꾸러뜨린 사악한 동생 세트(Seth)는 뻣뻣하고 끝이 갈라진 꼬리와 구부러진 주둥이를 가지고 있다. (그가 만약 악귀로 변한 것이라면 이는 근사한 아이러니가 아닐 수 없다. 원래 그는 오시리스의 동생이 결코 아니었고, 오시리스 신화가 정전이 되고 공식적 교리가 된 이후에 악한 자로 간주되어 축출되었을 뿐이기 때문이다. 루시퍼처럼 말이다.)

누비아에서는 6세기쯤이면 그리스도교도가 누비아의 전통신상을 얼마나 깨부수었는지, 거기에서 나온 엄청난 양의 파편 무더기 때문에 신전 마당의 높이가 그 주위 지면보다 높게 돋워질 정도였다. 신전들은 교회로 바뀌었다. 누비아에서만이 아니라 제국 전역에서 이집트 그리스도교도는 오시리스 숭배의 중심지를 파괴하고 오시리스 신들의 그림이 담겨 있는 파피루스 두루마리를 가진 자들을 추적했다. 그 신들이 악귀라는 이유에서였다. 이집트 신에 대해 잘 아는 그리스도교도도 비교종교학 연구자가 아니었다. 테르툴리아누스는 그 어떤 그리스도교도보다 이교도 신에 대해 많이 아는 사람이었는데도 아누비스가 개나 사자의 머리를 가지고 있다고 썼다. 이는 그가 아누비스를 그렇게 인식했기 때문이거나 아누비스와 다른 신을 혼동했기 때문이었을 것이다. 그러니 화가들이 이 신들을 직간접적으로 알았든 몰랐든, 혹은 이집트에서 알았든 로마를 통해 알았든, 그런 것은 거의 상관이 없다. 고전시대의 신들처럼 이런 신들도 어쨌든 악령이니 말이다. 아우구스티누스는 이렇게 썼다. "(이 이집트 신들의 – 인용자) 사악함은 그 종류도 대단히 많고 마치 괴물 같다." 그들 배후에는 사악한 악령이 있다. 이집트의 동물 머리 신들과 일부 메소포타미아 악령은 구부러진 부리와 튀어나온 주둥이를 가진 악귀 형상의 가장 유력한 연원이었다. 그렇기는 하지만 유사성(세트도 주둥이가 튀어나왔고 악귀도 주둥이가 튀어나왔다)이 있다고 해서 그것이, 예를 들면 『에우랄리아의 기도서』에 나오는 부리 달린 악귀의 연원이 알렉산드리아에서 접할 수 있는 어떤 회화 전통이라는 증거는 될 수 없다. 그러나 소리게롤라 제단화를 그린 화가가 이집트식 센티를 입고 있는 악마를 그렸다는 것은 하나의 기정사실이다(그림 34). 그가 이 그림을 그릴 수 있었던 것은 오로지 눈 앞에 이집트의 두루마리(혹은 사본)가 있었기 때문이며, 이는 13세기에도 유럽인들이 이집트 신의 그림을 계속 접할 수 있었음을 의미한다.

르네상스 화가들에게서는 최후의 심판 주제에 대한 관심이 차차 사라졌다. 휘베르트 반 에이크와 프라 안젤리코의 작품은 그 드라마가 정태적인 것이 되어가는 방식을 보여주는 사례이다. 메트로폴리탄 미술관에 있는 반 에이크의 〈최후의 심판〉에서는 저 아름답고 젊은 미카엘이 정교한 갑옷을 입고 공작 깃털로 장식하고 죽음 위에 걸터앉아 있는 인물이다. 죽음이 입고 있는 거창한 의상이 길고 좁은 화판을 둘로 갈라놓는다. 아래쪽 절반에서는 저주받은 자들이 지옥으로 떨어지는데, 그곳에서는 사나운 짐승들이 버림받은 영혼을 둘로 찢고, 찌르고 깨물고 할퀴고 있다. 하지만 미카엘은 사탄과 싸우지 않는다. 사탄이 없기 때문이다. 악귀 대신에 그곳에는 티라노사우루스 렉스처럼 생긴 사나운 괴물들이 있다. 저 멀리, 높직한 천국에서 만도를라 속이 아니라 성자들과 사도들과 축복받은 자들로 둘러싸여 앉아 있는 그리스도와 이 지옥 사이에는 아무런 심리적·회화적인 연관성도 없는 것 같다. 반 에이크는 교묘한 수법을 써서 천국과 지옥의 두 부분을 연결하기는 한다. 관객은 마치 자신이 미카엘과 같은 높이에 서 있는 것처럼(비록 그에게서 좀 떨어져 있기는 하지만) 지옥을 **내려다보며**, 역시 미카엘의 시점에 서서 천국을 **올려다본다**. 미카엘의 무게 중심인 허리가 화판의 정중앙이다. 조토의 〈최후의 심판〉에서처럼 지옥은 완전히 닫혀 있다. 죄인을 선별하는 움직임은 전혀 없다. 최후의 심판은 극적인 사건이 벌어지는 것이 아니라 여러 상황들이 정태적으로 격리되어 있는 장면이 되어 버렸다. 아름답게 그려진 최후의 심판으로 유일한 프라 안젤리코의 2층짜리 제단화 역시 마찬가지이다(그림 32). 이것은 2층밖에 없지만(대개는 4층인데) 규모가 크고 넓고 낮은 최후의 심판이다. 맨 위쪽의 휘어진 띠에는 온화한 분위기의 그리스도가 빛의 만도를라와 천사들로 에워싸여 앉아 있다. 그의 좌우에는 마리아와 요한이 사도들과 성자들과 함께 있다. 바닥층은 낙원의 정원과 여러 종류의 악귀들이 다양한 처벌에 따라 구분된 지옥의 동굴로 저주받은 자들을 집어넣는 장면으로 나누어진다. 맨 아래쪽에는 묵시록의 사탄, 즉 죄인들을 집어삼키는 고질라 모습의 사탄이 있다. 이 크고 검은 괴물을 계속 바라보면 볼수록 어린아이가 갖고 노는 봉제 장난감을 닮은 것 같다는 생각이 든다. 이 경우에는 "화가는 지독한 거짓말쟁이"라는 로렌스의 괴상한 발언이 프라 안젤리코가 "틀림없이 의미한" 바가 무엇인지를 설명하려고 신학적 인용문들을 덕지덕지 갖다 붙인 수많은 주석보다도 아마 진실에 더 가까울지도 모르겠다.

부활은 어떻게 되었는가? 축복받은 자와 저주받은 자를 구분하는 것은 죽은 자들의 무덤 덮개이던 장방형 널판이 흩어져 있는 넓은 도로이다. 하지만 그 텅 빈 도로에는 아무도 없다. **분리가 이미 완료되었기** 때문이다. 그저 조토와 반 에이크와 프라 안젤리코에게는 무덤에서 일어나는 죽은 자들이나 악마와 천사 간의 투쟁이 전혀 매력이 없었던 것이다. 그리스도는 지켜본다. 그는 행동하지 않는다. 그는 판정하지도 않는다. 만도를라라는 중세적 관례가 그랬듯이 최후의 심판이라는 주제가 르네상스인들에게 더 이상 매력적인 것이 되지 못했다는 것은 단순명백한 사실이다. 하지만 최후의 심판의 효력이 다하기 전에 아마 가장 특이한 사례라 할 만한 두 작품이 더 그려졌다. 그것도 아주 다른 의미에서의 특이함이지만 말이다. 시뇨렐리(Signorelli)는 바사리가 '괴상한' 최후의 심판이라고 부른 작품을 그렸으며, 미켈란젤로의 〈최후의 심판〉에서는 그리스도가 다시 한 번 태양신으로 등장한다. 기회주의자인 아레티노(Aretino)는 이 그림을 창녀집에나 어울리는 것이라고 낙인찍었다.

최후의 심판과 성의 문제

16세기에 그려진 최후의 심판으로 중요한 것은 몇 안 되지만 그 가운데 하나가 루카 시뇨렐리(Luca Signorelli: 1450~1523)의 것이다. 사고방식 면에서 그가 미켈란젤로에게 영향을 준 것은 없었지만 처리방식 면에서는 달랐다. 그의 작품에 들어 있는 성적인 요소와 맥락은 독특하고도 의미심장하다.

악마의 성적 능력에 대해 쓴 글이나 환상은 흔했지만 그것을 회화나 조각으로 표현한 것은 드물다. 1470년대 이전에는 에로틱한 미술을 보기 힘들었다(건물에 부착된 괴물형상이나 환상적인 짐승, 원기둥의 주두부의 세부, 또는 채식사본의 가장자리에 그려진 세밀화를 제외하면). 르네상스 이전의 중요 화가들의 작품 중에서 이런 사례는 하나도 남아 있지 않다. 비록 에드워드 루시-스미스(Edward Lucie-Smith)는 조토의 〈최후의 심판〉에서 벌거벗은 죄인들이 자기 성기로 묶여 매달린 것이 '에로틱한 표상'이라고 보지만 말이다.[12] 이 문제에 대한 대답은 아마 에로틱하다는 말의 의미를 어떻게 해석하는지에 따라 달라질 것이다. 나는 어떤 매혹과 성적 인식이 존재하지 않는 한, 남자든 여자든 옷을 입지 않은 사람이 있다 하더라도 "에로틱"하다는 단어를 좀처럼 쓰지 않을 것이다. 또 자기 페니스로 거꾸로 매달려 있는 남자가 별다른 재미를 보고 있을 것 같지도 않다. 또 조토의 작품에는 성적 매력이 의식되고 있음을 시사하는 주제가 하나도 없다. 하지만 조르주 바타이으(Georges Bataille)는 중세에 에로틱한 그림이 많이 있었다고 보는 것 같다.

중세는 회화에서의 에로티시즘에 장소 하나를 할당했다. 즉 그런 성질을 지옥으로 추방한 것이다! 이 시기의 화가들은 교회를 위해 일했다. 그리고 교회가 보기에 에로티즘은 죄악이었다. 그림에서 그것을 표현하려면 저주받은 것으로 나타내어지는 길 밖에는 없었다. 지옥의 표상, 죄악이라는 역겨운 이미지로서만이 그것이 있을 장소를 부여할 수 있었다.[13]

바타이으는 그림 세 폭을 인용하지만 그것들은 오히려 그의 판단의 취약점을 드러내기만 할 뿐이다. 두 폭은 15세기 후반의 것이며 세 번째 그림은 16세기의 플랑드르 매너리즘 화가인 바돌로메오 스프랭거

(Bartholomeus Spranger)의 것인데, 그는 사티로스라도 만족시켰을 정도로 에로틱한 그림을 많이 그린 사람이다. 중세 초반 이후 그려진 지옥에 있는 벌거벗은 남녀는 성적인 흥미를 그다지 유발하지 못했다. 중세 초반의 기법이 미숙하여 육욕을 불러일으킬 만큼 실감나는 인체를 그려내지 못했다는(또 그럴 의향도 없었다) 것도 여러 이유 가운데 하나였다. 13세기 이후로 구약에 나오는 몇 가지 주제가 그려진 양식을 보면 성적인 의식이 일깨워졌음을 짐작할 수 있는데, 관음증 성향이 있는 다윗이 목욕하는 밧세바를 바라보는 장면이 특히 좋은 예이다.[14] 14세기 말엽까지 만들어진 템파눔과 그림들은 더 자연주의적이었지만 여전히 종교적 상황설정이 장면을 지배했으며, 그런 장면에서는 대개 관능성은 들어설 여지가 없었다. 15세기가 되면 몇몇 그림에서 에로틱한 감정이 느껴지는데, 푸케(Fouquet)가 그린 〈동정녀〉(Virgin, 아마 왕의 첩이던 아네스 소렐[Agnès Sorell]의 초상일 것)와 〈멜룬〉(Melun) 두폭제단화를 해체한 것 중의 안트워프 패널 같은 것이 그러한 예이다. 보스가 그린 〈환락의 정원〉(Garden of Delights, 1510년경)은 상세하게 분석하기가 쉽지 않다. 벌거벗은 등장인물 가운데 매력적인 사람도 몇 명 있지만 그들도 어떤 카테고리 – 중세적인 욕구 – 안에 들어 있다. 단지 그들의 욕구가 추상적인 범주에 들어맞지 않고 개인적이고 시대착오적인 세계 안에 속하는 것처럼 보인다는 차이가 있을 뿐이다.

과거 천년 동안 만들어진 것들에 비해 성적으로 더 도발적인 그림이 1490년에서 1530년 사이에 갑자기 등장했다. 고전적인 인물과 상황은 이제 화가와 조각가들에게 표면상의 화제에 지나지 않았다. 마르칸토니오 라이몬디(Marcantonio Raimondi: 1480~1534. 이탈리아의 동판화가), 마뷔즈(Mabuse: 1478~1533. 플랑드르의 화가), 제발트 베함(Sebald Beham: 1500~1550. 독일의 판화가), 한스 발둥(Hans Baldung: 1484~

1545. 독일의 화가), 코레지오(Correggio: 1489~1534. 이탈리아의 화가) 같은 화가들이 이 몇십 년 사이에 에로틱한 예술을 창조한 것이다. 고전 스타일로 만들어진 루크레티아의 조각이 16세기 초반에 로마에서 발견된 뒤, 타르퀸이 순결한 루크레티아를 겁탈하여 그녀가 홀로 자살한다는 주제가 열광의 대상이 되었다.[15] 아우구스티누스는 단호하게 루크레티아를 비난했고, "그녀는 스스로의 욕망의 제물이 되었다"고 주장했다.[16] 대 루카스 크라나흐(Lucas Cranach the Elder: 1472~1553. 독일의 화가)가 아우구스티누스를 알고 있었더라면 아마 이 주장을 환영했을 것이다. 왜냐하면 그는 자학음란 성향을 은근히 드러내는 루크레티아가 스스로를 칼로 찌르는 누드를 자신의 작업장 인원들과 함께 서른 개 이상 만들었으니 말이다. 라파엘 휘하에서 일했던 마르칸토니오 라이몬디는 아레티노로 하여금 음란하기로 유명한 소네트를 쓰게 만든 판화(줄리오 로마노[Giulio Romano]의 디자인을 본뜬 것)를 새겼다는 죄목으로 1526년에 감옥에 갇혔다. (마네는 마르칸토니오의 판화 가운데 하나에서 혁명적인 〈풀밭 위의 점심식사〉의 구상을 빌려왔다). 줄리오가 아니라 마르칸토니오가 갇힌 이유는 아마 목각처럼 판화도 대량으로 인쇄될 수 있었기 때문일 것이다. 오늘날 우리가 수많은 르네상스 회화들을 볼 수 있는 것은 오로지 마르칸토니오의 판화 덕분이다.

스프랭거는 파리, 비엔나, 프라하에서 작품활동을 했다. 1575년경에 만들어진 그의 〈헤라클레스와 옴팔레〉(비엔나, 예술사박물관)는 이 한 쌍이 한적한 석굴에서 옷을 바꿔 입는 장면을 읊은 오비디우스의 구절(〈Fasti〉, II, 305)에서 영향을 받은 것으로 보인다. 옷 바꿔 입기, 즉 여성의 위력이라는 것이 그 주제이다. 하지만 그 그림이 보여주는 것은 헤라클레스의 사자가죽옷을 입은 옴팔레가 에로-사디스틱한 장난기를 내비치며 몸을 비틀어 관능적인 엉덩이를 내보이며 수줍은 태도로 그의 곤봉을 쥐고 있는 장면이다. 짓궂게 웃고 있는 어린아이(스프랭거의 등록상 표나 마찬가지)가 커튼을 쳐들어 그 광경을 폭로한다. 1517년에 마뷔즈 가 그린 〈헤라클레스와 데이아니라〉(버밍엄, 바버 미술관)에는 그리스 식의 원형지붕집 안에서 이 한 쌍이 다리를 한데 겹친 자세로 앉아 있는 장면이 나오는데, 억세고 못이 박히고 남근처럼 생긴 곤봉을 가진 헤라 클레스의 성기를 잎사귀 몇 개가 살짝 가리고 있는 모습을 보면 웃음이 나올 정도이다. 도발적인 관능성이 매너리즘 예술의 본질은 아니었지만 실제로는 르네상스 시대 최초의 에로틱한 그림들은 신체가 서로 얽히고 동체가 비틀어진 자세를 능란하게 표현함으로써 그 효과를 달성했다. 15세기가 끝나기도 전에 이미 어떤 누드가 이브이고 어떤 것이 비너스인 지 판별하기가 점점 불가능해지고 있었다.[17]

죽음을 대하는 태도에 관한 연구에서 필립 아리에스는 바로크 예술에 서 묘사된 고문을 다룬 19세기의 한 소설을 인용한다.

> 어렸을 때 파울리나가 무엇보다도 좋아한 것은 교회에 있는 성자들의 순교 그림이었다. 그녀는 교회에 가서 그들이 고통받는 모습을 바라보곤 했다. …… 무릎 꿇고 막 졸도하기 직전 상태인 [시에나의 성 카타리나의 그림을 특 히 좋아했다.] 상처 입은 그녀의 손은 허벅지 사이의 빈틈에 정숙하게 놓여 있었다. 얼마나 여성적인가. 순결한 여성이라는 이미지, 이 수녀의 펑퍼짐한 엉덩이와 베일 아래에 있는 부드러운 가슴, 저 어깨…… 허벅지 사이의 빈틈 은 사랑을 상징한다. …… 하지만 그것은 악귀가 할 만한 생각이다.[18]

죽음의 해골과 사랑스러운 여자, 부드러운 어깨에 놓인 뼈만 남은 손 은 거듭 등장한다. 이런 섬뜩한 에로티시즘은 고대 메소포타미아도, 고 전 문명에도 없었으며 (대표적인 주제로서는) 오직 그리스도교에만 있었던 것 같다. 한 가지 예외는 아마 12세기 후반의 일본화일 것이다. 한시(漢詩) 장르에 속하는 그 그림들은 아름다운 여성의 육체를 해체하는 과정을 아홉 단계로 상세하게 보여준다. 이런 탁월한 예는 구소시 만다라(九相詩曼陀羅: 도쿄 국립박물관)이다. 그 가운데 6번째 단계에서 검은 까마귀가 죽은 여성의 뺨살을 쪼아 먹고, 검은 개가 그녀의 벌려진 다리 사이로 내장을 끌어낸다. 화가는 에로틱한 아름다움과 부패 사이의 대조에 매혹되었던 것 같다.

에로틱한 작업을 은폐하는 고전주의적인 위장을 흔히 폐기하곤 했던 대표적인 화가는 한스 발둥이다. 뒤러 휘하에서 배운 그는 아름답고 감동적인 동정녀 마리아 그림 몇 점으로 명성을 누렸으며, 루터를 후원했고, 신비적이고 에로틱한 관심을 드러내는 목조각을 만들었다. 그가 강박적으로 되돌아온 주제는 노인이나 죽음이 젊은 여자를 애무하는 것이었다. 발둥뿐만 아니라 독일 개신교의 다른 화가·판화가들, 뒤러, 알트도르퍼(Altdorfer, 1485~1538), 대 크라나흐 등도 마녀와 마녀 잔치 장면을 그렸다. 이 작품 내용을 해설하거나 왜 그런 작품이 만들어졌는지를 설명할 수 있는 사람은 아무도 없다. 스위스의 예술사가인 하인리히 뵐플린(Heinrich Wölfflin)은 뒤러가 〈네 명의 마녀〉(Four Witches, 1497)를 그린 근본 목적이 아름다운 여성의 누드를 보여주기 위함이었다고 결론지었다.[19] 권위 있는 뒤러 연구서의 저자인 박식한 에르빈 파노프스키(Erwin Panofsky)조차도 "이런 행동의 정확한 성격은 밝혀지지 않았다"는 것을 인정하면서 "여성의 누드를 천재적인 솜씨로 과시하는 것이……. 죄악에 대한 경고로 전환되었다"고 주장하는 데 그쳤다.[20] 다른 누구보다도 마녀 장면을 더 많이 그렸던 발둥의 경우에도 사정은 마찬가지이다. 그의 경우에는 악령학에 관한 유명한 책과 관련이 좀 있다.[21]

악귀와 마녀의 주제에 대해 15세기의 참조 저술로서 가장 많이 활용되는 것은 1486년에 쾰른 대학 학장인 하인리히 크라머(Heinrich Kramer)와 전독일의 도미니크파 종교재판장인 야콥 슈프렝거(Jakob Sprenger)가 쓴 『말레우스 말레피카룸』(*Malleus Maleficarum*)이었다. 마녀들은 어린아이를 삶아먹으며 남근을 최대한 많이, 스무 개나 서른 개 정도 모아서 새둥지에 놓아둔다. 그러나 악마는 이런 것들을 원 소유자에게 도로 붙여줄 수 있다. 어떤 여자가 마녀라는 의심을 받고도 자백하지 않으면 죄를 자백할 때까지 고문이 가해진다. 현대인 1941년에도 찰즈 윌리엄스(Charles Williams)는 이 으스스한 책을 "최고 수준의 지적 업적"이라고 불렀는데, 정말 이상한 찬사라 하지 않을 수 없다.[22] 개신교도는 자기들도 걸핏하면 그 대상이 되곤 했으니 당연히 종교재판에 반대했으면서도 이 터무니없는 저술을 받아들였으니 참으로 답답한 일이다. 발둥이 살던 스트라스부르의 성당 설교사이던 요한 가일러 폰 카이제르스베르그(Johann Geiler von Kaiserberg)는 『말레우스』 스타일의 악령학을 널리 퍼뜨렸으며, 악마가 무슨 짓을 하든 신의 허락을 받은 행동임을 강조했다. 가일러는 회중에게 물었다. 왜 악마와 마녀들이 인간들에게 위세를 부릴 수 있는가? 여러 가지 설명이 있겠지만 진짜 이유는 숨겨져 있다는 것이다. 가일러의 설교와 대중들의 강렬한 관심은 대중적 요구에 반응하고 있었을 화가들의 의식에 영향을 주었을 것이다. 1516년에 출판된 가일러의 설교집에 발둥이 그린 마녀의 판화(〈마녀 잔치의 준비〉[Preparations for the Sabbath])가 실려 있었다는 사실은 의미심장하다. 마녀에 대한 발둥의 생각이 어떠했는지는 알기 힘들다. 그가 수많은 마녀 그림을 그린 것은 혹시 그 소재에서 화가의 더 깊은 충동을 해방시켜 줄 비그리스도교적인 틀을 찾을 수 있었기 때문일지도 모른다. 마녀 잔치와 마녀라는 주제가 고야에게서 수행했던 역할처럼 말이다.

발둥이 그린 마녀들에서 확연하게 눈에 띄는 특징은 젊고 아름답다는 점이다. 그가 전달하려는 메시지에 비하면 "악이 유혹적일 수 있다"는 말은 너무 단순하다. 그가 프라이부르크에서 제작한 연작의 마지막 작품인 〈젊은 마녀와 불 뿜는 용〉(Young Witch with Fire-thrusting Dragon, 1515년 제작. 칼스루에, 국립 미술관)은 지독히도 에로틱하다. 관능적인 젊은 마녀가 불꽃 같은 막대기를 들고 서 있고, 등 뒤에는 용이 있는데 그 무시무시한 입에서 딱딱하고 기다란 혀 같은 빛줄기가 나와 마녀의 엉덩이 사이로 미끄러져 들어간다. **어린아이**(putto) 관음자 두 명이 지켜보고 있다. 발둥의 〈두 마녀〉(Two Wiches)에서는 누드의 아름다운 마녀 한 명이 고개를 돌려 관객을 바라본다(그림 66). 두 번째 마녀는 염소에 올라 앉아 있다. 배경에서는 비현실적인 구름이 마치 마녀들이 읊은 주문에 응답하듯이 움직인다. 이 그림과 닮은 작품이 하나라도 있는가? 이 그림이 문학적이거나 회화적으로 어디에서 유래했는지 알려진 바가 있는가? 보스보다 더 특이한 인물인 발둥은 몇몇 종교적 모티프를 세속화하고 미지의 힘에 대한 깊은 감수성을 통해 낯익은 장면을 가지고도 신비스러움을 만들어낸다. 그 때문에 그의 그림은 이따금씩 나중에 고야가 그리게 될 섬뜩하고 비합리적인 꿈같은 장면처럼 되기도 한다.

발둥은 그런 주제를 제대로 그려낼 수 있었던 당대 유일의 화가이기는 했지만, 불행하게도 악마는 한 번도 그린 적이 없다.[23] 아니, 그랬다고 할 수도 있겠다. 마드리드에 소장된 〈아담과 이브〉(Adam and Eve, 그림 67)에 나오는 아담이 그것이다. 그보다 먼저(1519년) 만든 같은 주제의 목판화에서 아담은 이브에게 가까이 서 있는데, 이브는 그에게 격렬한 거부반응을 보인다. 1525년의 작품에서는 이브의 반응이 바뀌었다. 그녀는 미소지으며 사과로 성기를 가리고 있고 아담은 뱀을 내려다본다. 마드리드 그림에서는 발둥의 마지막 처리법이 또 달라진다. 조르주 바타이으(찬양자들 사이에서는 에로티시즘의 권위자로 알려져 있는)가 최

그림 67 Hans Baldung, *Adam and Eve*, 1531년, 패널에 유화. Fundacion Colleccion Thyssen-Bornemisza, Madrid.

후의 저서인 『에로스의 눈물』(*Les Larmes d'Eros*, 1961)에 이 그림을 실은 것도 다 이유가 있었다. 이브는 사과를 쥐고 있고 아담은 한 손으로 이브의 가슴을 감싸 쥐고 다른 손으로는 허벅지를 쓰다듬는다. 발둥은 놀라운 반전을 시도하여 이브가 아니라 아담을 유혹자로 삼는다. 아담의 헝클어진 머리칼은 악마의 뿔처럼 보이기도 한다. (왼쪽 위편 구석에 있는 작은 뱀은 제대로 눈에 띄지도 않는다.) 자신들이 놓인 상황을 충분히 알

4장 지슬베르, 조토, 그리고 지옥의 에로티시즘   243

고 있으며 자신감 있게 성애의 기쁨 속에서 하나가 되어 있는 이 두 사람의 그림에는 죄악과 수치와 죄책감이라는 세 가지 감정이 들어설 여지가 없다. 발둥의 아담이 바로 악마인 한, 이 독창적 그림은 성적 환희를 표출하고 있는 블레이크의 악마를 연상시킨다.

루카 시뇨렐리는 상상력 면에서든 기술적 완성도 면에서든 발둥에게는 한참 못 미친다. 나체의 엉덩이와 신파조에 매료된 시뇨렐리는 신학적인 것보다는 연극적인 측면에 더 관심을 가지고 있었다. 그의 감수성은 성적인 사도-마조키즘과 속박의 이미지를 만들어냈다. 그는 그리스도의 채찍질 장면에서 채찍질하는 사람을 나체로 그린 최초의 화가였는데, 1년 뒤인 1502년에 그린 코르토나의 프레델라(predella)* 패널화에도 채찍질꾼 한 명을 나체로 그려넣었으며, 1년 뒤 오르비에토에서 그린 누드의 〈유디트〉(Judith)에도 등장시켰다. 여주인공은 칼을 잡고 막 자기 손으로 잘라낸 홀로페르네스(Holofernes)의 머리를 들고 있다. 시뇨렐리는 이 원형적인 거세 이미지를 가지고 (어떤 문학적 기반이 있는지는 알려져 있지 않다) 예술사상 최초로 나체인 유디트를 만들어냈다.[24] 거의 벌거벗고 있던 채찍질꾼을 칼을 휘두르는 나체 여성으로 변모시켰으니, 시뇨렐리의 상상력이 어느 방향으로 나아갔는지 짐작할 만하다.

다음으로, 시뇨렐리는 여러 스타일을 혼합했는데 그것이 그의 그림의 특징이 되었다. 바사리는 그의 "기괴한 독창성"을 강조했지만, 시뇨렐리가 괴상하거나 가끔은 독창적이기도 한 개념을 사용할 때가 많았다 하더라도 그의 솜씨로는 그런 기발한 발상을 도저히 제대로 그려낼 수 없었다. 특히, 오르비에토에 있는 그의 최후의 심판 그림들은 과장이 심한 누

---

* 원래 제단의 기단, 수직 앞면에 작은 크기로 그려진 일련의 그림이나 금속 세공 등으로 장식된 프리즈. 제단화에 딸린 작은 그림들을 모두 지칭하기도 한다.

드가 밀집해 있는 군중일 뿐이다(그림 62). 그림 속에 있는 개별 형체와 그룹들에서는 힘이 느껴지고 관례를 벗어나는 도상학이 사용되었으며, 한껏 아이로니컬한 파격(해골과 누드가 이야기하는 장면 같은 것)이 있다. 피에로 델라 프란체스카 휘하에서 한동안 수련하면서 시뇨렐리가 스승의 스타일을 어찌나 잘 모방했는지, 스승과 제자의 작품을 구별할 수 없을 때도 있었다. 1481년에 시뇨렐리는 시스티나 성당의 남쪽 벽을 치장하는 것을 도와 페루지노(Perugino)가 시작한 〈모세의 유언〉(Testament of Moses)을 마쳤다. 그는 또 성당의 벽에 〈모세 시체에 관한 갈등〉(Conflict over the Body of Moses)의 프레스코도 그렸는데, 원래 의도된 내용은 악마와 천사들이 모세의 시체 위에서 그의 영혼을 놓고 다툼을 벌이는 장면이었다. 불행하게도 1522년의 크리스마스에 문 위를 떠받치던 몰딩이 무너져 그 프레스코를 망가뜨렸기 때문에 그 갈등이 어떤 양상이었는지 우리는 전혀 알지 못하게 되었다.

시뇨렐리는 그 다음에는 피렌체로 가서 대 로렌초(Lorenzo the Magnificent)를 위해 〈팬의 교육〉(The Education of Pan)을 그렸다(미술사가인 버나드 베렌슨[Bernard Berenson]은 이 작품이 푸생과 고갱의 선구라고 생각했다). 이 그림은 베를린 박물관에 있었는데 1945년의 폭격 때 없어졌다. 1490년대에 시뇨렐리는 피렌체를 떠나 움브리아와 우르비노와 시에나로 갔다. 피렌체를 떠난 이유는 아마 1494년에 메디치가가 몰락하여 후원과 일거리를 잃었기 때문이었을 것이다. 1498년에 특이한 내용이 몇 가지 담긴 프레스코화 〈성베네딕트의 생애에서 따온 이야기〉(Stories from the Life od St. Benedict) 연작을 마친 뒤 그는 오르비에토 성당의 산브리지오의 마돈나 예배당을 장식하는 일거리를 맡았다. 이는 아마 다른 경쟁자들에 비해 그의 보수가 싼 데 비해 일솜씨가 빠르고 효율적이었기 때문이었을 것이다. 여기에는 일곱 개의 큰 장면이 들어 있다.

〈적그리스도의 설교와 행실〉(Sermon and Deeds of the Antichrist), 〈세계의 파괴〉(Destruction of the World), 〈육체의 부활〉(Resurrection of the Flesh), 〈저주받은 자〉(The Damned), 〈선택된 자〉(The Elect), 〈낙원〉(Paradise), 〈지옥〉(Hell)이 그것이다.

시뇨렐리가 피렌체를 떠나게 한 원인제공자이자 피렌체의 역사에 전환점을 마련한 사람은 지롤라모 사보나롤라(Girolamo Savonarola)였다. 그는 정치적이고 개인적인 부패에 반대하는 격렬한 설교로 수많은 군중을 사로잡았으며, 나중에는 그의 설교를 듣기 위해 규칙적으로 피렌체에 모이는 군중이 수천명이나 되었다. 그 모임에 참가하여 그의 예언의 영향을 받은 사람들 가운데는 보티첼리(Botticelli)와 미켈란젤로가 있었다. (제자인 콘디비[Condivi]의 말에 의하면 미켈란젤로는 몇십 년이 지난 뒤에도 마음속에서 그 수도사의 음성을 들을 수 있었다고 한다.) 1494년에 프랑스가 피렌체를 침공한 뒤, 사보나롤라는 이 도시에서 실질적인 독재자 노릇을 했다. 교황 알렉산데르(Alexander) 6세는 사보나롤라를 소환했지만 무시당하자, 1497년에 그를 파문했다. 그러자 사보나롤라는 교황의 선출이 무효라는 비난성명을 냈다. 이 성명은 설령 거짓말이었다 하더라도 어떤 교황이라도 격분시키기에 충분한 내용이었지만, 사실이었기 때문에 알렉산데르는 더욱 격분했다. 알렉산데르는 뇌물을 주고 교황이 되었을 뿐만 아니라, 이제까지의 교황들이 낳은 사생아의 수와 축적한 황금의 양과 구사한 독직의 수라는 분야에서 기록을 갱신한 사람이었다. 알렉산데르는 피렌체의 프란치스코파 세력을 일종의 비밀 병기로 사용하고 사보나롤라의 인기가 쇠퇴하는 추세(이 수도사의 격렬한 광신주의에 시민들이 염증을 냈기 때문에)와 때를 맞추어 움직이기 시작하여, 그를 체포하여 재판하고 이단이라는 선고를 내린 뒤 화형에 처했다. 시뇨렐리의 〈적그리스도의 설교와 행실〉의 전면에는 이러한 역사적 배경이 깔려 있다. 동료 화가들과는 달리 시뇨렐리는 이 비타협적인 도미니크파 수도승에게 공감하는 바가 전혀 없었다. 불길한 악귀가 조종하고 거짓 예언을 설교하는 그리스도와 비슷한 인물(전면 중앙부)은 아마 틀림없이 사보나롤라를 모델로 했을 것이다.

〈저주받은 자〉(그림 62)가 보는 사람에게 즉각적인 충격을 주는 것은 거기에 들어 있는 도상학이 아니라 파노라마처럼 벌어지는 폭력 사태 때문이다. 그런 폭력은 결코 「계시록」이나 『황금 전설』이 아니라 그 세기가 바뀔 무렵의 이탈리아 도시들에 만연해 있던 소요와 무법성에서 유래한다고 보아야 할 것이다. 시뇨렐리는 이 프레스코에 자기 자신뿐만 아니라, 바사리의 말에 따르면 친구 여러 명도 그려 넣었다고 한다. 그들 중에는 파올로와 비텔로초 비텔리(Paolo & Vitellozzo Vitelli)와 지안 파올로 발리오니(Gian Paolo Baglioni)도 들어 있는데, 그들 모두 급사했다. 시뇨렐리가 작업을 시작한 그 해에 **용병**이던 파올로는 배신이라는 죄목으로 처형되었고, 역시 **용병**이던 비텔로초도 이 작품이 끝나기 전에 세니갈리아에서 체자레 보르지아(Cesare Borgia)에게 살해되었다. 페루지아의 영주이던 발리오니는 시뇨렐리가 그를 그렸을 때는 아직 살아 있었지만 나중에 교황 레오 10세에게 처형되었다. 그렇기는 하지만, 악귀들이 포로들에게 격심한 신체적 잔혹행위와 고문을 가하는 광경을 끝도 없이 나열한 까닭을 이러한 개인적 슬픔으로만 돌릴 수는 없다. 악귀들이 대부분 뿔을 달고 있고 그 가운데 몇몇은 날개도 있지만 모두 인간 모습이고, 벌거벗었거나 원시인 스타일의 짧은 옷을 입고 있다. 잔혹행위와 고통은 다른 최후의 심판에서도 예외가 아니지만, 악귀에 의한 강간이라는 성적이고 사디스틱한 환상의 틀을 고문수단으로 사용한 것은 시뇨렐리가 처음이었던 것 같다. 고문하는 악귀들은 힘이 세고 튼튼하며 평균 연령은 대략 마흔쯤으로 보인다. 하지만 희생자는 다들 한창나이이다. 남자들은 신체가 건장한 미남이며, 여자들은 아름답고 성적인 매력이 있으며, 이와 비슷한 다른 중세 그림들에서처럼 관능적인 여자를 슬쩍 가려주는 것 같은 죄악의 뉘앙스는 없다.

지옥에 떨어진 음탕한 나체 여자를 그린 예전 그림에도 잠재적으로는 에로틱한 호소력이 있었을지 모르지만 시뇨렐리의 여자들이 취하는 자세는 오늘날의 물신적 사도-마조키즘의 삽화라고 해도 좋을 만한 것들이다. 악귀들이나 강단 있고 힘센 중년 남자인 그의 부하들은 절망적으로 묶여 있는 미인들에게 그저 시늉만의 고통을 가하며, 그 미인들은 대부분 수동적이고 무방비상태이다(몇몇은 불안해 보이지만 고통스러워하는 모습을 보이는 것은 한 사람밖에 없다). 젊고 신체 건장한 남자들은 훨씬 더 겁에 질린 모습이다. 해부학적인 노출증과 동성애 및 성적 사디즘의 혼합이라는 것이 이 작품에 대한 정확한 설명이 될 수 있겠다.[25] 그림의 정중앙에는 뿔 하나만 달린 악귀가 있다(흔히 이것이 시뇨렐리 자신이라고들 한다). 그는 손아귀를 벗어나려 몸부림치는 요염한 금발여자의 허리를 단단히 틀어쥐고 쓰러뜨리는 중이며, 그녀의 긴 머리채가 어깨와 가슴 사이로 흘러내리고 있다. 그녀의 얼굴에는 고통 속에서 황홀감을 느끼고 마조키스틱한 흥분에 빠진 표정이 떠올라 있다. 이러한 이미지의 동료라 할 만한 것이 300년 뒤에 그려진 들라크루아의 〈사르다나팔루스의 죽음〉(The Death of Sardanapalus, 1828년)의 전경에 나오는 관능적인 여자 노예를 칼로 찌르는 장면이다. 이 그림은 루브르 미술관에 있으며, 사디스틱한 세부 묘사가 두드러진 기념될 만한 작품이다. 또 뿔 달린 시뇨렐리가 짓누르고 있는 몸부림치는 누드 바로 위에서, 은근히 만족스러운 표정을 지으며 날고 있는 악귀(심히 불안해하는 표정의 금발 누드 여자를 등에 업고 있는)는 괴테의 『파우스트』에 실린 프랑스 화가들의 혁신적 석판화의 길을 열어준 들라크루아의 사탄에 가장 가까운 모습이다. 〈저주받은 자〉에서 가장 눈길을 사로잡는 것은 위쪽에서 바라보고 있는 소년단원 같은 사랑스러운 천사들이 아니라 맨 아래에서 화폭의 틀을 부수고 나오고 있는 악귀들과 저주받은 자들의 모습이다. 벌거벗은 악귀 하나는 땅바닥에 내던져진 벌거벗은 남자 위에 올라서서 남자의 머리칼을 움켜쥐고 있다. 그의 오른쪽으로는 또 한 명의 벌거벗은 악귀가 비슷한 일에 몰두하고 있다. 그의 뒤에서는 동료 악귀가 또 다른 죄인을 무지막지하게 두드려 패는 중이다. 이 그림에서 만화 같이 어설프거나 인간 이하의 존재이거나 외계인 같은, 또는 반인반수인 악귀는 하나도 없다. 이 장면은 완전히 한 무리의 인간들이 다른 인간들을 거칠고도 잔혹하게 사냥하는 장면이다. 신학적 구도와 분위기의 특징인 절제와 초연함은 사라졌다. 〈선택된 자〉에 나오는 인물들이 무미건조하게 그려진 것을 보면 이 유별난 화가의 상상력을 사로잡은 정신적 동력이 어떤 것인지에 대한 우리 짐작이 맞았음을 확인하게 된다.

시뇨렐리의 작품은 악마 주제에서 파생된 또 하나의 갈래를 예고한다. 성적 환상과 사디스틱한 충동을 표현하는 구도가 그것인데, 이는 사탄주의를 다룬 현대의 글과 삽화에서 흔히 나타난다. 관객은 무서움에 질리는 것이 아니라 매혹된다. 19세기 후반의 세 명의 화가가 악마와 지옥의 성적이고 사디스틱한 측면을 그림에서 활용했다. 영국에서는 오브리 비어즐리(Aubrey Beardsley: 1872~1898)*가 도착취미(倒錯趣味)를 장난스럽게 표현했으며 일본에서는 가와나베 기요사이(河鍋曉齋)가 신랄한 사회적 비판으로서, 또 벨기에에서는 펠리시엥 롭스(Felicien Rops: 1833~1898)**가 불경스럽고도 냉소적인 사탄주의를 그려냈다.

---

* 19세기 말의 유미주의 화가. 오스카 와일드의 책에 삽화를 그렸다.
** 주로 프랑스에서 활동한 에칭작가. 말라르메의 시집에 삽화를 그렸다.

최후의 〈최후의 심판〉

교황 바오로 4세는 종교재판에 열중했고, 유대인들이 개신교의 배후 지원자라고 생각했으며(그리하여 그들을 게토로 몰아넣었다), 자기 눈에는 누드의 군상으로밖에 보이지 않는 미켈란젤로의 〈최후의 심판〉을 없애려고 했다. 미켈란젤로의 명성과 그의 친구들의 영향력이 조금만 적었더라도 그 작품은 오늘까지 남아 있지 못했을 것이다. 그런데 1500년 이후에까지 최후의 심판을 그리고 있을 사람이 누가 있었겠는가? 거의 아무도 없었다. 그런데도 이 주제가 시스티나 성당에서 채택된 까닭이 무엇일까? 아마 새롭고도 위협적인 외부적 이단인 루터파 종교개혁에 대한 반동적 활동 때문이라는 것이 그 대답일 것이다. 정치적이고 신학적인 차원에서 당면한 엄청난 어려움과 또 다시 분열할지도 모른다는 공포, 카를 5세에게서 가해지는 정신 못 차릴 정도의 압력, 개신교 종교개혁에 대해 어떻게든 반응을 해야 할 절대적 필요성 때문에 바오로 3세는 드디어 1545년에 제19차 공의회(트리엔트 공의회)를 개최하기 위한 작업을 조직할 수 있었으며, 〈최후의 심판〉은 그 준비 기간에 그려진 것이다. 바티칸 미술관의 전임관장인 데 캄포스(De Campos)는 교황이 부각되고 묵주가 사용되었으며 성인 숭배 및 그 작업이 미친 뛰어난 효과 등의 몇몇 구체적인 증거를 들어 미켈란젤로의 〈최후의 심판〉이 공의회를 위한 시각적 선언문이었다는 주장을 폈다.[26] 하지만 미켈란젤로의 심중에 루터파에게 반격하겠다는 의도가 있었으리라고 여기는 것은 그저 어리석은 생각일 뿐이다.[27] 그러나 트리엔트 공의회를 개최하지 않을 수 없었던 심각한 문제들은 이 주제의 선정을 결정한 기상학적 전선(前線) 같은 것이었으며, 그러한 분위기는 미켈란젤로의 반응을 다양하게 유도했다. (미켈란젤로가 다른 어떤 최후의 심판에서보다도 더 두드러지는 지위를 베드로에게 부여한 십여 년 뒤, 반대 진영에서는 헌신적인 루터파인 뒤러가 현재 뮌헨의 알테 피나코테크에 소장된 위압적인 〈4인의 사도〉 [Four Apostles]에서 베드로를 "격하"시켰다.) 최후의 심판을 그린다는 생각이 정확하게 언제부터 미켈란젤로의 마음속에서 형성되기 시작했는지 우리는 알지 못한다. 왜냐하면 1533년 후반에 클레멘스 7세가 이 그림을 위촉했을 때 미켈란젤로는 거절했으며, 1년 뒤에 클레멘스가 서거하자 미켈란젤로는 아마 그 기획도 없어지리라고 예상했을 테니 말이다. 그러나 바오로 3세는 계속 그가 작품을 해주기를 원했고, 어떤 프레스코 기법이 알맞을지에 대한 논란이 1년쯤 계속된 뒤 벽이 준비되고 작업이 시작되었으며(1536년 여름) 〈최후의 심판〉은 1541년의 만성절에 공개되었다(그림 68).²⁸

미켈란젤로의 친구인 바사리는 열광하여, 이 작품은 "신의 직접 계시를 받은 것"이라고 단언했다. 다른 화가들은 "과거의 것이든 미래의 것이든 다른 모든 그림들이 이 '걸작'과 비교될 때 어떻게 보일지 생각만 해도 혼란스러워질 것이다." 신에게서 직접 계시받은 것을 이해하려면 특별한 지식이 필요할 테니까 혼란에 빠진다 해도 놀랄 일도 아니다. 저주받은 자들을 심문하여 지옥에 배당하는 심판관으로 미노스(단테가 로마 시인 베르길리우스에게서 차용해온 인물)를 불러왔던 단테를 흉내 내어 영혼 계량 장면을 없애 버린 것은 신이 아니라 미켈란젤로이다. 또 저주받은 자들을 배에 태워 스틱스 강을 건네주는 카론을 집어넣은 것도 단테(역시 베르길리우스에게서 빌린)의 발상을 빌린 것이다. 미켈란젤로의 프레스코에서 카론 같은 몇몇 인물은 쉽게 식별되지만 대부분의 등장인물은 정체가 불분명하다. 예를 들면 그리스도의 오른쪽에 있는 거대한 인물은 누구인가? 바사리는 그것이 아담이라고 말했다. 하지만 아담이 언제부터 잎사귀가 아니라 가죽 거들을 입었던가? 미켈란젤로의

그림 68 미켈란젤로의 프레스코화, 〈최후의 심판〉, 1536~41년. 로마의 시스티나 성당 뒷벽.

제자인 콘디비는 그것이 세례 요한이라고 말했다. 하지만 세례 요한이 언제부터 그렇게 존엄한 모습이었던가? 미켈란젤로의 친구인 당대 화가들도 누가 누구인지 정체를 밝히지 못했는데, 현대의 우리에게 무슨 방도가 있겠는가? 그리스도와 동정녀 마리아를 알아보는 것은 어렵지 않다. 하지만 미켈란젤로는 (흔히 예상하듯이) 수염 달린 그리스도가 아니라 그리스식 그리스도를 그렸는데, 그리스도가 성베드로 대성당의 지붕 밑에서 아폴로의 전차를 몬다는 것은 예상치 못한 반전이다. (이 말이 미켈란젤로가 그리스도를 헬리오스로 여겼다는 뜻은 아니다. 그렇지는 않았다. 하지만 오늘날의 **우리** 시각에서 볼 때, 그림 35에서 찾아볼 수 있는 14세기 초반의 모자이크와 미켈란젤로의 개념은 놀라울 정도로 닮았다.)

최후의 심판 도상학에 나오는 엄격한 무리짓기와 정태적인 공간 분할은 사라졌다. 전체 프레스코는 움직이는 중이다. 지슬베르의 작품에서처럼 모든 행동은 무자비한 심판관에게서 시작된다. 예수의 손짓에 의해 수백 명의 인물은 시계 반대방향으로 계속 움직인다. 축복받은 자는 올라가고 저주받은 자는 떨어지며, 성인과 사도들의 내부 그룹은 예수를 둘러싸고 수평방향으로 돌고 있다. 천사들은 날개가 없고 악령들은 시커멓고 근육질적인 모습이다. 하지만 사탄은 없다. 악령들은 발굽도 꼬리도 갈고리창도 갖고 있지 않다. 저주받은 자들에 대한 고문장면은 없지만 지옥의 의미는 분명하다. 지슬베르가 그린 그림에 나왔던 버림받은 영혼의 목덜미를 휘감은 저 잊을 수 없는 거인의 발톱처럼, 얼굴을 반쯤 손에 파묻고, 공포와 두려움과 절망감에 빠져 몸을 웅크리고 있는 외롭고 버림받은 영혼을 세 악령이 사로잡아 단호하게 쓰러뜨리려 하고 있다. 이 두려움에 질린 영혼은 감상자의 뇌리를 떠나지 않는다(그림 (69). 축복받은 자와 저주받은 자를 신의 천사들이 선별하는 일은 어찌 되었는가? 축복받는 자가 누구인가? 저주받은 자는 누구인가? 〈최후의 심판〉에 나오는 부활 장면에서 이에 대해 아는 사람은 아무도 없다. 선별 작업 대신에 여기에서는 새로운 영혼을 놓고 천사와 악령들 간에 치열한 투쟁이 벌어진다. 투쟁의 결과가 어떻게 나올지는 미리 결정되어 있지 않으며, 축복받은 영혼의 상태보다는 서로 겨루는 천사와 악령의 힘에 달린

그림 69 미켈란젤로, 〈최후의 심판〉의 세부, 1536~1541년. 로마의 시스티나 성당의 프레스코.

문제로 보인다. 왼쪽에는 축복받은 자들이 혼자 힘으로, 또는 도움을 받으면서(예를 들면 한 천사가 묵주를 내밀고 있는 두 명의 흑인을 끌어올려준다) 천국으로 올라가고 있다. 하지만 오른쪽 아래편에서는 거센 투쟁이 벌어지고 있다. 천사들은 악령들을 제압하려고 싸운다. 악령들은 저주받은 자들을 끌어내린다. 이같은 어지러운 싸움은 미켈란젤로가 그렸다가 폐기한 〈반란천사들의 추락〉(Fall of the Rebel Angels)에서 개략적으로 구상된 바 있다. 한 가지 분명한 것은 축복받은 자와 저주받은 자가 신의 천사들에 의해 명확하게 규정되고 분리된다는 발상이 악령과 천사들 간에 벌어지는 결과도 확실치 않은 격렬한 투쟁이라는 것으로 대체되었다는 사실이다.

예상을 벗어난 이 시스티나 성당 천장화의 도상학에는 공격이 가해졌다. 만토바의 곤차가(Gonzaga) 가문의 대리인인 니콜로 세르니니(Nicolo

Senini)는 추기경 에르콜레 곤차가(Cardinal Ercole Gonzaga)와 만나 그리스도가 수염도 없고 너무 젊어 보인다는 불평을 전했다. 카론과 미노스 때문에 이교도적인 요소가 개입되었다는 비판도 있었다. "공작들의 두통거리"라 불린 풍자작가 아레티노(Aretino)는 미켈란젤로에게 편지를 보내 화가가 너무나 무례하다고 격분했다.

> 세례받은 사람인 나로서는 당신이 채택한 저 방종함이 정신에 너무나 해로운 점에 대해 수치를 느낀다네. [당신은 어쩌면 저렇게도] 불경스러운 종교를 최고의 신전에서 보여주는가? 그것도 예수의 중앙 제단 위에서 말이네. 당신이 그린 것은 육욕으로 가득 찬 창녀집에 어울릴 만한 그림이지 숭고한 합창단석에는 어울리지 않는다네.29

이 영리한 사람은 조명이 어디로 향하는지를 알아차렸고, 더 높은 명예를 노리고 있었다. 그는 이 글을 써서 교황 율리우스 3세에게 성 베드로 기사 훈작을 받았으니 목적을 달성한 셈이다. 하지만 이 작품을 비난한 것은 위선적인 아레티노만이 결코 아니었다. 카테리노(Caterino)라는 이름으로 알려진 도미니크파 수도사인 암브로지오 폴티(Ambrogio Polti)는 그림 속의 바울에 대해 언급하면서 뭔가 위험스러운 암시를 던졌다.

> 미켈란젤로는 자연도 덮어주는 그 무례한 부분을 드러낸 누드를 절대적 완벽성을 기해 그려내지만 그것은 이단의 수치스러운 나체를 성령의 생명이 담긴 붓으로 묘사하며 꾸중하던 사도들의 완벽성과는 다르다.30

누드, 외음부, 날개 없는 천사, 사실상 이 작품의 전체 요점들은 감당하기 힘든 것이 되었다. 1566년에는 성기를 덮고 허리옷을 그리고 누드인 성 카타리나의 도발적인 자세를 다시 그리도록 고용된 화가인 다니엘레 다 볼테라(Daniele da Volterra)의 상속인에게 비용이 지불되었다. 심지어 비아고 데 체스나(Biago de Cessna)의 성기를 깨물고 있는 작은 뱀도 흐리게 지워졌다.

미켈란젤로의 동시대 비평가들은 동정녀 마리아라는 한 가지 흥미 있는 관심사에 대해서는 언급하지 않았다. 인류를 위해 개입하여 자비와 동정심을 발휘하여 심판을 완화시키는 마리아와 요한은 중요한 신학적·정신적·도상학적 복합관념인 데에시스를 이루는 기본 요소이다. 미켈란젤로가 1534년에 〈최후의 심판〉을 위해 그린 스케치에서 그리스도는 금방 일어서려는 듯한 자세를 취하고 있다. 그의 오른 편에는 마리아가 그리스도에게 직접 탄원하는 모습으로 팔을 활짝 벌리고 있다. 그녀의 몸과 자세와 몸짓은 오직 한 가지 의미밖에 없다. "자비를 베푸시오!"라는 것이다(그림 70). 하지만 완성된 그림에서는 그녀의 얼굴이 예수와 반대쪽으로 돌려져 있고 손은 그녀 자신만 보호하고 있다. 개입하지 않는다는 의미이다. 미켈란젤로는 의식적으로 데에시스를 추방해 버렸다. 이것은 자비 없는 최후의 심판이다.

지슬베르가 일관성과 강력한 힘이 처음으로 느껴지는 최후의 심판인 자신의 작품에 고의적으로 추가한 세 가지 요소, 즉 영혼의 계량, 마리아의 개입, 천사에 의한 저주받은 자와 축복받은 자의 분리가 그 400년 뒤, 미켈란젤로에 의해 의도적으로 추방되는 것이다. 그리고 미켈란젤로의 〈최후의 심판〉이 완성된 지 얼마 지나지 않아 로렌초 로토(Lorenzo Lotto)는 미켈란젤로가 다루지 않은 반란천사라는 주제에 대한 그 자신의 해석을 완성했다.

그림 70 미켈란젤로, 〈최후의 심판〉을 위한 습작, 1534년경. 검정 석필. Casa Buonarroti, Florence.

5장

악마와 반란천사

그림 71 "추락하는 반란천사들과 용이 된 악마", *Trier Apocalypse*에서, 800~820년경. Stadtbibliotek (MS 31 fol. 38r), Trier.

반란천사

반란천사라는 모티프는 「계시록」에서 용과 그의 부하 천사들이 축출되는 데서 유래한다. 하지만 정확하게 말해 누가 축출되었는가? 그리고, 무엇 때문에? 때와 장소를 달리하여, 여러 사람들이 상이한 대답을 내놓았다. 때로는 새로운 질문이 던져지기도 했다. 『실락원』(*Paradise Lost*)의 1부에서 밀턴의 사탄은 천상의 전쟁이 끝난 뒤, 신의 지배가 계속되는 것은 그가 정의롭기 때문이 아니라 다음과 같은 이유 때문이라고 주장한다.

…… 낡은 평판과
동의와 관례에 의해서만 유지된다.
그의 왕국은 전력을 다했지만
그의 힘은 여전히 무엇이 우리를 부추겼으며 우리의 추락을 초래했는지 은폐한다.
…… 그럼에도 그는
우리를 힘으로 굴복시켰지만
그의 적의 절반만을 굴복시켰음을 알게 될 것이다.

그렇다면 사탄의 말에 의하면 신은 자기 힘을 숨김으로써 그를 도발한 것이 된다. 블레이크는 『천국과 지옥의 결혼』(*The Marriage of Heaven and Hell*)에서 이렇게 주장한다. "욕망을 억제하는 자는 그들의 욕구가 절제될 수 있을 만큼 미약하기 때문이다. …… 이성이 보기에는 욕구가 정말로 축출된 것 같았다. 하지만 악마의 주장은 메시아가 추락하여 심연에서 훔쳐낸 것을 가지고 천국을 만들었다는 것이다." 프로이트는 「인격과 항문기 에로티즘」(Character and Anal Erotism)이라는 논문(1908)에서 이렇게 자신 있게 지적했다. "확실히 악귀는 억압된 무의식적 본능적 삶을 인격화한 것에 지나지 않는다." 중세의 인식과는 천양지차인 이러한 사탄의 재해석은 놀랄 만한 그림, 영향력이 큰 문학, 예사롭지 않은 발상이 형성되는 자극제 역할을 했다. 보들레르는 자신이 생각하는 이상적인 미 개념이 밀턴의 사탄에 예시되어 있다고 생각했다.

최초의 반란천사는 현존하는 가장 오래된 묵시록인 「트리에르 묵시록」(Triere Apocalypse, 800~820년)에서 찾아볼 수 있다(그림 71). 「트리에르 묵시록」 사본의 연원은 6세기에 만들어진 로마식 원본*으로 소급되므로, 악마의 형상이 최초로 그려진 것도 아마 그때일 것이다. 우리가 여기에서 보는 용은 후대에 그려진 삽화에서는 루시퍼로 바뀐다. 여기서 그는 용으로 표현되었지만 함께 추락하는 동료들은 후광이 없다는 점만 빼면 신의 천사들과 똑같다. 이 구분은 얼마 안 가서 악마가 머리 일곱 달린 용으로 상징되고, 베아투스의 해석에 근거한 디자인에 따라 고질라로 변하는 방향으로 나아간다.

10세기 후반이 되면 반란천사는 천국에서 내던져지는 더럽혀진 망령으로 바뀐다(그림 29). 「트리에르 묵시록」에서의 처리방식과는 달리 이 슬픈 반란천사들은 신의 천사의 모습과는 아주 다르다. 그들은 벌거벗었고, 샌들을 신고 있지 않으며 몸집이 더 작아지고 검댕이 묻어 시커멓다. 날개와 후광은 여전히 달려 있지만 머리칼은 악마의 것처럼 불타오

---

* 로마제국 당시의 초기 그리스도교 시절에 씌어진 최초의 원본을 6세기경에 필사한 사본을 근거로 한다는 의미일 것으로 추측됨.

르는 형상이다. 중간에서 추락하는 천사는 특이하다. 동료들과 달리 그는 원망감에 차서 뒤를 돌아본다. 그는 여섯 중에서 가장 개성적인 얼굴을 하고 있다. 대개 루시퍼라면 몸집이 더 크거나 그를 쫓아내는 천사의 비중도 더 크리라고들 예상하지만, 아마 그가 루시퍼인지도 모른다. 기법적으로는 인상적인 점이 별로 없지만 이것은 보기 드문 작품이다. 여기에 감도는 비장한 감정 덕분에 15세기 이전의 작품 가운데 표현력이 가장 풍부한 그림으로 꼽히는 것이다. 이 더럽혀진 망령들이란, 더 정확하게 말하면 사회 구조를 위협하는, 즉 더럽히는 망령이다. 이들은 기존 교회가 악마의 부추김을 받아 타인을 더럽히는 이단자라고 판정한 그리스도교 지도자들, 그 중에서도 특히 마르키온과 발렌티누스의 얼굴을 하고 있다. 물론 이 천사들이 아리우스파나 영지주의자 가운데 특정한 개별 인물의 초상으로 그려진 것은 아니다. 그러나 이단자가 이 천사들과 동일시된 만큼, 이 천사들의 모습이 이단자들의 "사회학적 초상화"로 간주될 수는 있다.

약 1000년경의 것으로 알려지는 바실(Basil) 2세의 그리스 성인축일표를 보면 크고 강력한 날개를 가진 미카엘이 의기양양하게 산 위에 서 있다. 벌거벗고 쭈그러든 나쁜 천사가 그의 양편으로 하나씩 떨어지고 있으며, 그들의 날개는 이제 흔적만 남아 있다. 제일 먼저 추락하는 천사는 이미 칠흑같이 검어졌고, 발은 발톱으로 변했다. 천사에서 검고 발톱 달린 짐승으로의 변화는 반란천사 모티프를 규정하는 특징이다. 일반적으로 이 모티프에는 투쟁이 없다. 전후를 막론하고 위협을 암시할 만한 것은 없다. 극적인 사건으로 발전할 수도 있는 이 모티프를 대개 정태적 상징으로 주저앉히곤 하는 것은 기법적인 능력의 부족만이 아니라 상상력 풍부한 탐구정신의 부족 때문이기도 하다. 축출에 관한 이러한 해석방식은 15세기까지도 가장 흔히 볼 수 있었다.

영국에서 활동했던 프랑스 출신의 다재다능한 위그노 학자인 프랑수아 유니우스(François Junius)는 1655년에 현재 『유니우스 사본』(Junius Manuscript, 옥스퍼드, 보들리안 도서관)으로 알려진 저작의 초판을 찍었다. 원래는 무식한 목동이었다가 신의 소명을 받은 17세기의 캐드몬(Caedmon)이라는 사람의 것으로 잘못 알려졌던 이 중요한 사본은 실제로는 10세기경 앵글로색슨 문학작품선집이다. 여기에는 「출애굽기」, 「다니엘서」, 「그리스도와 사탄」, 「창세기A」와 「창세기B」가 들어 있다. 시 형식으로 되어 있는 마지막 작품은 사실은 구 색슨어(저지 독일어)에서 번역된 것인데, 원래 글이 언제 씌어졌는지는 아무도 모른다. 대부분의 학자들은 9세기 중의 어느 한때일 것이라고 짐작한다. 또 사본의 긴 중심글 속에 이 번역문이 왜 끼어들어 있는가 하는 것 역시 밝혀져 있지 않다. 아마 편집자가 이 시의 보기 드문 품질을 알아보았거나, 「창세기A」의 일부가 유실되는 바람에 「창세기B」로 빈 곳을 채운 것인지도 모른다. 확실한 것은 「창세기B」가 루시퍼에 관한 최초의 완결된 문학적 설명이며, 밀턴이 이 시의 최초 편집자인 유니우스를 만난 적이 있는 만큼 그도 이 시를 알고 있었을지도 모른다는 점이다. 만약 밀턴이 이 시를 몰랐다 하더라도 그 두 작품은 놀랄 만큼 닮았다. 밀턴의 사탄은 자신이 부당하게 대우받았다고 확신하며, 신에게 무한히 도전하는 태도로 상상력을 사로잡는다. 「창세기B」에서 우리가 보는 것은 바로 이 도전이며, 이것이 없다면 반란이라는 단어가 힘을 잃게 될 것이다.[1]

「창세기B」의 가장 가까운 "출처"는 사실 전혀 출처라고 할 만한 것도 아니다.[2] 그것은 6세기의 비엔느 주교인 알키무스 아비투스(Alcimus Avitus)가 라틴어로 쓴 시의 일부이다. 아비투스의 사탄은 자신이 가진 악 때문에 흥분하여 자기가 스스로를 창조했다고 상상하며 창조주를 부정한다. 그는 하늘에서 축출되며, 오늘날 세계에서 벌어지는 끔찍한 일들은 모두 악마의 가르침의 결과이다. 악마는 아담과 이브를 보고는 쓰라린 질투에 못 이겨 그들을 속이고 낙원을 잃게 만들기로 작정한다. 아비투스가 그린 전형적인 사탄은 「창세기B」에서 보이는 감정이나 사고와는 다른 세계에 속한다. 아비투스 주교의 사탄은 신에게 도전하지도, 자기가 부당한 희생자라고 확신하지도 않으며, 아담과 이브를 꾀어내는 동기도 보복이 아니라 질투이다. 이 마귀는 신에 대한 도전자라기보다는 과거의 신비극에 나오는 것 같은 구태의연한 사탄이며, 경건한 자들의 눈으로 본 사탄이다. 색슨어로 된 이 시가 원래 어디에서 유래했는지 전혀 알려져 있지 않으므로, 그 시 자체가 원본이라고 보는 편이 현명할 것이다. 앵글로색슨어로 씌어진 시를 모두 보더라도 상상력 풍부한 인물구현 및 사탄과 인간의 추락에 관한 독창적 해석이라는 점에서 「창세기B」를 능가하는 것은 없다. 『유니우스 사본』의 중심 작품인 「창세기A」와는 달리 여기에는 도덕적 설교가 거의 없다. 그것은 설교를 늘어놓는 대신에 인물유형과 의도를 발전시키고 감정과 사고방식을 고안해낸다. 사탄의 추락은 신뢰받던 유능한 관리가 그 자신의 독자적인 왕국을 세우려 시도하다가 격분한 군주에 의해 결국은 축출되는 것과 같은 사건이다. 마치 서사시 시인이 반란천사의 추락을 자기만이 가진 개성적인 인간적 용어로 재해석한 듯하다. 신은 천사들을 10개 지위로 나누어 임명하여 자신에게 충성하고 자신의 의지를 실행하도록 명한다. 신 바로 아래 지위이던, 마치 별과도 같았던 한 천사는 심신 양면으로 막강한 힘을 지녔다. 그는 주인에게 대항하여 반란을 일으켰다. 자신이 신보다 더 큰 힘과 재주를 갖고 있다고 생각한 이 천사는 "내게는 주인이 필요 없다. 나는 내 손으로 그만한 경이를 만들어낼 수 있다. 그런데 내가 왜 복종해야 하는가?"라고 선언한다. 신은 격분하여 이 천사를 왕좌로부터 지옥으로 내던진다. 그곳에서 그는 악마로 변한다. 이 사탄은 다른 추락 천사들을 끌어모아 신이 "정당하게 행동하지 않았"으며, "우리에게 죄를 선고할 수 없다"고 주장한다. 그리고 아담과 이브로 하여금 신의 명령을 어기게 만듦으로써 "우리는 그에게 복수하고 그의 의지를 좌절시킬 것이다." 신은 그러면 격분하여 자기들을 잔인하게 처벌할 것이라고 사탄은 예언한다. 사탄은 도전적이며, 신이 자기에게 부당한 벌을 내렸다고 확신한다. 그는 회개가 아니라 보복을 계획한다. 신은 쉽게 격분하는 존재이니 사탄은 그 분노를 도발하여 신 스스로 의지가 꺾여 자폭하게 만들 계획을 세운다. 이러한 독창적인 개념을 보완하기 위해, 시인은 아담과 이브의 불복종의 죄상을 신중하게 희석시켰다. 악마는 이브의 자만심이나 탐욕이 아니라 신에 대한 복종심에 호소한다. 악마가 신의 전령처럼 행세했으므로, 이브가 아담에게 사과를 먹어보라고 권유한 것은 "충실한 의도에서 나온" 행동이다. 「창세기B」에서는 아담과 이브가 잘못한 것이 거의 없다. 시인은 "악마가 거짓말로 그들을 꾀어내도록 신께서 내버려 두신 것은 정말 놀랍다"라고 비판적으로 말한다.

같은 『유니우스 사본』에 나오는 두 가지의 상이한 사탄, 즉 「창세기A」에 나오는 사탄과 「그리스도와 사탄」에 나오는 사탄은 아비투스의 악마와 가까운 친척이다. 「창세기A」는 무슨 일이 일어났는가에 대해 신이 내린 해석이다. 대천사는 자만심 때문에 심술을 부린다. 격분한 신은 사탄과 그의 부하 천사들을 내던지고 짓밟는다. 「그리스도와 사탄」에서 사탄은 자신이 자만심 때문에 지옥 이상의 것을 가질 수 없음을 인정한다. 동료들은 그가 거짓말로 자기들을 속인 것을 비난하며 그를 범죄자라고 부른다. 사탄 자신이 털어놓는다. "내가 죄인이야. 내 행동 때문에 내 명예가 실추되었어."

「창세기B」에서는 이런 것이 전혀 없다. 회개는 전혀 없다. 상실감은 있지만 실추되었다는 느낌은 없다. 유죄 인정도 없다. 다른 반란천사들도 비난하지 않는다. 그와 반대로 사탄의 최고 부관은 "신은 우리가 머리를 숙이기를 거부했기 때문에, 우리가 가신의 지위에서 그를 섬기려 하지 않았기 때문에 우리에게 화를 냈다"고 설명한다. 「창세기B」의 사탄은 신이 자기를 부당하게 대했다고 주장한다. 이런 목소리, 이같은 태도의 각색은 이전에는 없던 일이다.

「창세기B」가 유래한 다른 연원이 밝혀지지 않은 것과 마찬가지로, 그것을 연원으로 하여 만들어진 작품도 없다. 다만 그것이 밀턴의 사탄에게 상상력 풍부한 선조일 뿐만 아니라 문학적 자극제가 되었으리라는 점을 제외한다면 말이다. 「창세기B」가 나온 뒤 사탄은 그 다음 6세기 동안의 수많은 텍스트와 시와 연극에 등장하여 수없이 많은 구절들을 읊어대지만 셰익스피어의 동시대인인 크리스토퍼 말로(Christopher Marlowe)가 탁월한 비극인 『파우스트 박사』를 쓰기 전까지 읽을 만한 것은 한 줄도 없었다.

『유니우스 사본』에 그려진 삽화는 전부 미완성 작품이다. 현존하는 「창세기B」의 삽화는 11세기 초반의 것이며, 그것이 담고 있는 정신은 시가 표방하는 정신과 같지 않다. 첫 번째 구역에서는 왕관을 쓴 루시퍼가 왕좌에 오른다. 그는 다른 모든 천사들과 똑같이 인간 모습을 하고 같은 의상을 입고 있다. 한 무리의 천사가 그에게 왕관을 주며, 또 한 무리는 망설이는 기색이 있다. 두 번째 구역에서 루시퍼는 옆에 있는 천사들에게서 공작 깃털(아마 자만심의 상징) 같은 것을 받아들며, 다른 천사들은 종려처럼 보이는 것을 들고 있다. 세 번째 구역에서 그리스도가 창 셋을 휘두르고 있는 것을 볼 때 루시퍼는 이미 천국에서 쫓겨났음이 분명하다. 한편 그 아래의 맨 마지막 구역에는 지옥의 입에 있는 루시퍼가 그려져 있는데, 죄수처럼 묶이고 손과 발이 발톱으로 변했으며 얼굴은 초췌하고 추악해졌고 머리는 검고 부스스한 머리칼로 뒤덮여 있으며, 그 주위에 있는 반란천사들은 모두 허리두르개만 걸치고 있다. 흥미로운 점은 루시퍼를 묶는 데 쓰인 매듭이 「트리에르 묵시록」의 어떤 사본에 실린 삽화에 있는 것과 동일한 방식이라는 사실이다. 이는 회화적인 기법 탓일 수도 있지만 결국은 당시 실제로 죄수들을 결박하던 방식에서 나왔을 것이다. 이 그림의 사탄과 「묵시록」에 등장하는 사탄 사이에는 아무런 공통점도 없는데, 화가가 본 신비극의 공연이 이 그림에 나온 루시퍼와 반란천사 모습의 바탕이 되었으리라는 것이 가장 그럴싸한 이유이다.

같은 시대에 그려진 앵글로-색슨의 삽화 하나(런던, 대영도서관, 코튼 클라우디우스 MS B iv, 2)에는 신이 만도를라에 들어 있고 신의 천사들이 반란천사들을 내쫓고 있는 모습이 나오는데, 반란천사들은 원시인 같은 치마 외에는 아무 것도 입고 있지 않다. 사탄은 용의 이빨이 박힌 강철 덫 같은 형상의 만도를라에 들어 있다. 이 반란천사들에게서 날개와 의상은 사라졌지만 박쥐 날개나 발톱이나 발굽도 없다. 그들은 인간의 모습을 하고 있다. 14세기 이탈리아에서 만들어진 채식사본인 「일곱 악덕에 관한 논문」(Treatise on the Seven Vices, 대영도서관, Add. MS 27659, fol. 1v)은 9세기의 「트리에르 묵시록」에 의거하여 그려진 것으로 보이는데, 날개 달린 반란천사들이 사나운 지옥 입구로 떨어지고 있다. 상형무늬로 장식된 15세기 초반의 『귀야르 데 물랭 성서』(*Bible of Guiard des Moulins*, 왕립도서관, 브뤼셀, MS 9001, fol. 19)는 반란천사 도상학상에서의 전환점을 이룬다. 아름다운 천사가 발톱이 달리고 박쥐 날개를 가진 괴물로 변형된다. 다른 반란천사들도 이 광경을 볼 수 있다. 둘은 언짢아하며, 둘은 괴로움으로 머리를 숙인다. 아마 이것이 베네벤토 베네딕티오 폰티스의 천사(그림 29) 이후 화가가 반란천사들의 눈을 통해 감정적 갈등을 바라본 최초의 사례일 것이다.

500년 동안 반란천사인 루시퍼가 미카엘 천사장과 싸운 사례는 하나도 없었다. 악마의 적대자로서의 미카엘은 최후의 심판에 나오는 모티프이다. 하지만 그때의 악마는 짐승 같은 존재였다. 15세기가 시작될 무렵 이 해묵은 도상학은 바뀐다. 미카엘 대 사탄이라는 대립구도는 최후의 심판 맥락에서 따로 분리되어 반란천사 모티프의 첫 단계에서 나온 루시퍼와 뒤섞인다. 이 새로운 전범을 만들어낸 화가는 채식사본 삽화가인 랭부르(Limbourg) 형제였다.

랭부르 형제, 보들레르로 가는 길

고딕 후반기의 채식사본 가운데 드문드문 단어나 구절이 쓰인 아래에 점선이 그어진 경우가 가끔 있다. 이것은 잘못 씌어졌음을 사본가는 알고 있지만 고치려다 보면 책의 외관을 손상시킬지도 모르니 수정하지 않기로 결정했음을 나타내는 관례적 표시이다. 주문을 한 의뢰인이 사실 그 책을 한 번도 읽지 않을 수도 있으니 말이다. 이 새로운 관례에서 우리가 알 수 있는 것은 채식사본이 원래는 대중들의 신앙을 위해 신의 말씀을 전달하는 소중한 체재였지만 결국은 개인 재산을 과시하는 사적인 귀중품 신세가 되었다는 사실이다. 장식이 가해진 중세 책들은 채식사본(illuminated books: 장식한다는 라틴어 단어인 illuminare에서 유래)이라 불리며, 금박이 아낌없이 사용되었다. 세 가지 주요 유형은 성서 및 미사에 사용되는 예배용 책(성례전서, 복음서 발췌본, 미사전서, 미사용 성무일과서), 시편(예배용의 시편선집), 그리고 일반용 성무일과서(기도서)였다. 성서와 미사용 성무일과서(Breviary)는 성직자와 궁정용이었고, 시편은 특히 성직자들의 개인 예배를 위한 것이었지만, 일반용 성무일과서(Book of Hours)는 화가를 개인적으로 고용한 귀족과 상인들을 위한 것이었다. 애초부터 어지간한 부자는 엄두도 못 낼 정도로 비쌌던 성무일과서의 용도는 성스러운 말씀의 전달이 아니라 그 소유자의 지위를 알려주는 것이 일차적인 목적이었다. 15세기에는 헨트와 브뤼헤에서 유럽 전역, 특히 영국으로 성무일과서가 퍼져나갔다. 이 책은 아주 효율적으로 제작되어 조립식 책이 만들어지기도 했고, 때로는 어느 책에든 끼워 넣을 수 있는 낱장으로 만들어지기도 했다. 성무일과서의 "시과(時課)"로는 매일 여덟 개의 정시과(定時課)가 있었다. 각 시과마다 일과, 즉 기도나 마리아와 관련된 일화가 하나씩 할당되었다. 여기에는 대개 상이한 구역이 네 개 있었다. 그 달의 직무가 딸린 달력, 십자가의 일과, 죽은 사람을 위한 기도, 영혼의 추천이 그것이다. 이 책들이 인기를 누린 이유 가운데 한 가지는 마리아와 아무 상관이 없는 글도 실을 수 있었기 때문이었다. 어떤 내용에 관해서든 어딘가에서 적당한 관련 글을 찾아 실을 수 있었으므로, 오래지 않아 화가들은 후원자가 원하는 것이라면 무엇이든 그리고 있었다. 성무일과서가 세속 대중을 위한 것이었기 때문에 화가들은 아마 해방감을 더 크게 느꼈을지도 모른다. 사탄 그림이 **저** 결정적인 변화를 겪은 무대가 성무일과서였다는 것은 확실하다. 또 가장 놀라운 '루시퍼의 추락' 역시 성무일과서에 실린 그림이다. 15세기 초반에 만들어진 이 책 두 권 모두가 랭부르 형제가 베리 공작(Duke of Berry)을 위해 만든 작품이었다.

베리 공작은 **일류** 감식가이자 딜레땅뜨 예술 애호가였다.[3] 그의 재산 목록에는 타조와 단봉낙타도 들어 있었고 그가 가진 태피스트리와 식당의 호화로운 시설에 대해 기술하다 보면 표현력의 빈곤을 절감하게 된다. 그는 17개소의 성을 소유하고 있으면서 내키는 대로 여기저기 옮겨 다녔다. 그의 소유물 중에는 지극히 훌륭한 성무일도서 15권을 포함하여 아름다운 책들로 가득 찬 서고와 세계에서 가장 훌륭한 루비 수집품,

샤를마뉴의 이빨 하나와 동정녀의 젖 몇 방울도 들어 있었다. 그는 설사가 나면 사금과 진주를 갈아 마셨다. 공작이 개 1,500마리를 소유하고 있었으니, 개를 아주 좋아했으리라고 짐작되기도 한다. 그는 이 성 저 성을 돌아다니면서 태피스트리와 보석은 물론, 특수 마차에 곰까지 싣고 갔다. 랭부르 형제와 베리 공작에 관한 20세기의 가장 유명한 권위자는 밀라드 메이스(Millard Meiss)였는데, 그는 "베리 공작은 젊은 삽화가들에게 놀랄 만큼 고무적인 여건을 만들어주었다"고 설명했다.[4]

메이스도 "당시 사람들 가운데 장 드 베리가 인간보다는 동물과 예술에 신경을 더 많이 썼다고 단언할 사람들은 얼마든지 있었을 것"이라는 점은 지적했다.[5] 글쎄, 누가 무엇을 "단언할" 지는 모르지만, 공작의 생애에 대한 메이스의 설명을 읽고 그가 14세기에 일어났던 대규모의 재커리(Jacquerie) 반란에 직접 관련된다는 사실을 짐작하기는 힘들 것이다.[6] 공작이 속민들에게 워낙 세금을 무겁게 매겼기 때문에 농민과 상인 모두가 반란을 일으켰는데, 이 반란자들이 부자들을 약탈하는 의적단이던(그리고 프리드리히 쉴러[Fridriech Schiller]의 『도적떼』[The Robbers]의 모델을 제공했던) 투생(Tuchins)의 재커리 세력과 연합했다. 1383년에 일어난 투생의 봉기가 잔혹하게 탄압된 뒤, 베리는 그 지도자들을 처형하는 대신 사면권을 팔아 80만 금화 프랑이라는 엄청난 대금을 마을에 부과했다. 이것을 '고무적인 여건'이라고 부른다면 단어를 정말 묘하게 선택했다고 하지 않을 수 없다. 주민들을 거지로 만든 이 납작코 공작은 랭부르 형제를 불러와서 후원금을 주고 자기 책 만드는 일에 전념하도록 했다. 1410년에 완성된 『아름다운 성무일과』(Les Belles Heures), 그 5년 뒤에 만들어진 『베리 공작의 귀중한 성무일과』(Les Très Riches Heures de duc de Berry)가 그것이다. 공작에게는 성무일과서라 하더라도 자신이 있는 지위를 말해주는 상징물일 뿐이므로, 종교적인 감정이나 상징은 결여된 채 그러한 장면만이 그려져 있다. 그가 "탁월한 취미"를 가졌다고 평가한다면 취미라는 단어의 의미가 금으로 만든 이쑤시개나 개를 좋아하는 취향과 티끌만큼도 다르지 않은 것이 되어 버린다. 랭부르 형제가 공작과 맺은 계약에는 공작을 위해서만 일한다는 조건이 붙어 있었다. 그렇게 해야 그의 지위를 과시하는 물품이 독점적인 것이 될 수 있었으니까.

묵시록 도상학의 최고봉이자 그 가장 완벽한 표현은 베리의 형제인 앙주 공작(Duke of Anjou)의 지시에 의해 니콜라스 바타이으(Nicolas Bataille)가 자금을 대어 1375년경에 제작한 거대한 태피스트리 세트이다(그림 72). 이 야심적이고 빈틈없고 악질적인 인간이 무슨 이유에서 그렇게 상징적이고 성스러운 텍스트를 선택했는지 우리는 모른다. 하지만 전체 길이가 130미터를 넘는 이 작품을 한꺼번에 전시할 수 있는 성곽은 프랑스 전역을 통틀어 한 곳도 없다는 사실은 알고 있다. 루이, 즉 앙주 공작은 이 사실을 당연히 알고 있었으므로 각각의 부분들을 각각 다른 시간과 기회에 (한 박물관이 소장품을 순환 전시하는 것처럼) 전시했다. 그렇게 부분적인 전시만으로도 "이 태피스트리를 주문하고 비용을 지불할 수 있었던 공작의 지위와 부와 권력은 입증되었다."[7]

밀라드 메이스는 베리 공작 시대의 프랑스 회화에 관하여 정확한 설명을 제시하는 묵직한 책들을 쓴 바 있다. 그러나 그가 랭부르 형제들이 받은 온갖 심미적인 영향을 최대한 샅샅이 (이 손가락은 폴이 그린 그림에 연원이 있고 저 손가락은 헤르만에게서 온 것이라는 등) 추적하면서도 그들이 살았던 사회와 그들 작업 간의 관계에 대해 알려줄 만한 일체의 암시는 모조리 무시한 까닭이 무엇인지에 대해서는 그 책에서도 제대로 설명되지 않고 있다. 금세기 초반에 역사가 요한 호이징하(Johan Huizinga)는 중세 화가들과 그들이 살던 사회적 세계를 연결지으려는 시도를 했지만 메이스는 그 통찰력 있는 작업의 가치를 깎아 내렸다. "네

그림 72 「계시록」에 나오는 삽화(아래쪽 단). 악마는 "나쁜 벌레"로 그려져 있다. Angers Apocalypse Tapestry, 1375년경. Chateau d' Angers, Angers.

덜란드의 공화주의자인 호이징하는 궁정 생활의 모든 면모에 대해 적대감을 가졌다……. [그리고] 그의 판단은 그것이 누려야 하는 정당한 가치에 비해 더 큰 영향력을 행사하고 있다." 메이스는 "『중세의 몰락』(The Waning of the Middle Age)에 딸린 참고문헌 목록에 예술에 관한 책이 거의 없다"는 점을 생각하면 호이징하의 결점은 당연한 것이라고 주장한다.[8] 베리에 관한 당대의 기술(『베리 공작의 위대한 성무일과서들』 [Grandes Heures du Duc de Berry], 1409년 이전의 저술, 프랑스 국립도서관, lat. 919, fol 96)에 대한 메이스의 주석 역시 이해하기 힘들다. 선택된 자들(베리를 포함하여)은 천국의 문에 나타나서 성 베드로의 환영을 받는다. 찰스 스털링(Charles Sterling)에 의하면 그 가운데 두 명이 부르고뉴 공작과 오를레앙 공작이다. 둘 다 베리의 친척이며 죽은 지 오래된 사람들이다. 묘한 일이지만 두 사람 모두 천국에 들어가기 위해 베리의 위세에 기대려는 것 같은 분위기이다.[9] 메이스가 지적하듯이, 정상적인 공식은 천국에 오는 신참자가 베드로에게 오른손을 내미는 것인데 이 그림에서는 그렇지 않다. 그 대신에 이 납작코 공작은 황금 목걸이에 달린 여섯 개의 커다란 진주로 둘러싸인 거대한 사파이어를 오른손으로 만지작거리고 있기 때문에, 베드로는 베리의 왼손을 잡을 수밖에 없다. 이는 진주문의 문지기에게 바쳐진 뻔뻔스러운 뇌물이다. 이 몸짓을 우리는 어떻게 해석해야 할까? 베리가 이런 사치스러운 보석을 어루만지는 행동을 말이다. 네덜란드인도 아니고 공화주의자도 아닌 메이스는 그런 보석이 종교적인 의미로 해석될 수 있다고 장담하면서 이렇게 경고한다. "진주문에서 벌어진 장 드 베리의 행동을 그 문지기를 매수하려는 시도로 해석할 사람은 오직 적뿐이다." 오직 **적**뿐이라고?[10]

메이스는 베리의 전기 첫머리를 "[베리의] 테이블에 앉아 세밀화를 그리던 화가들은…… 대체로 그들 주위의 세계에서 벌어지는 혼란에도 불구하고 작업에 정신을 집중할 수 있었으리라고 짐작된다"는 가정으로 시작한다.[11] 하지만 개인적이고 사회적이고 정치적 차원에서의 그러한 혼란이 표현되는 방식은 그렇게 단순하지 않다. 즉 베리의 수집품 중의 하나인 성유물이 그림에 나온다든가 왕이 셀레스틴 수도원을 설립했을 때 베리가 그 초석을 놓은 세 명 가운데 하나였다는 이유만으로 셀레스틴 수도회가 느닷없이 등장하는 경우처럼 눈에 확연히 보이는 방식이 아니라 모르는 사이에 물이 조금씩 스며 나오듯 슬그머니 표현되는 경우도 많은 것이다. 랭부르 형제들의 팔레트와 전망 가운데 최소한 일부는 그들이 영위하는 역동적인 사회적 삶에 대한 반응이 아닌가? 『귀중한 성무일과』에 실린 아름답기로 유명한 달력이 이루는 조화도 하나의 정치적 선언으로 이해해야 하지 않을까? 베리가 화가들을 융숭하게 대우한 이유도 부분적으로는 그의 미적 세계가 곧 계급질서를 공고히 해주는 기제이기 때문일 것이며, 나아가서는 투생 같은 부류가 귀족 계급에 가하는 공격에 방어하기 위한 심리적 장벽 같은 것이기 때문은 아닐지? 랭부르 형제들의 성무일과서에서 가장 뚜렷하게 부각되는 화제(畵題)는 베리 공작의 성곽이다. 그러한 화제가 선정된 것은 미적인 이유 때문이 아니었다. 그것들은 이 일과서가 갖는 전망의 바탕, 즉 성**의** 전망이자 성**에서 보는** 전망을 위한 바탕이기 때문에 선정된 것이다.

그렇게 뛰어난 재능을 가진 화가이면서도 랭부르 형제는 감정적인 표현을 하는 부분에서는 어려움을 겪었다. 메이스는 "세밀화를 그리려면 어느 정도 희생을 감수하지 않을 수 없다. 예를 들면 얼굴 표정을 구성하는 미세한 굴곡을 묘사하는 것이 더 어렵다"는 설명으로 이 의문에 대답한다.[12] 하지만 다른 화가들은 그런 일을 쉽게 해냈다(그 명백한 사례는 로앙의 대가들이다). 랭부르 형제가 그린 그림들 가운데 가장 깊은 감정을 불러일으키는 것은 〈대연도문〉(大連禱文, the Institution of the Great

Litany) 연작일 것이다. 이는 그들이 젊은 시절에 여섯 달 동안 감옥에 갇혀 있으면서 직접 겪어 알고 있던 역병 유행 상황을 그린 그림이다. 이 연작의 색채와 구성과 주제는 중심이 이미 흔들려 버린 상황을 표현하고 있다. 〈채찍질 고행자들의 행진〉(Procession of the Flagellants)은 채찍질 고행자들이 느끼는 감정과 정신세계의 섬뜩한 이미지를 묘사한 아주 특이한 그림이다. 작은 테이블 옆의 작은 스툴에 앉아, 오로지 작은 붓과 물감을 다루는 일만을 생각하면서 작은 그림들을 그려내고 있는 화가들에 대한 이야기만으로 이런 작품들을 충분히 설명할 수 있다는 생각은 그다지 믿을 만하지 못하다.

『아름다운 일과서』의 아름다움은 까다로운 공작을 확실히 기쁘게 했다. 악마는 예닐곱 점 정도의 그림에서 성가시게 구는 작고 검은 박쥐로 그려져 있다. 그러나 미카엘이 사탄을 거꾸러뜨리는 장면의 삽화는 아주 다르다. 주제 면에서는 특별한 점이 없지만 구성과 색채와 기법 면에서 이것은 사탄 그림의 전환점을 이루며, 이를 원형으로 하여 수많은 복제본이 만들어졌다(그림 75). 사탄은 발톱과 가벼운 박쥐 날개와 짧은 꼬리가 달려 있지만 얼굴과 몸뚱이는 인간의 것이다. 그는 사슬에 묶인 데 대한 고뇌와 분노를 표출하고 있다. 미카엘과 사탄에게 동등한 수준의 사실성이 부여된 그림은 이것이 처음이다. 이 사탄은 야수가 아니다. 그는 추락한 뒤에도 예전과 동일한 정신을 계속 보유하고 있는 루시퍼이기 때문에 인간의 얼굴을 하고 있다. 용이나 벌레 같은 존재이던 것이 변하여 새로운 랭부르 형제의 사탄이 되었으며, 얼마 안 가서 화가들은 이 참신한 원형을 받아들이게 되었다. 당연한 일이지만, 누구나 다 랭부르식 사탄을 따라 그리기 시작한 것은 아니다. 그런 예로서, 『로앙 성무일과서』(Rohan Hours)를 그린 화가들은 랭부르 형제의 인물형상을 여러 개 가져다 썼지만 사탄은 차용하지 않았다. 누추하고 시커먼 노인, 박쥐 날개가 달린 괴물 같은 모기, 하찮은 선동가, 물론 용도 사라지지 않았지만 이 모델들이 가진 표현력의 바닥이 드러나 버린 상태였기 때문에, 현실을 그려내려는 르네상스적 기법(조토의 비잔틴식 악마의 경우처럼)과 어울리지 않았다. 15세기 중반에 안토니오 폴라이우올로(Antonio Pollaiuolo: 1432~1498)는 〈미카엘과 용〉을 그렸는데, 이제까지 그려진 그 어떤 것보다도 더 무시무시한 모습의 용이었다. 그는 실제 해부를 통해 인체를 연구한 최초의 사람들 가운데 하나였으니, 단순한 상징만으로 만족할 수는 없었을 것이다. 라파엘은 1505년에 그린 〈미카엘과 용〉(Michael and the Dragon, 그림 73)에서 순수한 폴라이우올로 스타일의 용을 만들어냈다. 정확하게 13년 뒤에도 라파엘은 같은 주제를 골랐지만, 여기서는 용이 아니라 랭부르 스타일의 사탄을 그렸다. 바사리의 주장에 의하면 그 사탄은 "악마의 해로운 자만심이 한껏 부풀어올라 자신을 내쫓은 신에 대한 분노의 기색을 최대한으로 드러낸다"고 한다(그림 74). 라파엘의 사탄은 인간 형상을 하고 있으며 회화적인 측면에서도 천사장과 동일한 수준의 존재로 그려져 있다는 점에서, 기법적으로는 아닐지라도 개념적으로는 랭부르 형제의 것과 연결되어 있다.

    로마네스크식 개념과 기법에서 이렇게 이탈하게 되자 전통적 그리스도교 도상학이 해체되었다. 1473년에 에르꼴레 데 로베르티(Ercole de' Roberti)는 랭부르 형제의 사탄 모델을 사용하여 사탄과 미카엘 그림을 하나 그렸다. 그런데 여기서 이상한 것은 미카엘이 저울을 든 채로 사탄을 칼로 찌르는 장면이다. 과거의 최후의 심판에서 미카엘이 저울을 들고 있었던 것은 그 저울을 사용할 목적이 있었기 때문이었다. 즉 영혼이 행한 선행과 악행의 무게를 달기 위해서였다. 그러나 미카엘이 사탄과 싸우고 있을 때는 저울은 무의미한 물건이 된다. 저울이 그림에 등장한 것은 오로지 저울이 미카엘에게 결부된 것이라는 화가의 고정관념 때문

그림 73 Raphael, St. Michael and the Devil(용의 모습으로), 1505년, 유화. 파리, 루브르 박물관.

이다. 틴토레토(Tintoretto)의 〈미카엘과 용〉(Michael and the Dragon, 성 주세페 디 카스텔로, 베네치아)에서도 이와 동일한 도상학적 혼란을 볼 수 있다. 라파엘 이후, 미카엘 대 인간 모습을 한 루시퍼라는 주제는 소소한 변형을 겪으면서 수많은 그림에 등장한다. 심지어 16세기 말경에 주조된 뮌헨의 후베르트 게르하르트(Hubert Gerhard)의 청동상도 라파엘이 1518년에 그린 그림이 없다면 그 의미를 판독하기 힘들 것 같다. 랭

그림 74 Raphael, St Michael and the Devil(이제는 용이 아니다), 1518년, 유화. 파리, 루브르 박물관.

부르 형제는 악마를 그리는 새로운 방식의 원형을 제공했고, 라파엘이 그린 두 폭의 그림은 그 원형에 극적인 성격을 불어넣었다.

이와 똑같이 극적인 전환점이 랭부르 형제가 베리 공작을 위해 만든 두 번째 성무일과서인 『귀중한 성무일과서』에 실린 그림 두 장에서 제시되었다. 이 책에 실린 지옥 그림은 원래 계획에는 없었던 것이지만 나중에 추가되었다. 몇몇 학자들은 그것을 "화가가 창조적 상상력을…… 과시한" 사적인 작품이라고 부르는데, '불과 유황의 천지'라고 해야 더 적절한 제목이 될 것 같다(그림 63). 칼 같은 이빨과 뿔이 난 사탄이 석탄이 담긴 침대에 앉아 수십 명의 죄인을 가지고 장난하고 있는데, 마치 물줄기를 내뿜으면서 그 위에 공을 올려놓고 노는 고래와도 같은 모습이지만 여기서는 물이 아니라 불이라는 점만 다를 뿐이다. 신비극의 의상을 입고 있는 악귀들은 풀무를 작동하여 불길의 열기를 더해주고 있으며, 죄인들을 대장에게 끌고 온다. 리바이어던 이야기에서 유래한 이 그림은 독창적인 것은 아니지만 그 당시까지 사람들이 사탄과 지옥을 어떻게 보고 있었는지를 총괄한 것이다. 이 묘사는 아마 12세기 중반 무렵 한 아일랜드 수도사가 쓴 『턴데일의 환상』(*Tundale's Vision*)에서 묘사된 것처럼 지옥의 모습에 대해 이야기하는 민간전승의 영향을 받았을 것이다. 단테가 나오기 전에 쓰여져 엄청나게 높은 인기를 누린 이 하이버니아(Hibernia)*식 지옥 여행은 원래는 게일어로 쓰어졌지만 라틴어, 구 독일어, 중기 영어, 앵글로노르만어 등 여러 언어로 번역되었다. 귀족인 턴데일은 악령들이 피운 유황불로 이글거리는 석탄 위의 쇠창살에 악마가 앉아 있는 모습을 묘사한다. 수도사는 악마가 저주받은 자들의 영혼을 들이마셨다가 뿜어내어 지옥의 여러 다른 곳으로 보낸다고 알려주는데, 이러한

---

*아일랜드의 라틴어식 명칭.

세세한 내용은 랭부르 형제의 그림과 아주 많은 부분에서 일치한다.

그러나 아마 베리 공작의 친구이거나 자문관이었을 누군가가 틀림없이 사탄을 랭부르 형제들의 첫번째 성무일과서에 나온 것(그림 75)과는 다른 모습으로 상상했던 모양이다. 뒤에 그려진 이 지옥 그림에서는 예전과 같은 표현 방식은 흔적도 찾아볼 수 없을 뿐 아니라, 바로 그 누군가가 아마 〈반란천사들의 추락〉(Fall of the Rebel Angels)이라는 여분의 페이지(그림 64)를 하나 더 끼워 넣게 만든 장본인인 것 같다. 이 그림은 유달리 독창적인 것으로서, 다른 그림들과의 직접적인 영향 관계는 드러

그림 75 Paul, Jean & Herman Limbourg, 〈성 미카엘과 악마〉, 여기에서의 악마 형상은 새로운 전형이 되었다. 1409년. *Les Belles Heures du Duc de Berri*. 클로이스터 컬렉션(MS 54.1.1 fol. 158r), 뉴욕 메트로폴리탄 미술관.

5장 악마와 반란천사 281

나지 않는다(메이스의 짐작처럼, 14세기 중반의 시에나 그림에 나오는, 선한 천사들이 천국에서 앉는다는 좌석 배열방식은 아마 예외일 것이다). 이전에 그려진 반란천사 그림들 가운데 몇 점은 천상의 색채를 지녔던 이 천사들이 지옥을 향해 떨어지면서 검고 더러워진 존재로 변하는 과정을 보여주지만 여기서는 그렇지 않다. 메이스는 "반항적인 천사들은 (선한 존재들이 가지는) 초록색을 모두 잃었다. 날개는 금빛과 흰 색인데, 아마 그들의 자만심과 허세의 표시일 것"이라고 주장한다. 그럴지도 모른다. 하지만 분명히 알 수 있는 것은 랭부르 형제들이 표준적 구도에서 **이탈했다**는 사실이다. 그들이 그린 추락 천사들은 어떤 차원에서 보더라도 **여전히** 아름다우니 말이다. 메이스는 "폴 드 랭부르(Pol de Limbourg)는 조토 본인과 어딘가 비슷한 입장에서, 악의 의미는 자기 자신에 대한 통제력을 상실한 인간의 초상으로 그려질 때 가장 생생하고 의미심장하게 전달될 수 있다고 믿은 것 같다"고 결론짓는다.[13] 이는 이상한 말이다. 조토의 유다가 자제력을 잃었던가? 이와 정반대로, 그는 예수보다 더 큰 자제력을 갖고 있었다. 랭부르 형제의 루시퍼가 자제력을 잃었던가? 아니다, 그는 강제로 그것을 빼앗겼다.

 랭부르 형제의 루시퍼는 그 어떤 것보다도 아름다운 그림이다. 구도나 색채나 동작이나 개념 등 모든 측면에서 아름답다. 이 특별한 발상을 그려 이 책에 끼워 넣자고 제안한 것이 누구였을까? 또 공작과 그의 친구들은 이 책을 찬찬히 읽고 나서 어떤 코멘트를 했을까? 아무도 모를 일이다. 내가 앞에서 이 그림을 감탄하는 어조로 설명하기는 했지만, 거리를 두고 심미적으로 바라본다면 또 다른 관점에서 접근할 길이 보인다. 20세기의 관객이 직관에 의거하여 이 작품을 감상한다면 상상력 풍부한 비약, 반란천사를 새로운 시각으로 해석하려는 시도로 이해할 수 있을 것이다. 이런 이해도 타당하다. 하지만 그렇게 되면 이 그림이 생겨난 14세기의 맥락이 무시된다.

랭부르 형제의 일과서는 원래의 일과서가 가졌던 종교적 기능이 어떤 식으로 쇠퇴했는지를 보여주는 이상적인 본보기이다. 따라서 이 그림은 종교적 의미가 결여된 심미적인 방식으로만 그려져 있으니 주제가 빈약해진 사례라는 주장도 제기될 수 있다. 여기에는 종교적 의미뿐만 아니라 윤리적인 의미도 없다. 도덕적 내용은 전혀 없다. 선과 악의 갈등이라는 이러한 그림의 주제는 윤리적 판단을 함축하는 방식으로 그려져야 하는데도 여기서는 그런 식으로 그려지지 않았다는 점은 모순이다. 그것이 과연 지배자와 반란자 간의 갈등이었던가? 그림을 보고난 관객이 지배자가 잔혹했을 수도 있고 반란자가 정당성을 가질 수도 있다고 생각할 여지가 있다면 아름다운 루시퍼라는 존재는 흥미롭고 의미심장한 존재일 수 있다. 랭부르 형제들이 만약 그런 주제를 공공연히 주장했다면 아마 반란자들의 위협을 받고 있던 공작에게서 다이아몬드 반지 같은 값비싼 선물을 많이 얻어내지는 못했을 것이다. 단순히 20세기의 시점에서만 해석한다면 그런 결론을 끌어낼 수도 있다. 하지만 랭부르 형제나 베리 공작이 그렇게 생각했을 가능성은 없다. 로토의 신비적 해석이나 블레이크 등의 후대 낭만주의적 해석에서는 감정적으로나 심리적으로나 **실제로** 그들과 다른 견해가 도출된 바 있다. 랭부르 형제들의 훌륭하게 채식된 지면들은 형식에만 국한한다면 새로운 접근법이며 시각적으로나 상상력의 면에서나 여전히 감탄스러운 수준이지만, 섣불리 판단하다 보면 과대평가하는 위험에 빠지기 쉽다.

이와는 아주 판이한 것이 데스토런츠의 괴물 형상들인데, 이는 앞에서 언급했듯이 판정하기가 쉽지 않다. 랭부르 형제들과는 아주 판이한 세계에서 살았던 보스의 경우도 마찬가지이다. 보스가 독특한 존재로 부각되는 것은 기법 때문이 아니다. 그의 기법은 관례적인 수준에 그칠 때가 많으니 말이다. 동물과 인간 신체 부분을 합성하는 것은 새로운 기법이 아니다. 그가 비엔나에서 그린 〈최후의 심판〉에 나오는 좀더 괴기스러운 장면들 가운데 일부, 예컨대 대장장이 악귀들이 저주받은 자들을 두드림판에 놓고 망치로 내리친다든가, 저주받은 자들의 사지를 잘라 솥에서 튀긴다든가 하는 것들은 대중적이고 서민적인 문학 작품에서 유래하는 장면들이다. 그 연원은 주로 단테 이전의 천국과 지옥의 환상이며, 특히 12세기 중반의 『턴데일의 환상』이나 12세기 후반의 『에인샴 수도사의 환상』(Monk of Eynsham's Vision)이나 13세기 초반의 『터킬의 환상』(Thurkill's Vision) 같은 것일 수 있다. 다른 화가들과는 달리 보스는 동물과 인간의 부분들을 그저 갖다 붙이기만 한 것이 아니라 그것들을 융융시켜 새로운 생물을 만들어냈다. 그는 몸뚱이는 없애 버리고 발만 달려 움직이는 머리를 만들어냈는데, 이는 한 번도 본 적이 없는 모습이었다. 또 동물과 인간의 신체 부분들을 무생물에 녹여 붙였는데, 이것도 예전의 그림에서는 찾아볼 수 없는 형태이다. 〈환락의 정원〉에 나오는 그 어처구니없는 존재가 한 예이다. 그것은 깨어진 달걀 껍질에 남자의 머리가 얹혀 있고 두 다리가 달려 움직이는 형상인데, 그 다리라는 것도 보트 두 개에서 각각 솟아 오른 나무 둥치이다. 아무도 이 형상(그릴루스 [gryllus]*를 보고 착안한 것)을 잊지 못할 것이다. 그것이 무엇을 의미하는지는 아무도 모른다. 보스의 상상력을 사로잡은 것은 악마가 아니라 이 나무 인간이었다. 보스의 그림에서 악, 특히 욕망은 수없이 많은 형태로 다루어지지만, 정말 이상하게 들릴지는 몰라도 악마는 그에게 별 홍밋거리가 되지 못했다. 그가 반란천사 주제를 다룬 처리 방식을 보면 이 점을 짐작할 수 있다. 로테르담에 작은 그림(아마 제단화의 측면 그림이

---

* 귀뚜라미과의 곤충.

었을 것) 한 쌍이 있는데, 그 가운데 하나가 한동안 〈반란천사의 추락〉(The Fall of the Rebel Angel)이라는 추상적인 제목으로 알려져 있었다. 그 추락천사 가운데 몇 명은 날아가는 물고기나 날아가는 쥐처럼 생겼으며, 그들이 떨어지고 있는 곳도 일반적으로 예상하듯이 지옥이 아니다. 그곳에서는 불길 대신에 몸뚱이 없는 머리 둘이 발만으로 기어다니고 있는데, 이것들은 확연한 보스 스타일의 존재로서, 성서나 『황금 전설』에는 이런 것이 없다. 심지어 '악령' 하나는 류트까지 연주한다. 보스의 〈최후의 심판〉에서 왼쪽 칸의 맨 위에서 다섯 번째인 "반란천사의 추방"은 어딘가 색채와 움직임과 질감이 휘몰아치는 먼지폭풍 같은 그림이다. 그것은 관례적이고 일반적인 방식으로 그려져 있다. 보스가 이 주제에 관해 유일하게 신경을 쓴 것은 에스코리알에 있는 〈가시면류관을 쓴 그리스도〉(Christ Crowned with Thorns)의 **잿빛 장식을 두른**(grisaille) 가장자리이다. 악귀와 천사들 간의 갈등은 박력은 있지만 고통받는 그리스도라는 중심 구도의 배경으로 존재할 뿐, 원래 그리로 주의가 쏠리면 안 되는 것이다(그리고 그렇지도 않다).

악마와 반란천사들이 보스에게 별 흥밋거리가 되지 못했던 까닭은, 그의 눈에는 그 주제에는 선과 악 간의 **갈등**이 없어보였기 때문이다. 그들간의 차이가 절대적이고 심오한 것이기는 하지만 **고뇌**가 담겨 있지는 않다. 일곱 죄악은 어디나 있고 죄인들은 가장 괴로운 방식으로 처벌당한다. 보스의 그리스도와 성자들은 다른 세상에 있는 존재이며, 유혹이나 악이나 고문은 그들을 건드리지 못한다. 비엔나의 〈최후의 심판〉에서 천상의 궁정에 있는 인물은 오로지 동정녀, 세례 요한, 그리고 사도로 짐작되는 열두 명의 인물뿐이다. 그들이 사도가 아니라 선택받아 천국에 간 사람이라면 보스의 그림에서는 그 수가 이제까지 그려진 그 어떤 최후의 심판에서보다 더 적다. 간단하게 말해, 보스의 환상에서 대부분의 남녀는 선은 존재하지 않지만 신이 모든 죄악을 지켜보고 모든 죄에 대해 어떤 죄인도 상상할 수 없을 방식으로 처벌을 가하는 세속적인 세계에서의 죄인이고 바보인 것이다.

시뇨렐리의 〈최후의 심판〉이 그려진 지 몇십 년 뒤, 매너리즘을 지향한 또 한 명의 화가인 도메니코 베카푸미(Domenico Beccafumi: 1486~1551. 이탈리아 화가, 시에나파)가 커다란 〈미카엘과 추락천사〉(Michael and the Fallen Angels. 시에나, 피나코테카)를 그렸다. 반란천사들은 뿔이나 발톱은 흔적도 없이 벌거벗은 인간 모습이다. 화가의 관심을 사로잡은 것은 미카엘이 아니라 추락한 천사들인데, 이러한 사실은 의기양양한 미카엘은 우둔한 멍청이처럼 보이며 자세도 멍청하게 그려진 반면 반란천사들의 얼굴에는 고통과 공포와 쓰라림을 견디는 표정이 생생하게 나타나 있는 데서 알 수 있다. 로렌초 로토의 세계는 랭부르 형제나 미켈란젤로의 것과는 다른 질감과 사고를 가지고 있었다. 그는 바티칸의 **스탄체(stanze)***를 다시 그리는 일의 조수로 위촉되었지만 율리우스 2세가 라파엘을 책임자로 임명하자 이 일은 끝났다. 로마에서 로토는 아마 베카푸미를 만난 적이 있을 것이고, 시뇨렐리의 작품을 알고 있었던 것은 틀림없다. 로토의 그림은 기법상으로는 전형적인 베네치아식이지만, 그의 작품은 대부분이 그가 1549년에 베네치아를 영영 떠난 뒤 다른 지역에서 제작되었다. 3년 뒤에 그는 로레토에 정착했고 1554년에는 수도자로서 그곳 지성소(至聖所)의 수도사들과 함께 생활했다. 하지만 종교적 감정과 신비적 긴장감에 이끌려 로레토로 가기 전에 로토는 랭부르 형제의 〈반란천사의 추락〉만큼이나 독창적인 작품을 하나 제작했다(그림 65).

대개 미카엘은 추락한 루시퍼 위에 서 있다. 혹은 루시퍼가 지옥으로

---

* 전시실. 현재 바티칸 박물관에서 라파엘의 방이 되어 있는 곳.

떨어진다. 하지만 미카엘의 자세는 항상 똑바르다. 전달하고자 하는 메시지는 위치에 대응한다. 미카엘의 자세가 가진 안정성은 그의 권능의 안정성을 의미한다. 로토는 이런 구도를 바꾸어 루시퍼와 미카엘의 세로축을 기울여 대각선으로 배치하고 두 축이 평행하도록 설정했다. 그 평행 구조는 로토의 신비적 표현의 반영물이다. 미카엘과 루시퍼는 동일하다. 그들의 신체도 똑같고 얼굴도 똑같다. 마치 한 쌍의 배우자 접합자를 보고 있는 것 같다. 루시퍼의 또 다른 얼굴이 미카엘이다.

밀턴의 사탄은 정말 최고의 적대자였고, 싸울 때는 신의 왕좌를 흔들 만큼 강력했다. 「창세기B」에 나온 선배처럼 그 사탄은 스스로 굴복하기를 거부하고 자기가 죄를 범했음을 인정하기를 거부하며, 전능자를 적대하는 입장을 완강하게 고수한다. 『실락원』의 첫부분에 매료된 '아마추어' 독자들은 흔히 사탄을 오해하는 것처럼 보였으므로 오늘날의 전문적 평론가들에게 꾸지람을 듣는다. 전문가들은 밀턴이 사탄의 도덕적 맹목성과 용서될 수 없는 범죄성을 보여주었다고 확신한다. 오늘날의 평론가들이 무슨 말을 하건, 19세기의 시인과 작가들은 사탄을 다르게 보았다. 예컨대, 콜리지(Coleridge), 바이런, 해즐리트(Hazlitt), 그리고 셸리가 볼 때 **영웅적** 사탄상을 확립한 것이 밀턴에 남긴 주요 업적 가운데 하나였다. 윌리엄 블레이크에게 밀턴은 "진정한 시인이었고, 자신도 미처 알아차리지 못하는 사이에 악마의 당파였으므로" 아무런 거리낌 없이 사탄에 대해 썼다. 악마의 당파는 곧 억압적 사회에 대항하여 싸우는 인간적 자유의 당파이다. 셸리에게서 밀턴의 악마는 신보다 도덕적으로 우월하다.

밀턴의 악마는 하나의 도덕적 존재라는 측면에서 신보다 훨씬 월등하다. 어떤 역경이나 고통이 있더라도 자기가 훌륭하다고 여기는 어떤 목적을 고수하는 사람으로서, 의심의 여지없이 성공이 보장되어 있으므로 적에게 지독하기 짝이 없는 보복을 마음 놓고 냉혹하게 감행하는 자에 비해 월등하다는 말이다. 이는 적을 개심시키겠다는 착각 때문이 아니라 …… 그를 분통터지게 만들려는 목적에서, 새로운 고통을 자초할 만한 음모를 공공연하게 세우는 존재이다.[14]

셸리가 이런 글을 쓴 지 40년쯤 뒤에 빅토르 위고는 『레미제라블』을 완성했다. 그 유명한 소설에서 자베르 경감은 사회의 법률을 위반한 자들에게 사회가 요구하는 "지독한 보복"을 부과했다. 위고는 자베르의 감정을 "괴물 같은 성 미카엘"인 "난폭한 천사장의 초인간적 야수성"에 비했다. 또 게르네제 섬에서 홀로 망명생활을 하고 있던 위고가 괴물 같은 미카엘을 구상하고 있던 대략 같은 시기에 파리에서는 보들레르가 일기를 쓰고 있었다.

나는 미의 규정, 나의 미의 규정을 찾아냈다. 그것은 열정적이고 슬픈 것이다. …… 나는 고난이 없는 곳에 미가 있다고 생각할 수 없다……. 나로서는 남성적 미의 가장 완벽한 유형이 사탄이라고, 밀턴이 묘사한 방식의 사탄이라고 결론짓지 않을 수 없다.

세계를 오도하여 이교도 신을 숭배하게 만든 도착적인 오염자이자 추방된 자라는 위치로 추락한 악마는 이제 미와 본질적 힘으로 충만한 존재가 되었다.

에필로그

악마는 극도의 혼란이 뒤섞인 존재이다. 사탄은 신학이 만들어낸 존재이며, 실용적인 이데올로기와 정치학의 산물이며, 기묘하게 얽힌 회화적 전통의 산물이다. 지옥의 지배자, 반란천사, 영혼의 계량에서의 미카엘의 상대자, 사악한 미생물이자 도발자라는 여러 가지 성격들은 회화적으로 겹쳐지는 부분이 거의 없다. 고정된 도상학이 없는 악마는 고질라일 수도 있고 비틀어진 팬이 될 수도 있으며, 날개가 있건 없건, 뿔이 달렸건 안 달렸건, 갈라진 발굽이 있건 없건 사납건 우스꽝스럽건 상관없고, 털북숭이 괴물일 수도 있다. 추락 천사일 수도 있고 미생물이 될 수도 있는 상황에서 악마가 어떻게 얼굴을 가질 수 있겠는가? 그는 어떤 인물이 아니라 추상적 존재에 지나지 않으므로 얼굴을 가질 수 없다. 하나의 일관성 있는 "인물"이라는 확신감을 주지 못한 그는 하나의 사악한 힘으로 신빙성 있게 등장할 수도 없다. 그는 가면밖에 없는 인간이다(그나마 인간의 가면도 아니다).

정부와 교회의 포고령들이 악마를 대상으로 하는 경우, 이는 대개 자기들의 현실적인 적대자를 지목하여 말하는 것이다. 예를 들면 1985년 11월에 이언 페이즐리(Ian Paisley) 목사가 얼스터에서 설교를 하면서 마가렛 대처(Margaret Thatcher) 수상을 악마의 "대리인"이라고 부른 것도 같은 이유에서였다. 대처이든 카타르파이든 가릴 것 없이 악마는 여러분의 적들의 "얼굴"을 갖게 되기 때문에, 도상학이 부재한다는 해묵은 사정도 쓸모가 있다. 얼굴 없는 악마란 반대를 무시하고 신을 자동적으로 자기편에 끌어오는 데 효과적인 방법이다. 악마는 그저 "타자"라고 불릴 때가 많다. 특히 20세기에는 그 공식이 타당하다. 예술분야에서 악마의 이미지가 묘한 함축을 담고 있는 것을 볼 때, 예전의 그는 아마 어딘가 다른 존재였을 것이다. 여러 세기가 흐르면서 그리스도는 점점 더 개성을 지니게 되었다. 그의 얼굴은 욕망을 제외한 거의 모든 감정을 표현하고 있다. 조토의 프레스코에 나오는 그리스도와 사도들은 그림의 중심이 되는 사건을 바라보고 있는 몇몇 사람들이 그렇듯이 개별적인 이름을 가질 정도이다. 하지만 악마는 그렇게 개성을 갖는 일이 드물다. 그러니 우리는 조토의 유다는 기억하지만 그가 그린 악마는 기억하지 못한다. 조토가 그린 유다는 특정한 인물이지만 그의 사탄은 그렇지 못하다.

이교도인 유대인과 사라센인들에게는 개성이 있지만 악마에게는 개성이 없다. 그런데 어느 그림이나 조각에서도 이단자와 유대인과 사라센인들로 둘러싸인 사탄을 볼 수 없다는 점은 좀 이상하게 여겨진다. 어쩌다가 알려진 극소수의 사례에서도 사탄은 주변적 역할을 맡아 빌라도나 기타 어떤 사악한 지배자에게 훈수를 두는 모습으로만 나온다. 또 아주 드문 경우이지만 악마가 교회의 적들과 함께 있든 아니면 교회의 적들만 있는 경우이든, 그런 적들이 악마로 변하지 **않은** 까닭은 무엇인가? 그리스도교 미술에는 반유대주의가 지배적이다. 여러 아름다운 성무일과서에 실린 몇몇 삽화에서는 반유대주의가 분명하게 드러나 있으며, 정교하게 세공된 스테인드글라스 창문과 기념비적인 조각상에도 그러한 예는 흘러넘칠 정도이다. 하지만 그렇다고 해서 유대인들에게 뿔이나 이빨이나 꼬리나 박쥐 날개가 달리지는 않는다.

이단자는 미술에서 별로 다루어지지 않는다. 그들이 묘사되는 경우에도 이러한 교회의 적은 왜곡되지 않은 모습으로 그려진다. 내가 아는 것 중 16세기 이전에 만들어진 전작 그림 가운데 이단자를 주제로 삼은 그림은 오직 셋뿐이다. 가장 중요한 그림은 피렌체 산타마리아노벨라 성당의 스페인식 예배당에 있는 안드레아 디 보나이우토(Andrea di Bonaiuto, 또는 "피렌체 사람"[da Firenze], 생몰 연대 미상. 1337~1377년

그림 76 Andrea di Bonaiuto의 "이단과 논쟁을 벌이는 도미니크파"(순교자 베드로는 왼쪽에 있고 아퀴나스는 오른쪽에 있다)의 세부, 그림 77에서.

그림 77[다음 쪽] 안드레아 디 보나이우토(혹은 "피렌체 사람"), *The Church Militant and Triumphant*, 1355, 프레스코. Cappelone degli Spagnuoli, S. Maria Novella, Florence.

에 피렌체에서 활동)가 14세기 중반에 그린 거대한 프레스코화로서, 〈투쟁하여 승리를 거둔 교회〉(The Church Militant and Triumphant)라는 제목이 붙어 있다(그림 77). 도미니크파의 지시에 따라 안드레아는 도미니크 성인과 순교자 성 베드로(St Peter the Martyr: 1205~1252)*와 아퀴나스가 이단자에 관한 논쟁을 벌이고 있는 모습을 보여준다(그림 76). 아퀴나스와 함께 있는 이단자 그룹(맨 오른쪽)은 그의 논리 때문에 당혹스

---

* 카타르파를 개종시키려 하다가 그들에게 살해당한 도미니크파 수도사.

에필로그 293

러워지고 패배한 것 같이 보인다. 한 사람은 자기 책을 잡아 뜯고 있다. 아퀴나스가 개종시킨 유대인 두 명은 그의 앞에 무릎을 꿇고 있다. 하지만 옆에 있는 그룹은 한창 논쟁중이다. 순교자 베드로의 말도 전혀 설득력을 발휘하지 못하는 것 같다. 성 베드로는 한 세기도 더 전에 카타르파에 의해 암살당한 악랄한 종교재판관이었다. 이러한 이단자들은 아주 개성 있는 얼굴을 갖고 있으며, 악마로 짐작될 만한 것은 티끌만큼도, 간접적으로라도 전혀 없다. 이런 점은 1500년경 프라도에서 페드로 베루구에테(Pedro Berruguete)가 그린 그림 두 폭에서도 마찬가지이다. 이 그림에서 도미니크파와 논쟁을 벌이는 카타르파라든가, 화형당하기 위해 제례용 장작더미로 끌려가는 이단자들은 의복, 얼굴, 신체, 몸짓 등 모든 면에서 정상적이다.

1425년에서 1450년 사이에 활동했으며, 시에나파 화가 가운데 가장 독창적인 인물인 사세타(Sassetta: 스테파노 디 지오반니[Stefano di Giovanni, ?~1450])는 양모상인 길드의 부탁으로 아르테델라라나 예배당 제단화를 만들었다. 그림 속에서 태양이 지는 중이며, 오른쪽에서는 한 사제가 축성된 성체를 들어올리고 있다. 이단자 한 명, 수염을 기르고 검은 옷을 입은 강렬한 인상의 남자(이 사람이 배신당해 1415년에 화형당한 존 휘스[John Huss]나 1421년 7월에 시에나 근처에서 화형당한 프란체스코 디 피에트로 포카리[Francesco di Pietro Pocari]일 수도 있지만 특정 인물이 아닐 수도 있다)의 화형을 흥분한 군중이 지켜보고 있다. 작은 박쥐 같은 악귀가 그를 향해 날아가고 있다. 색채와 구성과 기교 면에서 이 작품은 이단자를 주제로 다룬 세 그림 가운데 첫 번째 그림인데, 다른 두 개와는 도저히 비교도 안 될 정도로 훌륭한 그림이다. 이단자와 유대인들은 악한 자에 의해 검문당한다. 그들은 악한 자를 위해 일하는 대리인이지만, 미술에서 그들이 악마와 동일시되는 일은 절대로 없다. 사실,

『프랑스 대 연대기』(Grandes Chroniques de France)에 실린 삽화 몇 군데(그림 24)에 샤를마뉴에게 다가가서 말을 거는 사라센인들이 그려져 있는데, 이 경우를 제외하면 내가 아는 한 그런 사례는 전혀 없다. (이 특정한 악귀들은 인간 같은 발과 가면, 특히 그들이 들고 있는 북이 말해주듯이 아마 연극에서 유래했을 것이다.) 이단자, 사라센인, 유대인은 글에서는 악귀로 취급되었지만 그림에서는 마귀 취급을 받지 않은 이유가 무엇일까? 교회가 개종시킬 수도 있을 사람들을 따돌리지 않으려고 했기 때문일지도 모른다. 악마에게 개성을 주지 않기 위해서였는지도 모른다. 시각예술에서 그와 같은 전례가 없었기 때문인지도 모른다. 어떤 것이 올바른 대답이든 간에, 이 예기치 않았던 문제로 인해 우리가 악마를 그저 "타자"라고만 하는 것은 800년에서 1600년 사이의 기간을 지나치게 단순화한 소치라는 주장이 제기된다.

 나는 이 문제를 좀 다른 시각에서 보고자 한다. 배후적 의미를 캐들어가다 보면 악마로 변하는 그림이 없는 결정적인 이유는 악마가 신을 위해 일하기 때문이라고 짐작할 수 있다. 그는 죄인을 처벌한다. 신의 업무를 수행하는 것이다. 따라서 그는 유대인이나 이단자일 **수 없다**. 악마가 지옥에서 고통 받는 장면은 **어디에도 나오지 않는다**. 그는 그리스도가 연옥으로 하강하는 동안 낙담한 것 같은 기색이며 미카엘 앞에서 속수무책이지만 지옥에서는 만족하며 다른 여러 악귀들도 확실히 기분 좋아 보인다. 여기에서 기묘한 결론이 유도된다. 악마가 악의 상징이라는 의미를 전달하려고 수많은 사탄학자들이 노력했지만, 그럼에도 불구하고 그는 악의 상징이 아니다. 좀 심술궂게 들릴지는 모르지만, 가장 그럴 듯한 이야기는 800년에서 1600년 사이의 예술에서 발견되는 악마의 이미지에서 악한 자가 신의 편이라는 결론이 도출된다는 것이다. 그는 쓰레기를 치우는 자이다. 그가 우리의 생각과 언어에 하도 깊이 배어들어 있다 보니, 어떤 언어에는 악마라는 개념이 없기 때문에 악마를 지칭할 단어가 없다는 사실을 알면 놀랄 것이다. **악마(the Devil)**라는 용어를 나는 악의 근원이자 신의 적대자라는 의미로 사용한다. 모든 문명이 악귀(devils)는 갖고 있었던 것으로 보이지만, 거기에도 차이가 있다. 오텡 수도원의 참사회 위원이며 그리스도의 두상을 찾아내어 원래 자리인 생라자르의 팀파눔에 복원시킨 드니스 그리보(Denis Grivot)는 "그리스도의 생애에서 악마는 워낙 필수불가결한 존재이므로, 악마가 없으면 예수 그리스도도 존재하지 않을 것이다. 그리스도에게 어울리는 유일한 적대자는 악마이다"라고 지적했다.[1]

앞에서 나는 불교의 열두 신장(神將) 가운데 하나인 메이키라(그림 23)가 서구인의 눈에는 악마처럼 보이겠지만 사실은 이 8세기의 석회 조각상이 악에 **대항**하는 자임을 지적했다. 일본의 신화와 민담, 종교에는 일종의 괴물 또는 악령이며 붉은 얼굴에 뿔이 달리고 대개 곤봉을 쥐고 있는 **오니(鬼)***라는 존재가 있다. 이들이 가끔씩 말썽을 부리는 것은 사실이다. 하지만 일본의 일부 가문은 자기들이 **오니**의 후손이라고 주장하며, 어떤 축제에서는 **오니**가 악령을 몰아내는 것을 도와주기도 한다. 지옥에 있는 **오니**는 대개 붉거나 푸른색이다. 서양의 악귀처럼 이들도 간수이자 죄인들에게 처벌(대개는 끔찍한)을 가하는 자이다. 하지만 아무도 그들을 부처님이나 일본식 지옥을 다스리는 중국 황제인 염라(閻羅)의 적대자로 여기지 않는다. 중국과 일본의 지옥에는 서구 그림에서 보이는 것보다 더 사나운 악령들이 있지만 이 악령들은 악한 존재가 **아니다**. 일본어에는 악귀를 뜻하는 단어인 **아쿠마(惡魔)**가 있다. **아쿠마**는 원래는 일부 불교 경전에서만 사용되던 용어인 것 같은데 점차 일부 문

---

* 우리나라의 도깨비와 비슷한 귀신.

학 작품에서도 쓰이기 시작했으며, 헤이안(平安) 시대에 특히 그러했다. 그러다가 그리스도교의 사탄에 대한 번역어로 선택되자 일반적 용법으로 받아들여진 것이다.² 일본어에는 사탄의 동의어가 없으며 고대 그리스나 로마에서도 이 점은 마찬가지였는데, 일신교가 없다는 것이 그 이유 중의 하나라 할 수 있다. 신의 종류가 수백 가지나 된다면 "신(God)"에게 도전하는 단 한 명의 적대자라는 것은 생각도 못할 일이니 말이다. 사탄이라는 개념이 존재하지 않는다고 해서 악이 횡행할 때 그러한 악에 대해서도 무관심하다는 뜻은 아니다. 하지만 샌섬(G. B. Sansom)은 『일본문화사』(Japan: A Cultural History)라는 권위 있는 저술에서 일본에서의 죄의 개념이 "불충분하고 초보적인 것"이며, 이는 일본인들이 악의 문제를 "인식할 능력이 없기" 때문이라고 말한다. 나는 샌섬이 그리스도교적인 죄 개념을 기준으로 말하고 있다고 생각한다. 그럴 수도 있다. 하지만 그가 사용하는 개념은 좀 이상하다.

  비록 유가(儒家) 사상에서는 악이 인간 본성에 있는 전형적으로 부정적인 장애물이지만, 후지와라(藤原)와 가마쿠라(鎌倉) 시대(12~13세기)의 일본은 악을 특정한 역사 시대에 활동하는 우주적인 힘으로 보았다. 그 시대는 인간 역사상 세 번째 시대인 말법시대이며, 불교적 율법과 구원의 희망이 종말을 맞는 시대이다. 세계의 종말에 대한 믿음인 말법사상은 내세를 믿는 아미타(阿彌陀) 숭배와 함께 성장했다. 1100년에서 1200년 사이, 즉 지옥과 육도(六道)의 탁월한 그림들이 그려지던 시기에는 그런 세계에 대한 강렬한 관심이 특히 팽배했다. (또한 조잡한 솜씨이기는 하지만 가장 깊은 인상을 주는 악마의 조각이 프랑스에서 만들어진 것도 상대적으로 짧은 1050년에서 1130년 사이의 이 시기였다.) 이것이 단순한 문제는 아니지만, 일본에는 사탄이 없는데도 서구에서 보기 드물 정도로 (있기나 한지 모르겠지만) 무서운 지옥 그림이 12세기와 13세기에 그려졌으며, 힘과 사나움과 탁월한 솜씨라는 점에서 텐표(天平) 시대에서 가마쿠라 시대 사이에 만들어진 악에 대항하여 분노하는 수호 신장 조각에 비할 만한 것이 서구에는 없다는 점을 우리는 지적할 수 있다.

악마가 악의 이미지로 간주될 수 없는 또 하나의 이유는 그가 그리스도교의 산물이며 교회에 의해 그 역할이 규정되므로, 그는 오로지 교회가 규정한 죄악만을 대표할 수 있다는 점이다. 당연한 일이지만 알비파(Albigenses)의 학살이나 성직과 은총의 매매는 교회에게서 악마의 짓으로 돌려지지 않았다. 또 당연한 일이지만 루터는 교황을 악마의 대리인으로 여겼으며, 거꾸로 교황은 그를 그런 존재로 간주했다. (루카스 크라나흐 같은 개신교 화가는 악귀들이 교황을 지옥불에 집어넣는 모습을 담은 판화를 제작했다.) 이 간단한 사례들은 악마가 악의 상징이라고 주장하는 모든 시도를 와해시키기에 충분하다. 그는 악의 상징이 아니다. 그의 악함은 단지 교회의 한 분파에 의해, 그들의 이익을 채우기 위해 규정된 것일 뿐이다. 물론 16세기 **이후**에도 악마에 대한 생각이 항상 그리스도교의 정통 신학에 대한 믿음에 종속되는 것은 아니다. 일단 악마가 적대자인 예수에 의해 엄격하게 규정되는 단계를 벗어나자 그는 표준적 신학 범주를 벗어난 좀더 일반적인 악의 힘을 나타내는 이미지가 되었다. 하지만 그것은 또 다른 이야기이며, 모든 시대를 통틀어 영향력이 가장 컸던 사탄숭배자인 19세기 중반의 엘리파스 레비(Eliphas Levi)가 그린 〈마녀 잔치의 염소〉(Sabbatic Goat)가 담고 있는 내용이다.[3] 레비는 처음에는 사회주의와 종교를 한데 섞으려고 시도한 바 있는 학자 비슷한 묘한 인물이다. 결국 그는 흥미롭고도 불안정한 신비종교가가 되어 상당한 영향력을 행사하게 되었다. 그가 제정한 제례의 절차는 대개 선과 악을 분간하지 못하는 사람들에게 받아들여져 악의 환상을 포용하기 위한 용도로 사용되었다. 〈마녀 잔치의 염소〉는 사탄을 주제로 한 영화에 영향을 미쳤을 뿐 아니라, 소외된 심령술사들이나 록 그룹 멤버들, 연쇄살인범들에게는 그 자체가 하나의 종교적 이미지가 되었다. 이는 우리가 다룰 수 있는 범위를 넘어서는 이야기이다.

그렇기는 하지만 어떤 저자들은 마치 록 음악이나 공포영화에 나오는 사탄이 1600년 이전의 팀파눔에서 발견된 것과 동일한 존재의 단지 다른 표현 형태에 불과한 것처럼 오늘날의 "사탄주의"를 거론한다. 이러한 태도가 도달할 수 있는 결론의 한 가지 예가 악령학의 전문가인 롤랑 빌느뵈가 취하는 접근법이다. 그는 오늘날의 사탄은 아돌프 히틀러(Adolph Hitler), 알리스터 크롤리(Aleister Crowley: 1875~1947)*, 찰스 맨슨(Charles Manson: 1934~)**이라는 중개자를 통해 나타난다고 주장한다.[4] 파리 거리를 어슬렁거리는 '사탄주의 마술사'(크롤리)나 미치광이(맨슨), 또는 파시스트 전체주의 국가 지도자가 사탄의 여러 다른 모습이라고 주장하고 이를 악마가 실재한다는 증거로 삼는 그의 입장은 상상력이 너무 심하다는 증거이다. 조셉 콘라드(Joseph Conrad)는 그 누구보다도 강력한 상상력을 가졌지만 그는 "초자연적인 악의 근원에 대한 믿음은 필요하지 않다. 인간 혼자만도 온갖 악행을 할 능력이 있다"고 주장했다. 로버트 번즈(Robert Burns)는 「화가에게」라는 시에서 다음과 같이 익살맞게 털어놓았다.

　　이보게, 충고를 좀 해주겠네.
　　그걸 무례하다고 여기지 않겠지.
　　이보게, 자네는 천사를 그려서는 안 되네.

---

* 영국의 신비주의자. 사탄숭배자로 알려졌다.
** 미국의 연쇄살인마. 여배우 샤론 테이트 살인사건으로 널리 알려졌음.

그보다는 악귀를 그려보게.
천사의 변덕스러운 모습을 그리려다가는
닉, 실패할 수가 있지.
유명한 얼굴은 그리기가 쉽지.
하지만 모르는 이는 그릴 방도가 없다네.

물론 번즈는 시인이었고 콘라드는 소설가였다. 그들의 통찰력을 받아들이든 거부하든 각자의 취향에 따라 결정하면 된다. 하지만 크리스토퍼 브라우닝(Christopher R. Browning)의 경우는 다르다. 그는 20년 이상의 시간을 들여 홀로코스트 기록을 검토한 역사가로서, 특히 10만 명 가량의 유대인을 집결시켜 총살한 집단, 즉 SS대원도 군인도 아닌 함부르크 출신 중산하층 계급의, 가정을 가진 중년 민간인들로 구성된 101예비경찰연대에 관한 자세한 진술을 집중적으로 연구했다. 브라우닝의 저서인 『보통 남자들』(Ordinary Men, 1993)에 실린 글에 의하면, "괴물 같은 홀로코스트의 행위와 인간의 얼굴을 한 살인이 나란히 선 모습이 가장 적나라하게 드러난 것"은 그가 훑어본 다른 어떤 기록들보다도 이 연대의 기록이었다고 한다.[5] 그의 연구를 읽으면 악이 악마의 발현이라는 생각, 로마네스크식 주두부에 나타나는 모습의 악마와 아돌프 히틀러 사이에 관련이 있다는 주장은 괴상한 이야기이며, 불쾌한 사회적 사실에 눈을 감으려는 단순하고도 낭만주의적인 책략으로 여겨진다. 브라우닝은 다음과 같이 결론짓는다.

모든 현대 사회에서 관료화와 전문화는 공식적인 정책을 이행하는 자들의 개인적 책임감을 희석시킨다. 그러한 동류 집단은 행동에 엄청난 압박을 가하며 도덕적 규범을 설정한다. 그러한 상황하에서 101예비경찰연대의 대원

들이 살인자가 될 수 있었다면 다른 어떤 인간집단인들 그렇게 되지 않을 수 있을까?⁶

이보다 450년 전, 구스타보 구티에레즈(Gustavo Gutiérrez: 해방신학의 창시자)가 선구자로 받드는 바르톨로메 데 라스 카사스(Bartolomé de Las Casas)라는 사람은 스페인령 아메리카 원주민의 대량 학살에 대해 기록했다. 가톨릭 사제였지만 라스 카사스의 관점은 브라우닝의 것과 가까우며, 브라우닝처럼 그도 학살을 악마 탓으로 돌리지 않는다.

[수많은 스페인 그리스도교도는] 그들 자신의 탐욕과 야심을 좇느라 인간의 고통에 너무나 무감각해져서, 인간이라는 단어가 조금이라도 의미를 가지는 한 그들은 더 이상 인간이 아니었다. 그들은 자신들의 사악한 행동 때문에 완전히 타락했다. …… 그들은 배신과 사악함이라는 분야에서 과거에 달성한 업적으로는 만족할 수 없어서 …… 이제 더 심한 잔혹행위를 고안해내기 위해 [권력의] 왕관을 들들 볶는다.⁷

중세와 르네상스 예술에서의 악마는 대부분의 경우 하나의 신호였지 결코 예술적 상징이 아니었다. 신학자들의 글에서는 악마가 신의 적대자였는지 몰라도, 밀턴이 신의 왕좌를 흔들도록 그에게 준 힘을 갖고 있지 않은 한, 혹은 어떤 색슨 시인이 신의 부당함에 대항하기 위해 그에게 집어넣은 분노라든가 지슬베르가 예수와 상대하는 사탄에게 준 통제불능의 사나움이 없는 한, 악마는 무기력한 곤충을 닮았다. 우리는 악마가 무엇을 대표하는지 "읽을" 수는 있지만 아무 것도 느끼지는 못한다. 화가가 악마에 대해 느낀 것이 아무 것도 없었기 때문이다. 악마는 여전히 비현실적인 존재이다. 그렇다고 해서 지옥의 고문이 비현실적이었다는 뜻은 아니며, 악이 아무 얼굴도 갖지 않는다는 뜻도 분명 아니다. 「윈체스터 시편」에 나오는 저주받은 자들을 고문하는 악귀의 실감나지 않는 모습(그림 52)과 예수를 채찍질하는 남자들의 짐승 같은 얼굴들(그림 53)을 비교하거나, 조토의 작고 사악한 박쥐와 아레나 예배당에 있는 같은 화가의 〈유다의 키스〉(The Kiss of Judas)에서 느껴지는 질식시킬 것 같은 악의 힘을 비교해 보라.

셰익스피어의 『오텔로』 끝 부분에서 주인공은 이아고가 자신을 어떻게 악랄하게 속였는지를 깨닫는다. 악당은 체포되어 오텔로 앞으로 끌려 나오며, 오텔로는 자신을 기만한 자를 대면한다. 그때 오텔로가 하는 말은 베네치아 대사에게 하는 것이지만 자기 자신에게 하는 말이기도 하다. "그의 발을 내려다보았지만 악귀의 발에 관한 이야기는 우화일 뿐이군." 오텔로는 카시오의 발이 발굽이 갈라져 있는 악귀의 발이 아님을 본 것이다. 조토가 그린 유다이자 「윈체스터 시편」의 화가들이 그린 채찍질꾼들은 바로 인간의 발을 가진 악마이다. 솔제니친은 『수용소 군도』(The Gulat Archipelago)에서, 이아고는 자신이 악을 행하고 있음을 알고 있었으니 '잔챙이'에 불과했다고 주장한다. "셰익스피어의 악한이 죽인 사람은 10명도 채 안 된다. 그들은 이데올로기를 갖고 있지 않았기 때문이다." 이데올로기는 폭력을 정당화하고 결단을 강화하며 공포를 당연한 것으로 만든다. 라스 카사스는 비통하게 지적한다. 살해하는 스페인인들은 "자신들이 계속 누리는 '승리'가 신이 주신 것이라는 확신을 무고한 원주민들을 학살하는 행동을 통해 선언하며 후세를 위해 이를 기록한다."[8] 솔제니친은 이데올로기가 확고한 신념을 가진 지도자들이 계속 위세를 떨치게 해준 또 다른 보기들을 지적한다.

종교재판의 대리인들이 결의를 다진 방법은 다음과 같다. 그리스도교에 호소함으로써, 외국 땅의 정복자로서, 모국의 장엄함을 격찬함으로써, 식민지 건설자들은 식민지를 문명화한다는 명분으로, 나치들은 다른 인종을 박멸함으로써, 그리고 자코뱅은(고금을 막론한) 평등과 우애와 장래 세대의 행복을 위한다는 주장으로 그렇게 한다.

이데올로기 덕분에 20세기는 수백만 명의 단위로 계산되는 규모의 악행을 맛보아야 하는 운명을 짊어졌다. 이는 부정될 수도 없고 간과될 수도 없으며 억누를 수도 없는 사실이다. 그렇다면 우리는 악행을 저지른 자들이 존재하지 않는다고 어떻게 감히 주장할 수 있는가? 이 수백만을 파괴한 것은 누구인가?

그것은 악마가 아니었다.

비록 악마가 그리스도교회의 십자군을 정당화해주었으며, 알비파와 휘스 추종자에 대한 황제들의 탄압을 정당화하고, 황제를 비판했던 브레시아의 아르날도나 철학자 조르다노 브루노 같은 이들의 살해와 신성로마 황제 자신이 일신상의 안전을 보장한 바 있던 휘스의 화형과, 제네바에서 칼뱅이 개신교 종교개혁의 지도자인 세르베투스를 화형시킨 일을 정당화해 주기는 했지만 말이다. 이 공허한 존재인 악마는 유식한 교황인 그레고리우스 9세로 하여금 두꺼비 혀를 빨아먹는 이단자들에 대한 편지를 독일 왕에게 쓰게 만들었고, 교황 레오를 부추겨 유대인과 마니교도를 시궁창의 주민이라고 부르게 했으며, 테오도시우스 황제가 이단자를 모조리 처형하겠다고 약속하여 천상의 지혜로 인도되는 존재라는 찬사를 받고 머리둘레에 후광이 그려지는 대접을 받게 해주었다.

악마도 구원받을 수 있으리라는 오리게네스의 믿음은 아우구스티누스에게 조롱당했다. 악마에 대한 오리게네스와 아벨라르의 생각이 악의 상징으로서의 악마의 존재를 와해시키지는 않았지만 그런 생각이 채택되었더라면 교회의 이데올로기적 무기로서 악마가 갖는 효용성이 줄어들었을 뻔했다. 즉 교회는 오리게네스와 아벨라르의 입장이 잘못되었음을 설명하는 데 악마를 활용했던 것이다.

교회와 황제가 자기들 목적에 맞게 악마를 이용했다고는 하지만 악마에 대한 냉소적인 불신이 있었다는 의미는 아니다. 그와 반대로 악마에 대한 믿음은 예나 지금이나 똑같이 실질적**이다**. 오늘날 교황 바오로 6세와 요한 바오로 2세는 악마가 실제로 있다는 믿음을 긍정한다. 1986년 12월 22일의 《슈피겔》(Der Spiegel) 지의 기사 가운데는 악마에 관한 특별한 항목이 있고, 거기에는 바티칸의 라칭어 추기경의 말이 인용되어 있다. 그는 "그리스도교 신자들에게서 악마는 상징적인 존재가 아니라 신비스럽지만 실재하며 개인적인 존재"라고 설명했다. 루돌프 그라버(Rudolf Graber) 주교가 한 "만약 악마가 없다면 신도 없다"는 말이 아마 진리일 것이다. 아마 악마에 대한 믿음은 그리스도교도에게, 또 비그리스도교도에게도 악에 직면하는 사태를 피하는 한 가지 방법인지도 모른다. 그것이 없었더라면 신학적 설명이 얼마나 부적절한지가 탄로났을 테니까 말이다. 하지만 이 사안은 그리스도교 신학에 한정된 것은 아니다. 101예비경찰연대를 구성하는 500명의 "보통 남자들"에 대한 브라우닝의 철저한 연구는 워낙 탁월한 것이어서 나치의 최종 해결책에 의한 대량 살인에 관한 대부분의 이론이 들어설 자리를 설득력 있게 차단해버린다. 전쟁시의 잔혹상, 관료주의적 살해, "책상머리 살인자"의 심리 구조, 고위 당국에 의한 특별한 선택, 심리적 선입견으로 인한 "자기 선택." 이 모든 개념들도 101연대의 행동에 대한 설명으로는 빈약하다.[9] 솔제니친이 몰두했던 이데올로기조차도 이 경우에는 제한적인 원인일 뿐이다. 그러나 파시즘 사회에서 개인은 아무런 선택권도 갖지 못한다거나 불복종을 선택할 여지가 없었다는 주장, 이런 것들이 정말 결정적인 요인이었던가? 과거에는 나도 그렇게 생각했다. …… 그러나 브라우닝이 한 가장 놀라운 발언은 이것이다.

> 아주 단순하게 말해, 지난 45년간 이루어진 수백 건의 전후 재판 가운데 어느 경우에도, 비무장 민간인을 살해하라는 지시에 복종하지 않겠다고 거부함으로써 예상했던 것 같은 위중한 처벌이라는 불가피한 결과를 겪었다고 보고할 수 있었던 피고 변호인이나 피고인은 한 명도 없었다.[10]

"나는 그의 발을 내려다보지만 악마의 발에 관한 이야기는 우화일 뿐이군" 이라고 오텔로는 말한다. 오늘날 많은 사람들은 제3제국이 그렇게 끔찍한 일을 저지른 한 가지 이유가 그 지시에 복종하지 않을 선택의 여지가 없었기 때문이라고 믿고 있지만, 알고 보니 그 믿음이 사실에 입각한 것이라기보다는 오히려 사실이기를 바라는 요망에 근거한 것이었다는 것을 생각한다면, 악마에 대한 믿음이 악을 설명할 손쉬운 방법 역할을 했다는 것도 놀랄 일이 아니다. 그리스도교 미술에서 악마를 표현한 허다한 이미지들은 사소하게 보이는 데 비해 악으로 인한 고통은 사소하게 보이지 않았던 것도 아마 이 때문이었을 것이다.

예술에서 다른 어떤 존재도 그렇게 긴 역사를 지니면서도 그토록 본질적인 의미가 결여된 존재는 없다. 다른 어떤 기호나 어림짐작으로 만들어진 상징도 그렇게까지 단조롭지는 않다. 악마가 어떤 모습인지는 그를 의인화하기 위해 사용된 의상에 의해 대체로 결정된다고 주장하는 말도 맞다. 악마는 오로지 의상일 뿐이기 때문이다. 설령 그 의상이 입고 있는 자의 피부와 분리할 수 없는 것이 되었을지라도 말이다.

옮긴이의 말

이 책은 서양 미술사에 등장하는 악마 이미지를 통해 악마의 정체를 알아내려는 것을 목적으로 한다. 저자인 루서 링크 교수는 현재 일본의 아오야마가쿠인(青山學院) 대학의 문학부 교수로 있다.

우리는 일상에서도 악마(惡魔)라는 말을 흔히 쓴다. 악마 같은, 악의 화신, 악의 근원, 세상의 불행의 근원, 지옥의 지배자. 거의 무의식적으로 우리는 이런 말을 사용하고 있고, 그래서 그것이 우리 문화, 우리 말에 원래 포함되어 있던 것이라고 치부하고 넘어간다. 그런데 따져 보면 우리나라가 속해 있는 한자 문화권에는 악마라는 단어가 없었다. 선악이라는 고정적인 이분법을 인정하지 않는 노자와 장자 사상은 물론, 공자와 맹자의 사상에서도 악(惡)이라는 단어는 나오지만 악마라는 존재는 없다. 성리학에서도 마찬가지다. 오욕, 칠정, 사단 등의 기준을 통해 인간이 잘못된 행동을 하게 되는 이유와 과정을 해명하기는 하지만 그런 것의 화신 혹은 존재론적 근원인 악마라는 존재를 설정하지는 않는다. 불교에서는 어떨까. 한자로 번역된 용어 중에 수행을 방해하는 사악한 신, 인간에게 재앙을 내리거나 나쁜 길로 유혹하는 마물을 가리키는 마(魔) 또는 마신(魔神) 정도의 단어는 있지만 그런 것 역시 인간의 착각[幻] 또는 상상에 연유하는 것이지 독자적으로 존재하는 실재는 아니다.

악이든 마이든 결국은 인간의 집착과 착각의 소산일 뿐이다. 우리나라의 민간전승에서 흔히 거론되는 귀신의 존재도 따져 보면 악의 근원이라고 할 것은 못 된다. 그런 것은 대개 부당한 일을 당한 결과로 생겨나는 것으로서, 인간에게 해를 끼치려는 목적보다는 자신의 억울함을 하소연하고 풀려고 하다 보니 본의 아니게 인간을 해치게 되는 경우가 많다. 우리가 예상하듯이 절대적인 악의 근원, 실재하는 악 그 자체로 간주될 만한 것은 아니라는 것이다.

그러므로 적어도 우리나라에 관한 한 악마는 상당히 외래적이고, 특히 그리스도교의 영향이 농후한 개념이다. 즉, 그리스도교에서 확립된 악과 악마 개념이 지금 우리의 사고방식에 깊이 침투해 들어와 있는 것이다. 하지만 그리스도교의 악마는 다른 종교에서 그에 비견되는 것들과 근본적으로 다른 성격을 갖고 있다. 세상의 악에 대한 설명틀 자체가 워낙 다르니 그럴 수밖에 없을 것이다.

그리스도교는 선과 악의 이분법이 확고하며 악과의 대비를 통해 신과 그리스도의 위엄과 영광을 부각시키는 논법을 주로 채택한다. 그러다 보니 만물의 창조주이자 완전히 선한 존재라는 신과 세상의 악의 존재가 양립하기 힘든 문제가 발생한다. 만물의 창조주라는 점을 부각시키자면 세상의 악도 신에 의해 만들어진 것이어야 하는데, 그렇다면 선한 신이 악은 왜 만들었을까? 이에 대한 답은 쉽게 나오지 않는다. 그렇다고 이 문제를 '어쩌다 보니 그렇게 되었군. 이런 세상에 태어난 것이 너희들 운명이니까 각자 알아서 처리해!' 라는 식으로 넘겨 버릴 수는 없다. 그렇게 되면 신에 대한 신뢰가 여지없이 깨어지게 된다. 적어도 신에 대한 절대적인 신뢰를 토대로 하는 그리스도교에서는 그럴 수 없다. 그리스도교 신학의 복잡하기 짝이 없는 논쟁과 학설, 분파 현상들은 모두 이를 일관성 있게 설명하기 위한 노력이다. 선(善)은 인간의 자유의지, 자유

선택의 결과라는 대답은 그 존재론적인 근거를 확립하기를 포기한 이후에야 내놓을 수 있는 한 가지 타협에 불과하다.

어쨌든 악마라는 개념은 이와 같은 온갖 복잡한 논쟁과 상이한 이론적 토대 간의 충돌 속에서 발전한 것으로서, 미술에서 표현된 악마에도 그런 사정이 반영되어 있다. 이 책은 그렇게 복잡한 복선을 품고 있는 악마의 회화적 표현양태를 포괄적으로 분석하여 그 정체를 밝힌다. 따라서 이 책은 단순한 악마연구서가 아니다. 악마란 무엇보다도 그리스도교 미술에서 큰 비중을 차지하는 배역이므로 악마에 대한 검토는 그리스도교 미술사에 대한 연구이기도 하다. 악마의 표현이 어떻게 변화해 왔는가? 그 변화는 악마에 관한 교회의 입장과 어떻게 연관되는가? 일반 대중에게는 그것이 어떤 영향을 미쳤는가? 이런 것들이 악마의 미술사에서 다루어지는 내용이다. 따라서 이 책은 악마의 이미지를 통해 보는 그리스도교 미술문화 전반에 대한 고찰이라 할 수 있을 것이다.

저자에 의하면 악마는 우리들의 예상과는 달리 하나로 통일된 모습과 성격을 갖고 있지 않다. 악마는 지극히 다양한 모습과 역할로 등장한다. 왜 그렇게 되었을까? 이것은 이 책의 끝에서나 대답될 수 있는 물음이다. 그 대답을 얻기 전에 우리가 악마에 대해 알려면 그가 누구를 상대하는지, 어떤 상황에서 등장하는지에 주의해야 한다. 악마와 무엇보다도 중요한 관계를 가지는 것은 창조주, 천사, 그리고 죄인이다. 하지만 창조주는 그림으로 표현되기 힘든 존재이므로 대개는 천사 또는 그리스도가 악마의 상대자로 나선다. 악마에 대한 규정으로 가장 중요한 것은 신의 적대자, 또는 그리스도의 유혹자라는 것이며, 그 외에 인간의 고통의 온갖 원인일 것이다. 신의 적대자인 악마는 원래 천사였다가 타락한 존재인데, 그가 타락하게 된 원인은 대개 자만심, 불복종이라고 설명된다. 그림에서는 주로 천사들에게 패배하여 축출되는 모습으로 묘사된다. 그렇게 타락한 천사는 지옥에 가게 되는데, 그렇다면 타락한 천사는 지옥에서 처벌을 받아야 마땅할 것이다. 그런데 그리스도교 미술에서 지옥에서 고통을 겪는 것은 타락천사나 악마가 아니라 죄인들이다. 악마는 오히려 지옥을 관장하는 책임자로 그려진다. 이는 앞뒤가 맞지 않는 처우이다. 타락천사들은 불복종에 대한 죄값을 치르는 것이 아니라 마치 새 일자리를 얻은 것 같다. 일 처리를 잘못하여 좌천된 관리처럼, 그들은 죄인을 괴롭히는 임무를 담당하고 지옥을 관장한다. 이 때문에 악마가 교회에서 말하는 것 같은 신의 적대자라기보다는 오히려 신이 맡긴 임무를 담당하는 자, 신의 보조자라는 해석도 가능한 것이다. 악마의 모습도 천사와 비슷한 모습에서 고질라나 용 같은 흉측한 괴물, 새까맣고 비쩍 마르고 박쥐 날개 같은 것이 달린 도깨비 모양, 그리스 고전에 나오는 사티로스나 팬 같은 야성적인 존재, 심지어는 인간을 괴롭히는 전염병 병균에 이르기까지 다양하기 짝이 없다.

    그렇기 때문에 악마는 그리스도나 마리아, 베드로, 그 밖의 성경 속의 다른 인물들처럼 고정적이고 독자적인 개성을 갖지 못하게 되었다. 그림에 나타난 악마의 모습은 그 자체로서 인간에게 공포감을 자아내거나 악의 화신으로 실감나게 다가오기보다는 당시 인간들의 고정관념의 집합체라고 볼 수 있다. 즉, 문명의 반대를 상징하는 벌거벗음이라든가 순결성의 반대를 상징하는 검은색, 또는 이교도의 신 같은 뿔이나 야만인 차림새 같은 것들이 악마의 특징을 이루고 있는데, 그런 것은 악마 그림의 도상학적 계보를 추적하는 데는 도움이 되겠지만 악마를 하나의 살아 있는 인격으로 부각시키는 데는 실패했다. 중세 이후 시간이 지날수록 악마는 그저 그리스도교 미술의 기본 장치의 하나로, 시대착오적이고 도식적인 존재로 전락했다. 악마의 표현이 새로운 전환기를 맞은 것은 밀턴 이후 신에 대한 반항에 새로운 의미를 부여하는 악마상이 나옴으로써였다. 이들은 불복종, 반항하는 자유를 악마의 본성으로 보았고, 그것에서 남성적 힘과 미의 이상을 찾았다고 생각했다. 이 노선을 따른 것이 콜리지, 바이런, 셸리 등의 낭만주의 문인들과 블레이크, 보들레르 같은 사람들이었다. 이런 자유의 투사로서의 악마는 점점 더 그리스도교적 악마와 동떨어진 존재가 되었다.

악마에 대한 중요한 시사점을 던져주는 것이 지옥에서 악마가 죄인들을 다루는 장면이다. 그런 장면에서 악마가 사용하는 처벌 도구는 당시 이단재판에서 실제로 사용되던 도구들이다. 악마 자체의 모습은 비현실적이고 딱딱한 데 비해 그런 장면은 너무나 생생하고 실감나게 그려져 있어서, 거의 이단자를 고문하는 현장을 그대로 보고 그렸다고 해도 좋을 정도이다. 그렇다면 이 화가들은 이단재판의 고문집행자가 악마라고 생각했는가. 그렇지는 않을 것이다. 이론적으로 말하자면 고문당하는 자가 악마로 그려져야 마땅하다. 교회가 이단자들에게 붙인 죄목이 바로 그런 것이었으니까. 하지만 그런 그림에서 이단자나 유대인이 악마로 표현되는 경우는 없다. 지옥에서 고통받는 죄인이 그들이다. 이는 정말로 아이로니컬한 사실이다. 악마는 과연 누구인가? 악을 행한 자인가, 악행을 처벌하는 자인가? 악의 근원이면서 동시에 악행을 처벌하는 존재가 될 수 있을까?

악마에 대한 저자의 설명 가운데 가장 의미심장한 것은 '얼굴 없는 가면'이라는 것이다. 앞에서도 말했듯이 그림 속에 표현된 악마는 뚜렷한 특징이나 개성도 없이 온갖 다양한 모습으로, 생생하게 실감나게 그려지지도 않고, 때로는 어떤 것이 악마인지 알아보기도 힘들 정도로 시시한 존재로 등장하기도 한다. 이는 악마가 자체적인 본성을 지니고 실재하는 어떤 것이 아니라 무엇에 반대하는가에 따라 결정되는 존재, 그것을 규정할 권력을 지닌 사람에 의해 정체가 결정되는 특이한 존재라는 사실의 반영이다. 악마가 실재하느냐 하는 물음에 대한 대답은 신의 실재성 여부에 따라 결정된다. 신이 실재하지 않는다면 악마도 실재하지 않는다. 신이 실재한다면 그만큼 악마도 실재한다. 역사적으로 악마는 자기가 반대하는 누군가에게나 악마라는 딱지를 붙이고 신을 자기편으로 끌어올 수 있는 도구였다. 그것이 악마의 용도였다. 그렇기 때문에 악마는 불변적인 개성을 가진 존재일 수 없었다. 항상 누군가에 의해 규정되는 존재, 얼굴 없는 존재, 오로지 가면으로만 이루어진 존재일 수밖에 없는 것이다. 악마는 그저 하나의 의상에 지나지 않는다. 악마는 역사상 가장 순수한 '타자(他者)'였다. 악마는 원래 본성이 없는 존재이므로 그것의 본성은 그런 가면을 씌우는 자, 의상을 입히는 자, 그것을 '타자'로 규정하는 자에게서 나올 수밖에 없다. 그것은 악마성이라기보다는 인간성 자체의 것이다.

  저자에 의하면 오랜 세월 동안 수많은 성직자, 신학자들이 악마가 악의 근원임을 납득시키려 애썼지만 결과적으로 실패했다. 가면에 지나지 않는 악마가 악의 근원일 수는 없으며, 악의 상징일 수도 없다. 인간이 악을 실행하는 데 악마 따위의 초자연적인 악의 근원이 실재해야 할 필요는 없다. 악은 지극히 일반적인 인간의 행위 속에 있다. 이 책에 인용된 수많은 그림에서 악마의 모습은 비현실적이고 고식적이지만 악마가 초래하는 고통은 현실적이고 생생하고 탁월한 솜씨로 그려진 것도 그 때문이다. 악마가 실재하든 하지 않든 세상에는 악이 존재한다. 악마를 악의 근원으로 규정한 수많은 이론들은 오히려 새로운 고통과 악행의 이론적 근거를 제공했다. 상대방을 악마로 규정하여 그들에 대한 공격과 박해를 정당화하는 근거를 마련하는 것이 이제까지 악마에게 맡겨진 역할이었다. 악마는 인간의 악의를 은폐하는 핑계일 뿐이다.

저자는 수많은 미술품의 분석을 통해 이러한 악마의 역할을 우리에게 자세히 설명한다. 각기 다른 모습의 악마는 그것들이 각기 대변하고 있는 악마이용자의 입장을 전해준다. 그런 그림에는 악마 이미지 뒤에 숨은 화가의 의도와 정치적·사회적 입장까지도 반영되어 있는 것이다. 저자가 서문에서 말했듯이 '예술의 발언'을 이해한다는 것이 쉬운 일은 아니다. 그림이 주는 직접적인 느낌이 물론 중요하지만 그림만 뚫어지게 바라본다고 그 의미가 저절로 이해되지는 않는다. 도상학적 지식, 문헌자료와 그림의 역사적·정치적 배경까지도 함께 고려되어야 할 경우가 있는 것이다. 악마를 다루는 그림은 그런 이해가 필요한 대표적인 분야일 것이다.

그리 길지도 않은 책 한 권을 읽고 그리스도교 미술 전반에 대해 상당한 이해를 하게 된 것 같은 기분을 느끼게 만드는 책은 흔하지 않다. 번역하면서 누리는 가장 큰 즐거움이겠지만, 새로운 세계를 잠시나마 엿본 것 같은 기분이 든다. 이런 즐거운 기분을 느낄 기회를 주신 심산출판사에 감사한다.

주

들어가는 말

1 André Chastel, *A Chronicle of Italian Painting*, trans. P. Murray (Ithaca, NY., 1983), p.101. 그러나 프린스턴 대학의 존 셔먼(John shearman) 교수는 같은 문제에 대해 카스텔과는 다르게 느끼기 때문에 난관에 봉착하게 된다. *The Sistine Chapel*, ed. Carlo Pietrangeli et al.(New York, 1986), pp.57~62에 실린 "식스투스 4세 예배당"에 나오는 그리스도의 유혹에 대하여 건강부회하는 설명을 보라.
2 J. Contreras & G. Henningsen, "Forty-four thousand cases of the Spanish Inquisition", *The Inquisition in Early Modern Europe*, ed. G. Henningsen & J. Tedeschi(DeKalb, 1986), p.119.

서문

1 E. Douglas Van Buren, *Symbols of the Gods in Mesopotamian Art* (Rome, 1945), pp.68~70.
2 小松茂美,『日本の絵卷』제7권(도쿄, 1987); 家永三郎,『餓鬼草紙, 地獄草紙, 病草紙』, 日本絵卷物全集(도쿄, 1979); 眞保享,『地獄極樂の絵』(도쿄, 1984). 또《日本の美術》271호의 六道絵特集(도쿄, 1972)에는 최근의 학술적 연구가 요약되어 있다.
3 Ryuken Sawa, *Art in Japanese Esoteric Buddhism* (Tokyo, 1972), p.17.
4 Roland Villeneuve, *La beauté du Diable* (Paris, 1983).
5 부르크(Burgh)에게 보낸 스피노자의 편지, 1675, letter LXXIV.

1장 악마의 이름

1 Marvin H. Pope, *The Book of Job* (New York, 1965); Peggy L. Day, *An Adversary in Heaven: Satan in the Hebrew Bible* (Atlanta, 1988). 성서에 관련된 문제가 대부분 그렇듯이 구약성서에서의 사탄의 의미는 복잡하다. 데이의 책에 대한 비평이 *Journal of Semitic Studies*, XXXVI/1(1991)에 실려 있다.
2 초기 교부들의 경우에는 모두 그렇다. Clement, Exhortation 2:23, 10:74; Jean Daniélou의 *A History of Early Christian Doctrine before the Council of Nicaea* (London, 1973), II, p.429에 총괄적인 요약문이 실려 있다.
3 Vasari, *Lives of the Artists*, trans. G. Bull (Harmondsworth, 1965), pp.36~7.

4 Matthew 12:26~8; Mark 3:22, 25, 26; Luke 10:17~18, 11:18.
5 *The Chester Mystery Cycle*, ed. R. M. Lumiansky & David Mills (Oxford, 1974).
6 P. B. Shelley, "Essay on the Devil & Devils"(c. 1819), *Shelley's Prose*, ed. David Lee Clark(New Mexico, 1954), p.274에 실림.
7 Otto Kaiser, *Isaiah 13~39: A Commentary* (London, 1974); *The Interpreter's Bible*, v (New York, 1952).
8 Origen, *Contra Celsum*, trans. H. Chadwick (Cambridge, 1953), IV, 65.
9 Augustine, *The City of God*, trans. Demetrius Zema and Gerald Walsh (Washington DC, 1962), 1, 8.
10 같은 책, XI, 15.
11 Neil Forsyth, *The Old Enemy* (Princeton, 1987), p.430에 인용됨; 아우구스티누스가 올린 특별 탄원문의 분석이 pp.427~433에 실려 있다.
12 아우구스티누스, 같은 책, XI, 13.
13 Aquinas, *Gentiles*, III, cvii, 7.
14 아우구스티누스, 같은 책, XIV, 11.
15 J. H. Charlesworth, ed., *The Old Testament Pseudepigrapha: Enoch*, trans. E. Isaac (New York, 1983); *The Apocrypha and Pseudepigrapha of the Old Testament in English*, trans. R. H. Charles (Oxford, 1913), II.
16 M. A. Knibb, "The Date of the Parables of Enoch", *New Teatament Studies*, XXV (1979), pp.345~59.
17 Franz Delitzsch, *A New Commentary on Genesis*, trans. S. Taylor (Edinburgh, 1888), pp.222~233; A. Dillman, *Genesis, Critically and Exegetically Expounded*, trans. W. B. Stevenson (Edinburgh, 1897), I, pp.232~243.
18 특히 15:8, 6:10.
19 유스티누스의 두번째 *Apology*, v:2~6.
20 Athenagoras, *Plea*, 24.
21 Clement, *Stromateis*, V, i:10, 1~3; Daniëlou의 앞의 책, p.63에서 논의됨.
22 Tertullian, *The Apparel of Women*, 2:1.
23 Daniëlou, 앞의 책, III, pp.162~163.
24 아우구스티누스, 앞의 책, XV, 23.
25 W. B. Hennig, "The Book of Giants", *Bulletin of Oriental and African Studies*, XI (1943~6), pp.52~74; C. L. Mearns, "Dating the Similitudes of Enoch", *New Testament Studies*, XXV(1979), pp.360~369에 인용됨.
26 Aquinas, *Gentiles*, III, cvii, cix.
27 Hastings Rashdall, *The Idea of Atonement in Christian Theology* (London, 1920).
28 "To the Ephesians", *The Apostolic Fathers*, trans. Francis X. Glimm et al.(Washington

DC, 1962), p.94에 실림.
29 Henry Bettenson, *Documents of the Christian Church* (Oxford, 1943), p.31.
30 *Christology of the Later Fathers*, ed. Edward Rochie Hardy (London, 1955), pp.22~24.
31 *Second Oration on Easter*, xxii.
32 Augustine, *Trinity*, xiii, 4.
33 "Why God Became Man", vii, *A Scholastic Miscellany: Anselm to Ockham*, ed. Eugene R. Fairweather (London, 1956).
34 Daniel Defoe, *Robinson Crusoe* (1719), ed. Angus Ross (Harmondsworth, 1965), p.220.
35 "Exposition on the Epistle to the Romans", ii, Fairweather의 앞의 책에 인용됨.
36 G. G. Coulton, *Five Centuries of Religion* (Cambridge, 1923~7), I, p.64.

2장 악마는 어떤 모습인가?

1 Jean Gimpel, *The Cathedral Builders*, 불어에서 번역 (New York, 1984), p.86.
2 R. Lightbown, *Piero della Francesca* (London, 1992), p.148.
3 Pucelle, "The Belleville Breviary", *A Documentary History of Art*, ed. E. G. Holt (Princeton, 1947), I, pp.130~134에 실림.
4 Erwin Panofsky, *Abbot Suger*, 2판 (Princeton, 1979), p.214.
5 Gertrude Schiller, *Ikonograohie der Christlichen Kunst* (Gütersloh, 1966), II, pp.98~176.
6 Contreras and Henningsen, "Forty-four thousand cases of the Spanish Inquisition", 앞의 책, p.104.
7 같은 책, p.105.
8 같은 책, p.121.
9 "The Dovecote has opened its eyes", Henningsen의 앞의 책, p.193에서 C. Ginsburg의 말.
10 Coulton, 앞의 책, p.465.
11 Arnobius of Sicca, *The Case Against the Pagans*, trans. G. E. McCracken (New York, 1949), I, pp.36, 40~41.
12 Friedrich Heer, *The Medieval World: Europe 1100~1350*, trans. J. Sondheimer (New York, 1962), pp.393~394.
13 Erwin Panofsky, *Studies in Iconology* (New York, 1962), pp.25~29.
14 "Essay on the Devil and Devils", *Shelley's Prose*, p.274에 실림.
15 François Vogade, *Vézelay* (Bellegarde, 1992), 도판 17에 딸린 주해.
16 Francis Salet, *La Madelaine de Vézelay* (Melun, 1948), p.149.
17 같은 책, p.154.
18 L. F. Kaufmann, *The Noble Savage: Satyrs & Satyr Families Renaissance Art* (Ann

Arbor, 1984), pp.31~32.
19 C. Gaignebet and J. -D. Lajoux, *Art profane et religion populaire au moyen âge* (Paris, 1985), pp.120~125.
20 Kaufmann, 앞의 책, pp.32~41.
21 Cheikh Anta Diop, "Origin of the ancient Egyptians", *A General History of Africa*, II: *Ancient Civilizations*, ed. G. Mokhtar(UNESCO 1981), pp.35~40.
22 *A History of Private Life*, I: *From Pagan Rome to Byzantium*, ed. P. Veyne (London, 1987), p.245에 실린 Peter Brown의 글.
23 Schiller, 앞의 책, I, pp.137~152.
24 Leo Steinberg, *The Sexuality of Christ in Renaissance Art and in Modern Oblivion* (New York, 1983).
25 몇 안 되는 예외로, 캔터베리에서 12세기 초반에 제작된 영혼의 계량(피렌체, Laurentiana, MS Plut, xii, 17, fol.1) 하나와, 15세기 초반의 Sassetta의 *St. Antony Beaten by Devils* (악귀들의 성기가 마모되기는 했지만!), 그리고 간접적으로는 부르주에 있는 <최후의 심판>에 나오는 악귀들이 있다.
26 G. G. Coulton, *Art and the Reformation*, I: *Medieval Faith and Symbolism* (Cambridge, 1953), pp.49~50.
27 Gimpel, 앞의 책, p.60.
28 R. W. Southern, *The Making of the Middle Ages* (New Haven, 1953), pp.201~202.
29 Gimpel, 앞의 책, p.100; José S. Gil, *La escuela de traductores de Toledo y sus colaboradores judios* (Toledo, 1985).
30 John Harvey, "The Development of Architecture", *The Flowering of the Middle Ages*, ed. Joan Evans (London, 1966), pp.90~91에 수록됨.
31 G. Sarton, *A History of Science: Hellenistic Science & Culture in the Last Three Centuries BC* (New York, 1959), II, ch. 1~2.
32 Socrates, *Church History from AD 305~439*, XVII, 13~15.
33 Sermon, XVI, iv.
34 「위트레흐트 시편」에 있는 다른 보기들 가운데는 다음의 것들이 있다. fol. IV(Ps. 1); 3r(Ps. 5); 3v(Ps. 6); 16v(Ps. 29); 59r(Ps. 102); 64r(Ps. 108); 77v(Ps. 137); 78r(Ps. 138).
35 그림 16, 33, 50이 그 전형적인 사례이다.
36 François Garnier, *Le langage de l'image au moyen âge* (Paris, 1982), ch. 13.
37 Jeffrey Burton Russell, *Lucifer* (Ithaca, NY., 1984), p.132.
38 수는 적지만 물론 예외는 있다. 아마 잡귀(雜鬼)가 가장 관련성이 클 것이다. 불교 사원을 네 방향에서 수호하는 네 명의 왕들은 일본어로는 시텐노(四天王)라 불린다. 이 네 명의 자비로운 수호신은 때로는 사악한 귀신을 발 밑에 짓밟고 있기도 하다. 중국

돈황 427호 굴의 전실에 보이는 커다란 석회 벽화 작품에는 세 명의 신성한 수호장[三護法神]이 잡귀를 밟고 서 있는데, 이들은 황금 송아지 주두부에 나오는 콩크 악귀와 같은, 또 유다의 자살을 지켜보고 있는 오텡 악귀의 것과 똑같은 숱 많고 불타는 듯한 머리칼을 갖고 있다. 이 특정한 경우에 이 수호장들의 외관과 얼굴 표정은 그리스도교 미술에서의 상응하는 형태와 워낙 비슷해서, 그대로 중세 교회의 벽감에 갖다 둔다고 해도 그것이 중국 작품이라는 사실을 알아차리는 사람이 없을 정도라고 나는 생각한다. (Mogao Grottoes of Dunhuang, Tokyo, 1980~82, II, pl. 46을 볼 것.) 그 동굴의 연대는 수(隋) 왕조 때이다(6세기로 접어든 무렵). 후대의 더 알기 쉬운 보기 가운데는 모두 일본 나라(奈良)에 소재한 법륭사와 동대사의 사천왕 발밑에 깔린 존재들이 있다. 하지만 이들 모두에게서 불타는 듯한 머리칼 타래는 사라졌는데, 그 이유는 중국 후대의 모델이 그런 머리칼을 하지 않았거나 일본인이 그들 나름의 변경을 가했기 때문이다(나는 전자가 이유일 것이라고 추측한다). 그렇다면 우리는 동양에서 불타는 머리칼을 가진 악한 존재를 무엇이든 찾아낼 수 있겠지만, 우선 그런 사례가 흔치 않고, 발밑에 깔린 존재는 통례적으로 그런 머리칼을 하지 않는다. 또 불타는 듯한 머리칼은 그 뒤로도 악과 싸우는 존재를 규정하는 특징이었다는 견해가 더 타당하다.

39 Villeneuve, 앞의 책, p.36.
40 인간 형상뿐만이 아니다. 아마 가장 좋은 보기는 자기가 그려지고 있는 구도를 장악하고 있는 전례없이 거대한 지옥의 수탉[鷄地獄]일 것이다. 짐작컨대, 이 생물은 악에 대항하는 천사라기보다는 거대하고 사악한 귀신일 것이다. 그의 볏은 불길로 변하며 목의 깃털과 결기는 휘어져 불꽃이 된다. 그는 짐승을 학대한 자들을 걷어차고 있다. 그의 얼굴은 유럽의 대부분의 악귀들의 무서움을 모두 합친 것보다도 더 무시무시한 악을 구현하고 있다. 『地獄草紙』, II, iv (도쿄 국립박물관).
41 Jurgis Baltrusaitis, Le Moyen Age fantastique (Paris, 1981), pp.144~150.
42 Steinberg, 앞의 책, p.132.
43 R. J. M. Olson, "Giotto's Portrait of Halley's Comet", Scientific American (1979년 5월), pp.134~142.
44 현대적 사탄을 창조해낸 두 화가는 모두 천사처럼 깃털 달린 날개를 달아 주었다. 괴테의 『파우스트』에 붙인 들라크루아의 판화의 표지 도판에서 사탄은 깃털 달린 날개로 도시 위를 날아다닌다. 이는 롭스(Rops)의 삽화에서 세계에 악을 심고 있는 사납고 무자비한 사탄도 마찬가지이다. 두 화가 모두 사탄을 부르주아적 장면설정에 대한 대안으로서 '긍정적으로' 해석하는 입장인 만큼 이는 이상한 일이 전혀 아니다.
45 Russell, 앞의 책, p.29 n. 2, p.129.
46 같은 책, pp.129~130.
47 Coulton, Five Centuries of Religion, I, pp.38~44.
48 Baltrusaitis, 같은 책.

49 Schiller, 같은 책, I, p.154.
50 *The Refutation and Overthrow of Knowledge Falsely so-called*, trans. E. R. Hardy, *Early Christian Fathers* (London, 1953), p.21에 수록됨.
51 *Prescriptions*, 40.

3장 이단과 지옥

1 Arnaldo Momigliano, *Essays in Ancient and Modern Historiography* (Oxford, 1977), p.116.
2 6세기까지의 이단과 교회의 반응에 관해서는 E. I. Watkin, *The Church in Council* (London, 1960); W. H. C. Frend, *The Early Church* (London, 1973); F. Kempf, et al., *History of the Church: The Church in the Age of Feudalism* (New York, 1980), 41장; *The New Catholic Encyclopedia*; *The Writings of St Paul*, ed., W. A. Meeks (London, 1972), 3부; 초기 교부들의 저술들을 참고할 것.
3 Tertullian, *Prescriptions*, 37.
4 Giovanni Filoramo, *A History of Gnoticism*, trans. A. Alcock (London, 1990), p.82.
5 Montague Rhodes James, *The Apocryphal New Testament* (Oxford, 1924), pp.187-189; 같은 발상이 E. Hennecke의 *New Testament Apocrypha*, trans. R. M. Wilson et al. (London, 1963)의 Acts of John (xcviii)에도 나와 있다.
6 Lecture, II, 4, *Cyril of Jerusalem and Nemesius of Emesa*, ed. William Tefler (London, 1955)에 실림.
7 "Essay on the Devil and Devils", *Shelley's Prose*, pp.269~270에 수록.
8 J. Stevenson, *A new Eusebius* (London, 1957), p.281.
9 같은 책, p.283.
10 Augustine, *The City of God*, XVIII, 51.
11 Filoramo, 앞의 책, p.168.
12 Pereginus, *The Commonitory*, p.430.
13 B. J. Kidd, *Documents Illustrative of the History of the Church* (London, 1932~1933), II, doc. 69.
14 같은 책, p.216.
15 Kempf, 앞의 책, 13장; Jaime Vincens Vives, *Approaches to the History of Spain*, 2판, trans. J. C. Ullman (Berkeley, 1970), 4~7장 ; John Williams, *Early Spanish Manuscript Illumination* (London, 1977).
16 Commentary by Richard Laufner and Peter K. Klein, *Trierer Apokalypse: Facsimile of Codex 31 of the Trier Municipal Library* (Graz, 1975), pp.112~115, 134~135.
17 Peter Klein, "The Apocalypse in Medieval Art", *The Apocalypse in the Middle Ages*, ed. R. K. Emmerson and B. McGinn (Ithaca, NY, 1992), p.187.

18 Philippe Sénac, *L'image de l'autre, histoire de l'occident médiéval face à l'islam* (Paris, 1983), pp.1, 33~35.
19 John Williams, "The Apocalypse Commentary of Beatus of Liebana", *The Apocalypse in the Middle Ages*, ed. R. K. Emmerson & B. McGinn (Ithaca, NY, 1992), p.227, 주 40과 42.
20 Sénac, 앞의 책, 2~3장.
21 Williams, 앞의 책, p.220.
22 Klein, 앞의 책, p.194.
23 Philippe Ariès, *The Hours of our Death*, trans. H. Weaver (New York, 1981), p.99.
24 Alexander Heidel, *The Babylonian Genesis* (Chicago, 1942), p.107에 인용됨.
25 Dominique Collon, *First Impressions: Cylinder Seals in the Ancient Near East* (Chiacago, 1988), p.178, fig. 840.
26 Letter CLXXV.
27 *Imperial Lives and Letters of the Eleventh Century*, trans. Theodor E. Mommsen and Karl F. Morrison, Morrison의 역사학적 서문 수록(New York, 1962), pp.3~18.
28 R. I. Moore, *The Origins of European Dissent* (London, 1985); Hans-Georg Beck et al., *History of the Church: From the High Middle Ages to the Eve of the Reformation* (New York, 1980), 21~22장, 28장, 32~33장; Alan C. Kors and Edward Peters, *Witchcraft in Europe, 1100~1700* (London, 1972); Friedrich Heer, *The Medieval World: Europe 1100~1350*, trans. Janet Sondheimer (New York, 1962), 9장; G. G. Coulton, *Five Centuries of Religion*, II: *The Friars and the Dead Weight of Tradition, 1200~1400* (Cambridge, 1927); M. D. Lambert, *Medieval Heresy* (London, 1977).
29 Peters, 앞의 책, pp.178, 208.
30 R. I. Moore, 앞의 책, p.169.
31 현대의 역사가들에 의해 확증되었다. G. Gonnet, "Recent European Historiography on the Medieval Inquisition", *The Inquisition in Early Modern Europe*, p.201에 수록됨.
32 같은 책, p.202.
33 Athenagoras, *Plea*, 1.3; LCC, 1, p.303.
34 Tertulian, *Apology*, 7.1, 8.6.
35 Stephen Benko가 번역한 *Pagan Rome and the Early Christians* (Bloomington, IN, 1948), pp.65~6.
36 Brian Pullan, *Sources for the History of the Medieval Europe* (Oxford, 1966), 제2부, doc. 17.
37 Peters, 앞의 책, p.196.
38 같은 책, pp.48~9.
39 Jaime Vincens Vives, *Approaches to the History of Spain*, 2판, trans. J. C. Ullman

(Berkeley, 1970), p.66.
40 Richard Fletcher, Moorish Spain(London, 1993); José S. Gil, 앞의 책.
41 Lynn Thorndike, *A History of Magic and Experimental Science* (London, 1923), II, p.315.
42 R. W. Southern은 샤르트르 학파의 중요성이 과장되었다고 여긴다. 그의 "School of Paris and School of Chartres", *Renaissance and Revival in the Twelfth Century*, ed. R. L. Benson and G. Constable (Oxford, 1982)를 볼 것.
43 Heer, 앞의 책, p.262.
44 M. F. Hearn, *Romanesque Sculpture* (Ithaca, NY, 1981), p.139.
45 예를 들면, 유명한 학자인 Jeffrey Burton Russell이 *Satan* (Ithaca, NY, 1981), pp.24, 129에서 말한 내용.
46 Garnier, 앞의 책, 10장.
47 James, 앞의 책, p.xiii.
48 Carlo Ginzburg, *Ecstasies*, trans. R. Rosenthal (London, 1992), p.70.
49 S. G. F. Brandon, *The Judgement of the Dead* (London, 1967).
50 V. I. Atroschenko and J. Collins, *Origins of Romanesque Art* (London, 1985), p.80.
51 Ariès, 앞의 책, p.100.
52 Jacques Le Goff, *La naissance de Purgatoire* (Paris, 1981).
53 Ariès, 앞의 책, p.102.

4장 지슬베르, 조토, 그리고 지옥의 에로티시즘

1 Denis Grivot and George Zarnecki, *Gislebertus: Sculpteur d'Autun* (Paris, 1960).
2 James Snyder, *Medieval Art* (New York, 1989), p.287.
3 Coulton, 앞의 책, p.111, 113.
4 Ginzburg, 앞의 책, p.35.
5 Henry Kraus, *The Living Theatre of Medieval Art* (Bloomington, IN, 1967), pp.141~143.
6 Hearn, 앞의 책, pp.179~180.
7 *Macro Plays*, ed. Mark Eccles (London, 1969)에 실린 *The Wisdom Play*는 중세 연극의 탁월한 사례들을 보여준다.
8 Schiller, 앞의 책, I, p.154.
9 Francis Wormald, *The Winchester Psalter* (London, 1973).
10 Erich Auerbach, *Mimesis* (Princeton, 1953), pp.64~66, 136~141, 170~176.
11 A. Chastel & E. Baccheschi, *Tout l'oeuvres peint de Giotto* (Paris, 1982), p.109에 인용됨.
12 Edward Lucie-Smith, *Sexuality in Western Art* (London, 1991), p.34.

13 Georges Bataille, *The Tears of Eros*, trans. P. Conner (San Francisco, 1989), p.82; 바타이으가 인용하는 그림들은 Van der Weiden과 Bouts와 Spranger의 그림들이다!
14 Charles Sterling, *La peintre médiévale à Paris* (Paris, 1987), I, p.39는 1255년경의 저술인 Bible en images du cardinal Maciejowski에 나온 장면들을 인용한다. 다윗과 밧세바의 장면을 논의하면서, 스털링은 신체와 관능적인 촉감이 섬세하게 형상화된 점을 지적한다. 특히 다윗이 침대에서 밧세바를 애무하는 장면이 그러하다.
15 A. K. Wheelock & G. Keyes, *Rembrandt's Lucretias* (워싱턴 DC 국립미술관, 1991), p.3.
16 Augustine, *The City of God*, I, 19.
17 C. Seymour Jr., *Sculpture in Italy, 1400~1500* (Harmondsworth, 1966), 도판 147.
18 Ariès, *The Hour of our Death*, p.373.
19 Heinrich Wölfflin, *Die Kunst Albrecht Dürers* (Munich, 1984), p.110.
20 Erwin Panofsky, *The Life and Art of Albrecht Dürer* (Princeton, 1943), p.71.
21 *Die Renaissance im Deutchen Südwestern* (Badisches Landesmuseum Karlsruhe, Eine Aussetelung des Landes Baden-Württemberg, 1986), pp.317~318, 380.
22 Charles Williams, Witchcraft (London, 1941), p.124; 대부분의 독자들은 (바라건대) 그것을 "이제껏 씌어진 악령학에 관한 저술 가운데 가장 섬뜩하고도 중요한 것으로서 종교재판 광기의 수문을 열어젖힌 것"이라고 본 중세연구자인 러셀 호프 로빈스의 주장에 동의할 것이다. *Encyclopedia of Witchcraft and Demonology* (New York, 1959), p.337.
23 그의 가장 초기 작품 가운데 하나는 1505년경 만들어진 그로스그룬트라흐에 있는 스테인드글라스 창문의 사탄이 예수를 유혹하는 장면이다. 사탄은 털북숭이이고 갈라진 발굽을 갖고 있고 하피처럼 새 발 모양의 손을 갖고 있다.
24 C. Gilbert, "Signorelli and Young Raphael", *Raphael Before Rome*, ed. J. Beck (Washington DC, 1986), p.121에 수록됨.
25 가마쿠라 시대에 남중국에서 건너온 신형 도상학인 지옥의 시왕(十王) 주제가 인기를 얻었다. 예전의 지옥 주제 두루마리 그림에 비하면 사지의 해체와 식인주의, 새디즘이 강화되었다. 어떤 시왕도(개인 소장, Kanebo, p.130)에는 크고 억센 두 악귀(오니)가 사지를 펼친 나체 미인을 절반으로 톱질하는 모습이 그려져 있고, 또 하나의 표준적 주제는 유혹하는 여자가 옷을 반쯤 벗고 둥치에 날카로운 칼날 같은 가시가 돋아 있는 나무 꼭대기에 올라가 있는 것을 보여준다. 죄인이 무지하게 고생하면서 마침내 그 꼭대기에 닿으면 유혹하는 여자는 나무 아래에 있는 것처럼 보인다. 더 이전 시기의 아주 훌륭한 『餓鬼草紙』(도쿄 국립미술관)에서는, 屎便餓鬼(뼈가 앙상하고 늙고 배가 불룩 튀어나왔으며 시커먼 쓰레기 청소부 "귀신")이 주위에 모여 아름다운 여자가 웅크리고 앉아 배설하는 것을 본다. 그들은 그녀의 배설물을 먹으려고 기다리는 것인데, 이는 그로테스크하고 관음증적인 주제이다(그림의 세 번째 부분).

26 E. Redig De Campos, "The Sistine Chapel", *Art Treasures of the Vatican* (New York, 1947), p.174.
27 *The Sistine Chapel* (New York, 1987), pp.200~201에 실린 P. de Vecchi, "Michelangelo's Last Judgement"는 여러 가지 해석을 요약한다.
28 최근에 나온 권위 있는 설명은 P. de Vecchi의 앞의 책에 있는 것이다.
29 André Chastel, *A Chronicle of Italian Renaissance Painting*, p.202.
30 Chastel, 앞의 책, p.281.

5장 악마와 반란천사

1 "The Junius Manuscript", *Anglo-Saxon Poetic Records*, I, ed. George Philip Krapp (New York, 1931); 번역은 필자.
2 Michael J. B. Allen and Daniel G. Calder, *Sources and Analogues of Old English Poetry* (Rowman and Littlefield, 1976), pp.3~5.
3 Millard Meiss, *French Painting in the Time of Jean de Berry* (London, 1967), pp.30~32; Barbara Tuchman, *A Distant Mirror* (New York, 1977), p.47.
4 Millard Meiss and Elizabeth H. Beatson, *Les Belles Heures de Jean, Duc de Berry* (London, 1974), p.9.
5 Meiss, *French Painting*, p.32.
6 Rodney Hilton, *Bondmen Made Free* (London, 1973), pp.112~115, 132.
7 *La tenture de l'Apocalypse d'Angers*, Cahiers de l' Inventaire Général (Paris, 1987), p.12.
8 Millard Meiss, *The Limbourgs and their Contemporaries* (London, 1974), p.5.
9 Sterling, 앞의 책, p.253.
10 Sterling(같은 책)은 메이스의 추측을 기각하고 그 몸짓이 저속한 불경스러움을 나타낸다고 강력하게 주장한다.
11 Meiss, 앞의 책, p.30.
12 같은 책, p.12.
13 같은 책, p.175.
14 Shelley, "Essay on the Devil and Devils", 앞의 책, p.267.

에필로그

1 Denis Grivot, *Images d'amges et des démons* (Saint-Léger-Vauban, 1953), p.121.
2 아쿠마의 의미를 완전히 설명하려면 별도의 지면이 필요할 것이다. 사탄이라는 일본어로 사용되기 이전에 그 단어 및 같은 어원을 가지는 다른 단어들은 불교 텍스트에서만 볼 수 있었다. 다른 사례들은 10세기에 씌어진 장문의 서사인 『宇津保物語』, 12세기 후반에 편집된 시와 노래 모음집인 『梁塵秘抄』, 그리고 13세기 초반의 불교

설법 모음집인 『發心集』에서 발견된다. 19세기 중반 에도(도쿄의 옛 명칭)의 로빈 훗 같은 인물을 다룬 가부키 『鼠小紋東君新形』에 나오는 흥미 있는 사례로는 "ふって わいたこの御難儀は今日の惡魔でござんしょう"라는 구절이 있다. 이것은 선한 사람을 악의 길로 끌어들이는 사악하고 재앙을 불러오는 귀신이라는 의미를 함축하는데, 그 의미가 그리스도교적 개념과 어찌나 비슷한지, 나는 이것이 실제로 그리스도교의 영향에서 유래하지 않았는지 의심스럽다.

3 Levi가 보여주는 이 염소 머리 존재는 그의 *Dogma de la Haute Magic* (1855)에 등장했으며, A. E. Waite의 번역인 *Transcendental Magic* (London, 1923)에도 나온다.
4 Villeneuve, 앞의 책, p.14.
5 C. R. Browning, *Ordinary Men* (New York, 1993), p.xvi.
6 같은 책, p.189.
7 Bartolome de Las Casas, *A Short Account of the Destruction of the Indies, 1542*, trans. N. Griffin (London, 1992), p.3.
8 Las Casas, 앞의 책, p.70.
9 Browning, 앞의 책, pp.162~9.
10 같은 책, p.170.

참고문헌

The Apocalypse in the Middle Ages, ed. R. K. Emmerson and B. McGinn (Ithaca, 1992)
The Apostolic Fathers, Trans. Francis X. Glimm, Joseph M. F. Marique and Gerald G. Walsh (Washington DC, 1962)
Phillipe Ariès, Images de l'homme devant la mort (Paris, 1983)
Arnobius of Sicca, The Case Against the Pagans, 2 vols, trans. George E. McCracken (New York, 1949)
Erich Auerbach, Mimesis (Princeton, NJ, 1953)
Augustine, The City of God, 3 vols. trans. Demetrius Zema and Gerald Walsh (Washington DC, 1962)
E. Baccheschi, ed., Tout l'oeuvre peint de Giotto (Paris, 1982)
Jurgis Baltrusaitis, Le Moyen Age fantastique (Paris, 1981)
Henry Bettenson, Documents of the Christian Church (Oxford, 1943)
S. G. F. Brandon, The Fudgement of the Dead (London, 1967)
Gerard De Champeaux, Le monde des sumboles (St - Léger -Vauban, 1980)
J. H. Charlesworth, ed., The Old Testament Pseudepigrapha (New York, 1983)
André Chastel, A Chronicle of Italian Renaissance Painting, trans. P. Murray (Ithaca, NY)
The Chester Mystery Cycle, ed. R. M. Lumiansky and David Mills (Oxford, 1974)
Clement of Alexandria, Exhortation to the Greeks, trans. G.W. Butterworth, Loeb Classical Library (Cambridge, MA, 1919)
Dominique Collon, First Impressions: Cylinder Seals in the Ancient Near East (Chicago, 1988)
G. G. Coulton, Five Centuries of Religion: I: St Bernard, his Predecessors and Successors, 1000-1200; II: The Friars and the Dead Weight of Tradition, 1200-1400 (Cambridge, 1923, 1927)
Jean Danièlou, A History of Early Christian Doctrine before the Council of Nicaea, II: Gospel Message and Hellenistic Culture; III: The Origins of Latin Chrstianity (Lon-

don, 1973, 1977)

Mary Douglas, *Purity and Danger* (London, 1966)

Giovanni Filoramo, *A History of Gnosticism*, trans. A. Alcock (London, 1990)

Michel Foucault, *Surveiller et punir: Naissance de la prison* (Paris, 1975)

W. H. C. Frend, *The Early Church* (London, 1973)

C. Gaignebet and J.-D. Lajoux, *Art profane et religion populaire au moyen âge* (Paris, 1985)

François Garnier, *Le langage de l'image au moyen âge* (Paris, 1982)

José S. Gil, *La escuela de traductores de Toledo y sus, colaboradores judios* (Toledo, 1985)

Jean Gimpel, *Les Bâtisseurs de Cathédrales* (Paris, 1980)

Erwin R. Goodenough, *Jewish Symbols in the Greco-Roman Period*, II: *The Archeological Evidence from the Diaspora*; III: *Illustrations for Volume I and II*; IX/X: *Symbolism in the Dura Synagogue* (New York, 1953-64)

Denis Grivot, *Images d'anges et des démons* (St-Léger-Vauban, 1981)

_____ and George Zarnecki, *Gislebertus: Sculpteur d'Autun* (Paris, 1960)

Arnold Hauser, *The Social History of Art* (London, 1951)

Friedrich Heer, *The Medieval World: Europe 1100-1350*, trans. from German by Janet Sondheimer (New York, 1962)

G. Henningsen and J. Tedeschi, eds., *The Inquisition in Early Modern Europe* (De Kalb, IL, 1986)

Rodney Hilton, *Bondmen Made Free* (London, 1973)

The Funius Manuscript, ed. George Philip Krapp, *Anglo-Saxon Poetic Records*, I (New York, 1931)

The Writings of Fustin Martyr: The First Apology, The Second Apology, Dialogue with Trypho, trans. Thomas B. Falls (Washington DC, 1948)

L. F. Kaufmann, *The Noble Savage: Satyrs and Satyr Families in Renaissance Art* (Ann Arbor, 1984)

B. J. Kidd, *Documents Illustrative of the History of the Church*, 2 vols (London, 1932-3)

M. A. Knibb, 'The Date of the Parables of Enoch', *New Testament Studies*, XXV (1979), pp.345-59

Komatsu Shigemi, *Nihon no Emaki*, VII (Tokyo, 1987)

Alan C. Kors and Edward Peters, *Witchcraft in Europe, 1100-1700* (London, 1972)

Henry Kraus, *The Living Theatre of Medieval Art* (Bloomington, IN, 1967)

M. D. Lambert, *Medieval Heresy* (London, 1977)
Jean Lassus, *The Early Christian and Byzantine World* (New York, 1967)
Jacques Le Goff, *La naissance de Purgatoire* (Paris, 1981)
Emmanuel Le Roy Ladurie, *Montaillou: village occitan de 1294 à 1324* (Paris, 1978)
Library of Christian Classics (London, 1953-7):
  I: *Early Christian Fathers* (Justin, Athenagoras, Irenaes), ed. Cyril Richardson
  II: *Alexandrian Christianity* (Origen, Clement, etc.), ed. Henry Chadwick and J. E. L. Oulton
  III: *Christology of the Later Fathers*, ed. Edward Rochie Hardy
  IV: *Cyril of Ferusalem and Nemesius of Emesa*, ed. William Tefler
  V: *Early Latin Theology* (Tertullian, Cyprian, Ambrose, Jerome), ed. S. L. Greenslade
  VIII: *Augustine: Later Works*, ed. John Burnaby
  IX: *Early Mmedieval Theology*, ed. George E. McCracken
  X: *A Scholastic Miscellany: Anselm to Ockham*, ed. Eugene R. Fairweather
Emile Mâle, *L'art religieux du XIIe au XVIIe siècle* (Paris, 1945)
C. L. Mearns, 'Dating the Similitudes of Enoch', *New Testament Studies*, XXV (1979), pp.360-69
Millard Meiss, *French Painting in the Time of Fean de Berry* (London, 1967)
_____, *The Limbourgs and their Contemporaries* (London, 1974)
_____ and Elizabeth H. Beatson, *Les Belles Heures de Fean, Duc de Berry* (London, 1974)
Arnaldo Momigliano, *Essays in Ancient and Modern Historiography* (Oxford, 1977)
Theodor E. Mommsen and Karl F. Morrison, trans., *Imperial Lives and Letters of the Eleventh Century* (New York, 1962)
R. I. Moore, *The Origins of European Dissent* (Oxford, 1985)
New Catholic Encyclopedia, 15 vols (Washington, DC, 1969)
Origen, *Contra Celsum*, trans. Henry Chadwick (Cambridge, 1953)
Otaka Yorio and Fukui Hideka, eds, *Apocalypse*, Bibliothèque Nationale, Fonds Français, 403 (Osaka, 1981)
_____, *Apocalypse Anglo-Normande*, Cambredge Trinity College MS R. 16.2 (Osaka, 1977)
Phillip M. Palmer and Robert P. More, *Sources of the Faust Tradition* (New York, 1966)
Erwin Panofsky, *Studies in Iconology* (New York, 1962)

Edward Peters, ed., *Heresy and Authority in Medieval Europe* (Philadelphia, 1980)

Marvin H. Pope, *The Book of Job* (New York, 1965)

Mario Praz, *The Romantic Agony* (Oxford, 1933)

Hastings Rashdall, *The Idea of Atonement in Christian Theology* (Londoon, 1920)

Louis Réau, *L'iconographic de l'art chrétien*, 3 vols (Paris, 1955)

Die Renaissance im Deutschen Südwesten, Badisches Landesmuseum Karlsruhe, Eine Ausstellung des Landes Baden-Württemberg (1986)

Revue des Sciencs Humaines (Lille), issue no. 234 on 'Les Arts du Diable' (1994)

Russell Hope Robbins, *Encyclopedia of Witchcraft and Demonology* (New York, 1959)

Jeffrey Burton Russell, *The Devil* (Ithaca, 1977)

_____, *Satan* (Ithaca, 1981)

_____, *Lucifer* (Ithaca, 1984)

Claude Schaefer, *The Hours of Etienne Chevalier* (London, 1972)

Gertrude Schiller, *Ikonographie der Christlichen Kunst*, 4 vols (Gütersloh, 1966)

Philippe Sénac, *L'image de l'autre, histoire de l'occident médiéval face á l'islam* (Paris, 1983)

The Seven Ecumenical Councils, Nicene and Post-Nicene Fathers, XIV, ed. Phillip Schaff and Henry Wace (Grand Rapids, 1956)

P. B. Shelley, 'Essay on the Devil and Devils', in *Shelley's Prose*, ed. David Lee Clark (New Mexico, 1954)

Shimbo Toru, *Jigoku Gokuraku no E* (Tokyo, 1984)

Socrates, *Church History from A.D. 305-439*, II: *Nicene and Post-Nicene Fathers*, revd trans. by A. C. Zenos (Grand Rapids, 1952)

R. W. Southern, *The Making of the Middle Ages* (New Haven, 1953)

Leo Steinberg, *The Sexuality of Christ in Renaissance Art and in Modern Oblivion* (New York, 1983)

J. Stevens, *A New Eusebius* (London, 1957)

La tenture de l'Apocalypse d'Angers, Cahiers de l'Inventaire Général (Paris, 1987)

Marcel Thomas, *Rohan Book of Hours* (London, 1973)

Barbara Tuchman, *A Distant Mirror* (New York, 1977)

C. Vasari, *Lives of the Artists*, trans. G. Bull (Harmondoworth, 1965)

P. Veyne, ed., *A History of Private Life*, I: *From Pagan Rome to Byzantium* (London, 1987)

J. Vivaud, 'Egyptian Mythology', in *New Larousse Encyclopedia of Mythology* (London, 1959)

E. I. Watkin, *The Church in Council* (London, 1960)

Glynne Wickham, *Early English Stages*, 3 vols (New York, 1981)

John Williams, *Early Spanish Manuscript Illumination* (London, 1977)

Francis Wormald, *The Winchester Psalter* (London, 1973)

찾아보기

ㄱ

갈고리창(grapnel) 20~22, 112, 182, 199, 253
검은색 87
고딕스타일 19, 77, 95, 119, 140, 158, 182, 191, 226, 269
고르곤(Gorgon) 106, 123, 125
고질라 67, 119, 152, 234, 262, 291
관능성 237, 239
귀 75~76, 84~85, 105, 115, 150, 200, 202, 205~206
그레고리우스 1세 52
그레고리우스 7세 156
그레고리우스 9세 170~171, 173, 305
그레고리우스, 나지안제누스의(Gregorius of Nazianzenus) 53
그레고리우스, 니사의(Gregorius of Nyssa) 51~54, 156
그리스도 23~24, 52~54, 56~57, 62~66, 71, 74~75, 82, 90~92, 94, 111, 115~116, 124, 126, 136~137, 142~143, 146~147, 150~151, 153, 159, 177~180, 184, 187, 189~190, 195~197, 201, 203~204, 206, 209~211, 225, 229~230, 234~235, 244, 252~253, 267, 285, 292, 297~298
꼬리 19, 41, 61, 67, 76~77, 84~85, 88, 101, 105, 119, 150, 199, 206, 211, 216, 232, 253, 276, 292

ㄴㄷ

나체 89, 91, 244, 255
네스토리우스파 110, 146
다프니 184
단테 37, 41~43, 65, 110~111, 119, 173~177, 183, 189, 213, 251, 280, 284
데스토렌츠, 라파엘(Destorrents, Rafael) 229~230, 238
도나투스파 153
돌치노, 프라(Dolcino, Fra) 176~177
뒤러, 알브레히트(Dürer, Albrecht) 86, 125, 211, 240, 251
들라크루아, 외젠느(Delacroix, Eugène) 120, 248

ㄹ

라벤나(모자이크) 72, 119, 177, 179
라이몬디, 마르칸토니오 (Raimondi, Marcantonio) 237~238
라파엘(Raphael) 238, 277~248, 280, 286
랭부르 형제(Limbourg) 22, 43, 113, 269~272, 275~278, 281~283, 286
레오 1세 52, 93, 97~98, 119, 155, 183~184, 216, 305
레오 3세 147
레오 10세 246
레오나르도 다 빈치 24, 226, 228
로마 27, 46, 48, 71, 74, 89, 93, 97, 99, 106,

118, 128, 145~147, 159, 172, 175, 180, 231, 233, 238, 251, 262, 286, 299
로마네스크 스타일 24, 33, 66, 74, 77, 79~80, 82, 105, 109, 119, 158, 177, 182, 191, 202, 226, 231, 277, 302
『로앙 성무일과서』(Rohan Hours) 276
로토, 로렌초(Lotto, Lorenzo) 27, 68, 256, 283, 286~287
루벤스 69, 89
루키우스 3세 135, 157
루시퍼 21~22, 36~44, 68, 75, 110, 119~120, 171, 209, 232, 262~264, 267~270, 276, 278, 282~283, 286~287
리바이어던 120, 123, 125, 280

ㅁ

마니교 38, 137~138, 141, 169
마니교도 40~41, 50, 93, 97, 141, 155, 209, 305
마르키온(Marcion) 128, 134, 136, 140, 263
마법 97, 120, 173
마뷔즈(Mabuse) 237, 239
만도를라 116, 180, 182, 196, 210, 225, 230, 234~235, 267
메소포타미아 21, 46, 102~103, 152, 199~202, 230~231, 233, 239
모자라브 145
묵시록 67~68, 85, 91, 120, 123~126, 128~129, 134, 139~140, 144~145, 147~149, 151, 153, 183~184, 199, 210, 234, 262, 268 ,272
미켈란젤로 27, 51, 69, 71, 113, 195, 199, 226, 235, 246, 250~256, 286

밀턴, 존(Milton, John) 19, 43~44, 261~262, 264, 267, 287~288, 303

ㅂ

바이런, 조지 경(Byron, Lord George) 50, 287
박쥐날개 21, 67, 110~112, 116, 119, 228~229, 268, 276~277, 292
반란천사 22, 41~43, 45, 68~69, 89, 119~120, 124, 141~142, 149, 178, 256, 261~263, 265~266, 268~269, 282, 284~286, 291
반 에이크, 휘베르트(van Eyck, Hubert) 226, 229, 233~235
반유대주의 62, 292
발도파 159, 169
발둥, 한스(Baldung, Hans) 237, 240~244
발렌티누스파 136, 263
발톱 101, 112, 114, 119, 126, 149~150, 197, 199, 204, 206, 212, 216, 229, 253, 263, 267~268, 276, 286
뱀 36, 41, 100, 105, 121~122, 141, 149, 152, 212, 228, 230, 232, 242~243, 256
번역 31~32, 34, 36, 38, 40, 76, 95, 152, 159, 172, 174, 184, 264, 280
번역자 36
베르나르(Bernard) 81, 117, 155, 158~159
베리, 장 드 공작(Duke of Berry, Jean de) 270~272, 274~275, 280~281, 283
베스(이집트 신) 101~106, 118, 200
베아투스(Beatus) 68, 134, 144~151, 155, 262
베즐레 33, 77, 80~82

베함, 제발트(Sebald Beham) 237
보고밀파 137, 158, 169
보들레르, 샤를르(Baudelaire, Charles) 19, 262, 288
보스, 히에로니무스(Bosch, Hieronymus) 216, 229, 231, 237, 242, 283~285
보티첼리, 산드로(Botticelli, Sandro) 43, 246
부르주 85, 87, 158, 200~201, 210~212
부리 211, 229, 232~233
부활 81, 179~180, 189~190, 210~211, 225, 229, 235, 253
불교 도상화 25, 108~109, 182
불타는(불꽃) 머리칼 82, 101, 105~109, 115, 119, 141, 150, 199, 202, 204
브누아쉬르루아르 77~78, 80, 199, 201
브레시아의 아르날도(Arnoldo of Brecia) 144, 157~159, 305
블레이크, 윌리엄(Blake, William) 19, 89, 120, 244, 261, 283, 287
비너스 74, 239
뿔 19, 51, 61, 67, 75~76, 84, 101, 114~115, 119, 150, 184, 199, 205~206, 211, 229, 243, 247~248, 280, 286, 291~292, 298

ㅅ

사보나롤라, 지롤라모(Savonarola, Girolamo) 246~247
사탄 19, 22, 24, 31~32, 34~37, 41~43, 45, 54, 56, 67, 69, 75, 87, 89, 101, 105, 110, 115, 120, 123~128, 139, 149~151, 155, 169, 171, 187, 191, 196~197, 203~204, 209, 212, 215, 234, 248, 253, 261~262, 264~270, 276~277, 280~281, 287~288, 291~22, 299~301, 303
사탄주의 249, 301
사티로스 75~76, 85~86, 100~101, 103, 237
삼지창(trident) 20~21, 150
샤르트르(대성당) 85, 117, 122, 158, 210~211
샤를마뉴 117, 145, 147, 271, 297
석관 72, 75, 114
성(性) 46~50, 88, 92~93, 101, 160, 171, 236~237, 244
성무일도서(성무일과서) 22, 63, 69, 90, 113, 117, 269~271, 274~275, 280~281, 292
셰익스피어 21, 32, 202, 267, 304
셴티(shenti) 188, 200, 233
셸리, 퍼시 비시(Shelley, Percy Bysshe) 37, 75, 138, 287~288, 313
소리게롤라 제단화 89, 187, 200, 233
손톱 67, 101, 197, 204, 206
쇠스랑(pitchfork) 20
스콧, 마이클(Scot, Michael) 172~175
스콜라 철학(자) 51, 54~57, 63~64, 92, 94, 190
스프랭거, 바돌로메오(Spranger, Bartholomeus) 235, 238~239
스피노자(Spinoza) 25~26, 38
시뇨렐리, 루카(Signorelli, Luca) 235, 244~249, 286
「슈투트가르트 시편」 126
신비극 36, 44, 57, 61, 112~117, 123~124, 151, 188, 216, 265, 268, 280

십자가 23, 52, 62, 65~66, 71, 91, 110~111, 187, 270
십자군 80~81, 135, 169~170, 230, 305

◎
아담 36, 52~53, 56, 89, 91, 114~115, 123, 169, 208, 242~244, 251, 265~266
아마우리, 베네의(Amaury of Bene) 175
아벨라르, 피에르(Pierre Abélard) 55~56, 159, 305~306
아우구스티누스, 성(Augustinus, St.) 21, 39~41, 44, 46, 49~52, 54, 91, 138, 140, 142, 153, 227, 233, 238, 305
아쿠마(akuma) 298
아폴로 71, 75, 253
악령학 109, 120, 240~241, 301
악마의 권리 52~58
악의 본성 40
안드레아 디 보나이우토(Andrea di Bonaiuto) 292~293
안셀무스(Anselmus) 54~57
안젤리코, 프라(Angelico, Fra) 66~67, 117, 150, 226, 233~235
알렉산데르 2세 156
알렉산데르 3세 159
알렉산데르 6세 246
알렉산드리아 31~32, 48, 95~97, 124, 136, 145, 232~233
알비파 158, 300, 305
야만인 54, 86~87, 107, 115
양자론 134, 146~147
「에녹서」 44~45, 47~50
에피파니우스, 키프로스의(Epiphanius of Kypros) 160
엘리판두스(Elipandus) 145~147, 153
연극 100~101, 113~114, 116~117, 123, 267, 297
연옥 111, 189, 191, 297
염소 45, 72, 75~76, 177, 179, 205, 242
영지주의 136~138, 169
영지주의자 129, 136~137, 140, 142, 160, 263
영혼계량 88, 151, 180, 182, 185, 187~190, 192, 200, 208, 225, 251, 256, 291
오리게네스(Origenes) 21, 38~40, 45, 91, 94, 160, 305~306
오시리스 118, 185~187, 232
오텡 33, 66, 74, 77, 85, 87, 94, 105, 126, 158, 177, 190, 192, 195, 197, 202~204, 212, 298
왕좌 87, 147, 150, 155, 184, 196, 265, 267, 287, 303
욥 23, 31, 120, 122~123
용 36, 41, 43, 67~68, 116, 119, 139, 147~148, 150, 152~153, 155, 242, 261~262, 268, 276~277
「위트레흐트 시편」 99~100
「윈체스터 시편」 74, 85, 99, 114~115, 117, 126, 158, 204, 208~209, 216, 304
유대 33, 46, 100, 137, 172
유대인 31, 33, 45, 62, 93, 95~98, 133, 135, 137, 145, 149, 170, 172, 192, 196~197, 230, 232
이단 40, 48, 50, 66, 78, 93, 96~98, 128~129, 133~138, 140, 142, 144~145, 147~149, 155~156, 158~159, 169~171, 175,

177, 182, 191~192, 246, 250, 255
이단자 19, 22, 41, 79, 94, 106, 116, 135~136, 140, 142, 144, 156~157, 160, 169~171, 183, 192, 197, 263, 292~293, 296~297, 305
이교주의 93
이레나에우스(Irenaeus) 128, 140
이브 36, 89, 91, 169, 208, 239, 242~243, 265~266
이빨 25, 106, 109, 199, 206, 268, 271, 28, 292
이사야 21, 37, 40~41, 76
이슬람 103, 148~149, 172
이집트 20~21, 51, 87~89, 99, 102~104, 117, 123, 134~135, 143~144, 185, 187~188, 200, 231~233
이집트인 88~89, 96, 185
인간 모습 126, 247, 267~268, 278, 286
입 67, 78, 82, 84, 101, 105~106, 150, 171, 197, 199, 211~212, 242

ㅈ

재칼(아누비스) 88, 185~187, 231~233
정전 31, 44~45, 47, 134, 232
조로아스터 138, 155, 206
조토(Giotto) 24, 111~112, 150, 192, 208, 213~216, 225~229, 234~236, 277, 282, 292, 304
종교재판 70, 135, 137, 144, 157, 169, 170~171, 192, 241, 250, 305
지슬베르(Gislebertus) 117, 192, 195~196, 199, 202~204, 253, 256, 303
지옥 정복 114, 120, 123~125, 180, 184, 211
지옥 입(구) 106, 114, 116~117, 120, 123~126, 195, 197, 212, 267~268

ㅊ

「창세기」 45~47, 49, 93, 152
「창세기B」 264~267
초서, 제프리(Chaucer, Geoffrey) 42

ㅋ

카타르파 134~135, 157~159, 169~170, 192, 291, 296
카타콤 27, 72, 75, 118
콩크(교회) 77, 99, 150~152, 158, 199, 212
크라나흐, 루카스[대](Cranach, Lucas[the Elder]) 238, 240, 300
클레멘스, 5세 110, 176~177
클레멘스, 알렉산드리아의(Clemens of Alexandria) 45, 48, 50
키릴로스(Kyrillos) 97~98, 146

ㅌ

털 76, 84, 86, 101, 114~115, 119, 125~126, 128, 206, 211~212, 216, 227, 291
테르툴리아누스(Tertullianus) 45, 48~50, 94, 128, 136, 140, 160, 233
토르첼로(Torcello) 150, 158, 180, 182~184, 191, 215, 231
토마스 아퀴나스(Thomas Aquinas) 41, 51, 56, 174~175,
톨레도 번역학파 95, 172
「트리에르 묵시록」 68, 262, 268

ㅍ

파우스트 19, 120, 122, 189, 267
파타리네파 156~157
팬(Pan) 25, 75~77, 79, 84, 87, 94, 101, 106, 112, 114, 119, 291
페니스 236
페니키아인 200
페르시아 96, 137~138, 141, 169, 184, 231
퓌셀, 장(Pucelle, Jean) 63~65, 90
프라티첼리파 176
프리드리히 2세 157, 170, 173
피에로 델라 프란체스카(Piero della Francesca) 62, 245

ㅎ

해석 19, 26~27, 32, 37, 41, 46~47, 49, 51, 63, 65, 67, 71~72, 75~76, 84, 117, 124, 128, 133, 135, 137, 140, 179, 191, 208, 230, 236, 256, 262~263, 265~266, 274, 282~283
혀 67, 81, 105~106, 171, 204, 242
황금 송아지 33
『황금 전설』 86, 143, 247, 285
후밀리아티파 157
휘스파 305, 296
히에로니무스, 성(Hieronymus, St.) 45, 48, 76, 93~94
히파티아(Hypatia) 95~98

그림 목록

그림 1 프라 안젤리코의 〈최후의 심판〉의 세부. | 4
그림 2 루카 시뇨렐리의 "저주받은 자", 〈최후의 심판〉에서. | 18
그림 3 랭부르 형제의 "루시퍼와 반란천사들의 추락". | 30
그림 4 욘느의 베즐레에 있는 라마들렌 성당의 기둥 주두부에 보이는 "모세와 황금 송아지" | 34
그림 5 보티첼리, "루시퍼", 단테의 「지옥」편, 칸토 xxxiv의 삽화에서. | 42
그림 6 프라 안젤리코의 〈최후의 심판〉 세부. | 60
그림 7 유니우스 바수스(Junius Bassus)의 석관 세부. AD 4세기. | 73
그림 8 〈전지전능하신 그리스도〉, 1100년경. 다프니의 도르미티온(Dormition) 교회 돔의 모자이크. | 73
그림 9 팬과 염소, 헤르쿨라네움에서 발견된 BC 1세기경의 소형 조각상. | 76
그림 10 기둥 주두부에 있는 켈트족의 신으로 짐작되는 조각상(11세기 초에서 중반 사이). | 78
그림 11 브누아쉬르루아르의 생베네딕트 성당에 있는 11세기 초에서 중반 사이의 기둥 주두부. | 79
그림 12 욘느, 베즐레의 라마들렌 성당의 기둥 주두부에 새겨진 "세속 음악"(12세기 초반) . | 83
그림 13 "영혼의 계량". 1230년경의 「프랑스 시편」에 실린 것(MS 185, fol. 25r). | 85
그림 14 "그리스도의 유혹", 9세기 초반의 「슈투트가르트 시편」에 실려 있는 「시편」 90(91)의 삽화. | 87
그림 15 William Blake, *Satan Arousing the Rebel Angels*, 1808. | 90
그림 16 *Eadwine Psalter*(*Utrecht Psalter*의 필사본)에 실려 있는 시편 38의 세부. 11세기 초반. | 99
그림 17 사티로스 연극을 위한 준비 장면. 프로노모스 항아리의 그림. BC 5세기 후반. | 100
그림 18 이집트의 부적인 베스(Bes)의 입상. 22왕조(950~730 BC). | 102
그림 19 베스(Bes). BC 650년경. | 104
그림 20 베스(Bes) 비슷한 모습의 악마가 "모세와 황금 송아지"를 묘사하는 기둥 주두부 조각에 새겨져 있다. 12세기 초반. | 105
그림 21 타오르는 것 같은 머리칼을 한 팬. BC 360년경의 금은 합금주화에 새겨져 있다. | 107
그림 22 불타오르는 머리칼을 한 아폴로. BC 380년경의 4드라크마 주화에 새겨진 모습. | 107
그림 23 메이키라 대장(迷企羅大將). AD 8세기. 신야쿠시지(新藥師寺), 나라, 일본. | 108
그림 24 14세기의 *Grandes Chroni-ques de France*에 실린 것. | 118
그림 25 "욥과 악마", 1200~1230년경. 샤르트르의 노트르담 성당 북쪽 현관의 오른쪽 기둥 사이 부분. | 122

그림 목록 341

그림 26 "한 천사가 지옥문을 잠그다", *Winchester Psalter*, 1150년. | 125
그림 27 "그리스도의 유혹", 830-850년경. MS Barth를 위해 만들어진 상아제 책표지에 있는 것. | 127
그림 28 토르첼로의 산타마리아아순타에 있는 〈최후의 심판〉의 세부. | 132
그림 29 "천사들이 더러워진 귀신들을 쫓아내다", 970-980년경의 *Benevento Benedictio Fontis*에 실린 것. | 141
그림 30 사탄이 지옥의 왕으로 왕좌에 앉아 있는 〈최후의 심판〉, 1130년경. | 151
그림 31 "성 로렌스의 순교", *Rohan Book of Hours*, 1425년경. | 161
그림 32 프라 안젤리코, 〈최후의 심판〉, 1431-1435년경. | 162-163
그림 33 12세기 후반에 편집된 『수비니 성서』(*Bible de Souvigny*)에 실린 「욥기」에 있는 표지. | 164
그림 34 "영혼의 계량". 소리게롤라 제단화의 일부. 13세기. | 164
그림 35 아폴로-헬리오스 모습을 한 그리스도. AD 350년 이전. 율리우스 씨족 영묘의 모자이크에서. | 165
그림 36 벨벨로 다 파비아(Belbello da Pavia), "The Plague of the First-born". 1412년의 *Visconti Hours*에서. | 165
그림 37 "Office of the Dead", *Rohan Book of Hours*, 1425년경. | 166
그림 38 사탄과 반란천사들이 불타는 구덩이로 내던져지는 「묵시록」, 940년경의 *Morgan Beatus*에서. | 167
그림 39 토르첼로의 산타마리아아순타에 있는 〈최후의 심판〉 모자이크의 세부. | 167
그림 40 신비극에 등장하는 지옥 입구가 그려진 Jean Fouquet의 「성 아폴리나의 순교」. | 168
그림 41 「양과 염소의 분리」. 500년경의 모자이크. | 178
그림 42 *The Last Judgement*, 12세기 모자이크. | 180
그림 43 아니(Ani)의 파피루스, BC 1300-1400년경. 런던의 대영박물관. | 186
그림 44 아니의 파피루스에서. | 186
그림 45 지슬베르, 〈최후의 심판〉. 1130년경. 오텡의 생라자르 성당의 팀파눔. | 194
그림 46 그림 45의 세부. | 198
그림 47 그림 45의 세부. | 198
그림 48 훔바바 악령. BC 7세기. 런던, 대영박물관. | 200
그림 49 〈성 빅토르의 장막〉. AD 8세기. 부하이드(페르시아런) 실크. 상스(Sens) 성당. | 201
그림 50 "그리스도에 대한 1차와 2차 유혹"(윗단)과 "3차 유혹"(아랫단), *Winchester Psalter*, 1150년. | 203
그림 51 지슬베르, "그리스도의 세 번째 유혹", 1130년경. 오텡의 생라자르 성당 주두부. | 205
그림 52 "저주받은 자의 고문", *Winchester Psalter*, 1150년. | 207
그림 53 "그리스도의 책형", *Winchester Psalter*, 1150년. | 207

그림 54 그림 72의 세부. 앙제 묵시록 태피스트리에서. | 210

그림 55 "영혼의 계량", 부르주의 생떼띠엔 성당의 서쪽 정면 팀파눔에 있는 〈최후의 심판〉 세부에서. | 212

그림 56 그림 61의 세부. 조토의 〈최후의 심판〉, 1304~1313년에 제작된 프레스코화, 파도바의 아레나 예배당. | 214

그림 57 그림 61의 세부. 조토의 〈최후의 심판〉. | 215

그림 58 라파엘 데스토렌스, 〈최후의 심판〉, 『성 에우랄리아 미사전례서』, 1403년. | 217

그림 59 Emerterius & Ende, 〈지옥으로의 하강〉의 세부. 『게로나』(Gerona Beatus), 975. | 218

그림 60 조토, 〈그리스도를 배신한 대가를 받는 유다〉, 1304~1313년. 파도바의 아레나 예배당 동쪽 벽에 그린 프레스코화. | 218

그림 61 조토, 〈최후의 심판〉, 1304~1313. 파도바의 아레나 예배당 서쪽 벽에 그린 프레스코화. | 219

그림 62 Luca Signorelli, "저주받은 자", 〈최후의 심판〉을 묘사하는 연작물 가운데 하나. 1503년경. 프레스코화. | 220~221

그림 63 Paul, Jean & Herman Limbourg, "지옥", Les Très Riches Heures du Duc de Berri, 1415년. | 222

그림 64 Paul, Jean & Herman Limbourg, "루시퍼와 반란천사들의 추락". | 223

그림 65 Lorenzo Lotto, Michael and Lucifer, 1550년. | 224

그림 66 Hans Baldung, Two Witches, 1523년. | 224

그림 67 Hans Baldung, Adam and Eve, 1531년. | 243

그림 68 미켈란젤로의 프레스코화, 〈최후의 심판〉, 1536~41년. 로마의 시스티나 성당 뒷벽. | 252

그림 69 미켈란젤로, 〈최후의 심판〉의 세부, 1536~1541년. 로마의 시스티나 성당의 프레스코. | 254

그림 70 미켈란젤로, 〈최후의 심판〉을 위한 습작, 1534년경. | 257

그림 71 "추락하는 반란천사들과 용이 된 악마", Trier Apocalypse에서, 800~820년경. | 260

그림 72 「계시록」에 나오는 삽화(아래쪽 단). Angers Apocalypse Tapestry, 1375년경. | 273

그림 73 Raphael, St. Michael and the Devil, 1505년. 파리, 루브르 박물관. | 278

그림 74 Raphael, St. Michael and the Devil, 1518년. 파리, 루브르 박물관. | 279

그림 75 Paul, Jean & Herman Limbourg, 〈성 미카엘과 악마〉. 1409년. | 281

그림 76 Andrea di Bonaiuto의 "이단과 논쟁을 벌이는 도미니크파"의 세부, 그림 77에서. | 293

그림 77 안드레아 디 보나이우토(혹은 "피렌체 사람"), The Church Militant and Triumphant, 1355, 프레스코. | 294~295